人材育成の教科書

悩みを抱える
すべての**管理者**のために

㈱日本能率協会コンサルティング
高原暢恭 著

労務行政

はじめに

　日本企業は、伝統的に人材育成に非常に熱心でした。しかし最近は、成果主義や人員削減の影響を受けて、日々の忙しさが増し、かつ自分の成果ばかりを気にするようになり、人材育成を進めることが、なかなか難しい状況になってきました。
　それは、人材育成が短期的な成果にはつながらず、どうしても長期的視点で考えなければならないものだとされていることと関係します。しかしながら、実際には、人材育成を適切に行えば、短期的成果を必ず生み出します。また、そうでなければなりません。この大切な論点をぜひ頭に入れて、本書を読んでいただきたいと思います。

　いうまでもなく、人材育成には手間がかかります。もっと簡単にやる方法はないのかとよく聞かれますが、人材育成に時間と予算をかけている企業のほうが、そうでない企業よりも人材育成の実は上がっています。受験勉強を思い出してもらっても、やはり勉強時間量というのは圧倒的に重要な成功要因です。それは、企業の人材育成とて同じことです。
　もちろん、受験勉強にしても効率的な勉強技術があるように、企業の人材育成にも効率的な進め方がありますが、本書は、「『事知一体』の人材育成」という概念とセットにして、いわゆる「効率的な人材育成」の進め方についてもお話しすることになります。
　しかし、この「効率的な人材育成」が単に技術・ノウハウに終始するならば、そういう書物をいくら読んでも人材育成の実を上げることに役立つとは思えません。人材育成は、部下の心に響かないと進みません。「効率的な人材育成の技術・ノウハウ」で育成しようという上司の気持ちが透けて見えれば、部下はシラけてしまうでしょう。やはり「技術・

ノウハウ」というよりは、管理者の人格と部下の人格との真剣な葛藤（かっとう）が人材育成には不可欠なのです。

　そのためには、管理者として人材育成とは何かという「ものの考え方」「思想」そのものを、しっかりと自分のものにする必要があります。そういう面についても、本書では折に触れて話をすることになります。自分の人格をかけて人材育成に取り組みたいという気持ちにならなければ、人材育成の実は上がらないと思うからです。

　そういうと何か非常に難しいことのように思えますが、実はそれほど難しく考える必要はありません。なぜなら、もともと人間には育とうとする本能が備わっているからです。つまり、その本能を働きやすくすればよいのです。

　だれしも仕事を成功させたいと思っています。仕事を成功させて、「本当に助かった。あなたは本当にすごいね」とみんなから言われたいと思っているのです。みんなから「大事な人だと思われたい」というのは人間の本能であって、「お前なんかどうでもいい」と評価された人は、成長もしなくなります。このあたりがポイントであり、人材育成の基本原則の中に、「人は長所を見て接せよ」というものがあるのも、うなずけます。

　我々は、どうしても人の欠点に目がいきますが、そもそも、欠点指摘型の人材育成というのはあまり成功しないともいわれています。しかし、一方で「人間には育とうとする本能がある」「人は長所を見て接せよ」といった思想に偏りすぎると、どんな問題児であっても、その人の問題点をリアルにみて議論することに罪悪感を持ってしまいます。

　そうならないように、我々は会社の収益を上げるために人材育成に取り組もうとしているのだということも、繰り返し確認し合う必要があります。企業の育成活動は、親の子育てや小学校教育などとは本質的に違います。企業の育成は、常にコストパフォーマンスが求められるからです。極端な言い方をすると、育つ人間を育て、育たない人間は育てな

ということを認めないといけないのです。
　「育つ人間は、放っておいても育つのだから、あえて一生懸命育てなくてもいいではないか」「普通ならば育たない人間を育ててこそ人材育成だし、そうであってこそ人材競争力が高まるのではないか」という反論もあるでしょう。しかし、企業は学校ではありません。すべてにコストパフォーマンスが要求されます。育成活動を行えば、その効果を必ず出さなければなりません。それもできるだけ短い期間で効果がコストを上回ることが求められます。人の成長には長い期間がかかるということも事実でしょうが、そうであっても、効果のほうが大きくなるべきです。
　企業の人材育成とは、このようにきれいごとでは済まず、もっとドロドロとした関係の中で進めざるを得ません。本書ではそういう前提に立って、人材育成というものを考えていきたいと思います。

　「人材育成とは、企業にとって必要な仕事をできるようにしていくための活動だ」という考え方が、企業において大事だと思っています。仕事に関係ない世界で育成を問題にしても、何の意味があるでしょうか。
　私は人材マネジメントを専門にしているコンサルタントですので、いろいろな企業に訪問して議論をします。ときには、立派な高度専門職制度を持っている企業に出会うこともありますが、そういう企業の半分は、実際には運用実績がありませんでした。「高度専門職を処遇する仕組みを持っていることが、若い人のモチベーションアップになる」「経営環境はどんどん変わるのだから、そういう高度専門職が必要になることだって近いうちに起こるかもしれない。だからそのための準備をしている」という声もありますが、将来のために処遇の枠組みを用意しておくという考え方は、管理者の行う人材育成実務を進める立場からは、あまり意味のあることではありません。我々は、こういう人材育成とは一線を画さなければなりません。企業にとっては必要もない高度専門職を育てるようなコース別人事管理をしても、それは意味をなしません。
　こういう言い方をすると、なんと狭量なことか、と思われるでしょう。

しかし原則は、「人材育成とは、企業にとって必要な仕事ができるようになるための活動」です。ある若い部下が「『20年後の世界経済の展望』というセミナーに出席したいので、5万円の参加費を会社で払ってくれないか」と言ってきたとします。さて、認めるべきでしょうか。ここでいったん認めれば、「彼が行くのならば、私だって行きたい」という人が出てきても、止める理屈はなくなります。ですから、将来の環境変化に備えるための一般的な勉強をさせるというのであれば、本当にそういう才能があり、将来そういう仕事をする可能性の高い人に絞る必要があります。そこを冷徹に評価して、セミナーに出席させるかどうかを判断しないのであれば、それは責任ある管理者の態度ではありません。5万円といえども、ムダに使ってはいけません。だれだってそういう人材に育つかもしれないという考えは、大変甘いものです。

　本書は、全部で6章から成り立っています。
　まず第1章は、「企業経営と人材育成」と題して、経営環境変化がめまぐるしい時代の人材育成のあり方を述べています。こういうときは「事知一体」（事業革新と知力革新（人材育成）を一体に進めるということ）の人材育成が大切です。また、目先の変化で考えがぶれやすくなるので、人材育成の基本的な思想を確認します。
　第2章は、「人材育成手段の体系」です。人材育成を議論するときに必要となる基礎的な知識を、順を追って解説します。
　第3章は、「日常業務をしっかりさせるための人材育成の考え方と方法」として、いわゆるOJTやOff-JTをどのように進めていくかについて説明します。管理者の、日常の育成活動の進め方の技術についても解説をします。
　第4章は、「企業革新を進めるための人材育成の考え方と方法」です。ここは日常的な仕事のレベルをどう上げていくかという話ではなく、企業革新を促進する人材育成を、管理者としてどのような考え方や手法で実施するかについて説明します。いわゆるビジネスリーダーの育成につ

いて、考えていきたいと思います。

　第5章は、「人材育成能力形成のための研修（トレーニング）の活かし方」として、管理者の部下育成能力をどのように形成するかや、マネジメント研修の内容やその活用の仕方について説明します。

　第6章は、「ぶれないための人材育成の考え方」です。今まで何度も好況と不況を経験してきましたが、そのつど、教育予算が増えたり減ったりしてきています。「分かっちゃいるけど、やってられない」ではなく、人材育成は、戦略的に考え、仕組んでいかなければなりません。そういう覚悟を、最後に訴えたいと思います。

　以上のような流れで、人材育成実務の基本を説明します。読み終えたときには、人材育成についてのモヤモヤした気持ちが吹っ切れていくと思います。そうなれば、人材育成の技術やノウハウがどうであれ、自分なりの工夫をどんどん加えて自律的に人材育成に取り組める管理者になっていけるものと確信します。それが本書の目標です。

　本書を通じて、少しでも企業の人材育成が進んでいくことを願ってやみません。

　最後に、今回、出版の機会を与えてくださり、原稿の整理などに多大な労力をおかけした株式会社労務行政の常務取締役出版制作部長名波庄吾氏、出版制作部川津元洋氏にお礼を申しあげるとともに、感謝申しあげたいと思います。

　また、本書は、多くの人事部門の方々やJMAC（日本能率協会コンサルティング）の仲間との長年にわたる議論の賜物だといえます。ここに改めて感謝いたします。

2010年7月　高原暢恭

Contents

はじめに ··· 3

第1章　企業経営と人材育成 ·· 13

1 企業経営における人材育成の意義 ··· 14
　(1) 水も人材も澱めば腐る
　(2) 人材の「3原則」
　(3) 育成活動全体をうまく構想していく

2 好景気下の人材育成と不景気下の人材育成 ·· 22

3 人材ポートフォリオに基づく人材構造の変革と人材育成 ···························· 24

4 管理者を悩ます人材育成上の考え方の違い ·· 32
　(1) 自前主義か調達主義か
　(2) 強制主義か放任主義か
　(3) 徒弟型育成は現在でも有効か
　(4) 人は自然に育つものなのか
　(5) 自発性をそんなに信用してよいのか
　(6) エリート主義は害悪か

5 成長する人・しない人 ·· 48
　(1) 成長の原理
　(2) 成長させるためには

6 「事知一体」による人材育成 ··· 54
　(1) 人は、事業の中で育つ
　(2) 事業革新と人材育成を同時展開させる
　(3) チャレンジ場をどうつくるかが課題

7 管理者の仕事の半分は人材育成である ·· 59
　(1) 忙しいときこそ発想の転換が必要
　(2) 管理者の仕事の半分は人材育成

第2章　人材育成手段の体系　63
- ① 人材ビジョン　64
- ② 教育体系　68
  - （1）教育体系
  - （2）教育体系づくりの企画ロジック
- ③ 知識教育・スキル教育・意識教育　76
- ④ OJTとOff-JT　81
- ⑤ 底上げ教育と選抜教育　85
- ⑥ 職務充実と職務拡大　89
- ⑦ マネジメント教育と職能教育　92
- ⑧ 階層別教育と課題教育　95
- ⑨ 通信教育の使い方　98
- ⑩ 優れた教育企画の立て方　100
  - （1）教育は、いつも重点化の発想で取り組む
  - （2）教育企画の6W2H
- ⑪ 人材の成長プロセス（段階）を常に念頭に　105

第3章　日常業務をしっかりさせるための人材育成の考え方と方法　109
- ① 日常業務の不具合をカバーするための人材育成　110
  - （1）日常業務とは定型業務と定常業務をカバーするもの
  - （2）業務改善に対する考え方を徹底的にトレーニングする
  - （3）業務改善における3つのアプローチ
- ② OJTとOff-JTの組み合わせ方　116
- ③ OJTの進め方　119
  - （1）OJTの7つのステップ
  - （2）OJTをうまく進めるための組織体制
  - （3）OJT推進ステップごとの取り組み内容
- ④ 日常業務を強化するためのOff-JTの企画の仕方　127
  - （1）Off-JTでの指導が効果的な業務
  - （2）Off-JTの企画の仕方

5 人材育成効果の測定の仕方 ……………………………………………… 131
　(1)人材育成の3つの効果測定方法
　(2)ハロー効果や景気変動も考慮に入れる
6 人事評価(能力評価・情意評価)と人材育成との連動 ……………… 134
7 部下のタイプ別人材育成の考え方 …………………………………… 138
　(1)視点1：経験と能力
　(2)視点2：能力と意欲
　(3)視点3：自己顕示欲と社会性
　(4)視点4：実証性と倫理性
　(5)視点5：支配欲と信念
　(6)視点6：情緒性と論理性
8 新しい人材群の育成の考え方 …………………………………………… 145
　(1)ゆとり世代の育成
　(2)外国人の育成
　(3)転職者の育成

第4章　企業革新を進めるための人材育成の考え方と方法 …… 151

1 経営環境変化に備えるための人材育成とは ………………………… 152
　(1)人材育成は常に「事知一体」で進めていく
　(2)不確実な将来に備えるには構想力が必要
2 企業革新と一体となった人材育成の考え方と方法 ………………… 156
　(1)経営環境変化の予測から見た主要業務と必要能力の変化予測
　(2)コアプロセス分析から能力開発課題を把握
　(3)個人別能力レベルの把握
　(4)個人別人材育成計画づくり
　(5)部門業務計画との連動
3 将来のどのような事態にも備えられる人材育成 …………………… 176
　(1)「使命感・情熱」の形成
　(2)「情報感度」の強化
　(3)「分析力」「論理能力」「コミュニケーション能力」の強化
　(4)「ネットワーク力」の強化

4 ビジネスリーダーの能力・資質のあり方 ………………………… 182
　　(1)マネジャーの役割
　　(2)リーダーの役割
　　(3)仕事の状況に合わせてマネジメントスタイルを変える
　　(4)ビジネスリーダーの能力と資質のはかり方
　5 ビジネスリーダーを育てる仕組み ………………………………… 193
　　(1)新事業大会による育成
　　(2)CDPプロポーザルシステムによる育成
　　(3)目標管理の活性化を通じた育成
　　(4)疑似プロジェクト(チーム)の活用による育成

第5章　人材育成能力形成のための研修(トレーニング)の活かし方 ……205
　1 管理者は人材育成能力をどのような場面で磨くか …………………… 206
　　(1)人材育成能力習得場面のいろいろ
　　(2)マネジメント研修の場での育成能力の習得方法
　　(3)人材育成に興味が持てない人への働きかけ方
　2 マネジメント研修の例と研修の取り組み方 ……………………… 217
　　(1)マネジメント研修プログラムの例
　　(2)マネジメント研修への取り組み姿勢
　3 マネジメント研修のマネジメント実務への活かし方 …………… 226
　　(1)学んだことの実践宣言
　　(2)継続のための工夫と風土づくり
　4 部下が研修に参加する場合のフォローの仕方 …………………… 232

第6章　ぶれないための人材育成の考え方 ………………………… 237
　1 環境変化の短サイクル化にいかに対応するか …………………… 238
　　(1)人材育成は「それなりに」でよいのか
　　(2)やりつづけてこそ人材を育成できる
　2 変化しない人材育成課題をしっかりと把握する ………………… 241
　　(1)ゼネラリストとスペシャリスト
　　(2)変化しない人材育成課題

③ **不況下でも教育を継続する思想をつくる** ……………………………… 245
　（1）教育を継続する3つの思想
　（2）管理者自らの工夫で教育を継続させよう
④ **人格教育の必要性** ………………………………………………………… 249
　（1）忘れてはならない人格教育
　（2）人格教育の必要性を見直そう
⑤ **エリート教育の必要性** ………………………………………………… 252

第1章

企業経営と人材育成

　経営環境の変化がめまぐるしい時代に人材育成に取り組むということは、どういう意味を持つのでしょうか。第1章では、現代における人材育成の意義を述べていきます。

　管理者の基本的な役割の一つに人材育成がありますが、これにどのように取り組んでいくかについて、管理者は多くの悩みを抱えています。それらの悩みを解きほぐす最初のステップとして、「事知一体」の人材育成という考え方を提起します。

1 企業経営における人材育成の意義

(1) 水も人材も澱めば腐る

　日本企業は、伝統的に人材基軸の経営を行ってきました。「終身雇用」「年功序列」「企業内組合」などが、いわゆる「日本的経営三種の神器」と持てはやされたのは過去のことですが、こうした人材マネジメント思想が、現代の企業にも大きな影響を与えているのは事実でしょう。

　私たちは、バブル経済崩壊以降、成果主義を競って導入するという経験をしましたし、その行き過ぎや弊害を克服する努力もしてきました。成果主義が間違っていたのかと問われれば、私はそうは思いません。成果主義の導入も、その弊害の克服も、すべて必要な努力だったと思います。

　成果主義導入の目的は、人材の意識を、社会を巻き込んだ大仕掛けの中で変えることでした。成果主義導入による人材の意識改革を通じて、人材の質を高め、よりダイナミックに企業に貢献できる人材群を大きくしていこうとしたのです。

　企業経営は、右肩上がりの成長性をいつも継続できるわけではありません。しかし、ある一定の安定的な経済成長期を経験すると、人間はどうしてもそれに慣れてしまいます。その結果、給与制度を含む人事制度全体も、安定成長路線を前提としたものにつくりあげてしまったため、まずは、その仕組みを変えることが必要になりました。企業業績のアップダウンに連動して人件費総額も変動しやすくしたり、個人についても業績に連動して年収総額を変動しやすくすることが、仕組みの改革として行われました。それは、そういう人事制度をつくって運用してきた側の意識だけでなく、適用を受けた社員側の意識も変えることを意味しま

した。

　意識改革には、「成果主義だから」という比較的単純な価値観で訴えようとするのが常道です。そうすると、必ず「行き過ぎ」が出てきます。それはある意味では当然であり、施策としての影響度があったという意味では「成功」といってもよいでしょう。しかし、「行き過ぎ」であることには変わりないため、その修正のための取り組みも必要になってきます。振り子は振れながら徐々に中心に落ち着いてきますが、それと同じで、人の意識もゆり動かしながら落ち着かせることが必要です。

　企業経営は、安定成長的な環境の中で行われることもありますし、乱気流に巻き込まれたかと思うような激しい環境の中で行われることもあります。したがって、本来はどんな環境に遭遇しても、それに適した企業経営の仕組みをつくりあげ、あらゆる事態に対応できる柔軟な人材を育てあげていかなければなりません。

　水も澱めば腐ります。人材も同じで、「澱み」をつくってはいけません。「澱み」を「慣れ」と言い換えてもよいと思いますが、なにしろ人材にとっての一番の敵は「慣れ」ですので、この「慣れ」をつくってはいけません。

(2) 人材の「3原則」

①人材は価値を増殖する要（かなめ）である

　企業経営には、「人」「モノ」「金」という経営資源があり、これを有効活用して利益を生み出す装置をつくり出すといわれます。これに「情報」を加えて、企業の4つの経営資源という言い方をすることもあります。図表1では「設備」も独立させていますが、これらの経営資源は、並列ではありません。「人」つまり人材がすべての中核であり、あらゆる経営資源を人材がコラボレートして初めて、商品（製品・サービス）が成り立ち、利益が出るようになります。

　こういう説明は、当たり前過ぎるかと思いますが、企業経営におい

| 図表1 | 企業経営の中心は人材 |

情報 → 人
モノ → 人
金 → 人
設備 → 人
人 → 商品（製品、サービス）

て、価値を増殖させるものは「人材」しかないという現実をしっかりと押さえてください。

　日本は資源がない国なので、資源を海外から輸入して、人（人材）が手を加えて初めて新しい商品をつくり、利益を創出してきたわけで、人材を重視して育てあげ、うまく機能して初めて、経済が成り立つということは間違いありません。しかし、考えようによっては、これは日本に特徴的なことではなく、当然の原理を示しているに過ぎません。資源をどこから調達するかは、それぞれの国の事情によって違うでしょうが、「人が手を加えて初めて、そこに価値が生まれる」「その価値の対価で利益を得る」ということは当然の前提なはずです。「人材こそ価値を増殖する担い手である」というのは、どこの国でもいえることです。

　「人材の価値増殖機能」（とでも名付けたいところですが）が大きくなるか小さくなるかは、人材の能力・意欲によって左右されます。まさに、人材育成が企業経営にとって重大な事項だといえます。

　図表1のとおり、「情報」は、人が活用して初めて価値を創造します。また、「モノ」は、人が手を加えることによって、商品に仕立てあげられます。「金」は、人が使ってこそ意味を持ち、「設備」も、人が操作して初めて商品の製造に活用されます。「情報」も「モノ」も「金」も「設備」も、「人材」に使われてこそ価値を生みますし、しかも「人

材」がより上手に活用すればするほど大きな価値を生み、より大きな利益を生み出すことになります。

要するに、「人材は価値を増殖する要(かなめ)である」というのが、「人材の第1原則」です。

②人材は成長することで、より価値増殖機能を強化できる

「人材の第2原則」は、「人材は成長することで、より価値増殖機能を強化できる」ということです。

図表2では、「情報」「モノ」「設備」と「人材」の特質を、時間尺度をもとに比較しています。「情報」「モノ」「設備」は時間とともに劣化していく宿命を担っていますが、「人材」は、うまく努力をすれば、時間とともに成長し、価値を高めていくことができます。これこそ、人材育成の必要性を示すものです。もともとはそれほど優れた人材でなくとも、努力することによって、より素晴らしい価値を生み出せるまでに成長できるということは、人材育成を考えていく際に最も大切な考え方です。

それでは、その他の経営資源である「金」はどうかというと、紙幣や硬貨そのものが古くなることはあるでしょうが、価値については時間と

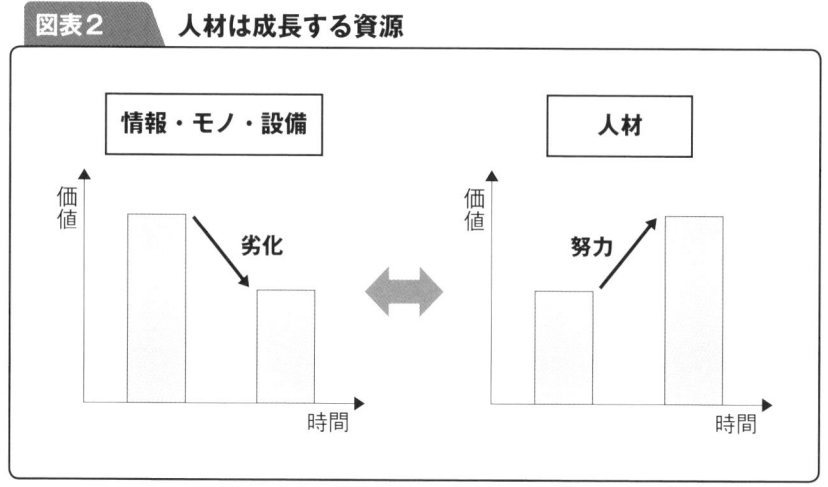

図表2　人材は成長する資源

ともに増えもしないし、劣化もせず、基本的に変わりません（インフレやデフレになって「金」の価値が変動することはありますが、この際は無視します）。

　こう考えれば、人材だけが成長し、価値増殖機能をより強化できることになります。人材育成は、この第2原則に基づいて取り組んでいくものですので、業績の善し悪しで左右されてよいものではありません。

③人材は事業戦略によって組み替える

　「人材の第3原則」が、「人材は事業戦略によって組み替える」です。
　図表3は、商品価格に占める人件費の意味を示しています。図の左側のAは、ある商品にかかわる人材のコスト（すなわち人件費）をより抑えることで、商品価格を引き下げて、価格競争力を得ようという場合であり、原料費の変化はない前提で示しています。より安い人件費ということになりますから、以前であれば、ベテラン社員がつくらなければならなかった製品を新米社員でもつくることができるようにしなければなりません。そのためには、新米社員を育成して対応できるようにしたり、製造過程を工夫して新米社員でもできるようなやり方が必要になります。前者の場合は、もちろん新米社員育成という課題が競争力そのものになりますし、後者の場合には、ベテラン社員の技を新しい設備を導入するなどで代替し、新米社員でもできるように改善することになるので、新しい設備を構想し、導入できる人材の育成が急務になります。

　図表3のBの場合、人件費を下げて、利益額（率）を上げることを目指しますので、人材育成の意義としては、Aの場合と同じになります。このように直接価格に転嫁できる環境にあれば、人材育成は直接利益額（率）を増加させることに貢献できます。

　Cの場合では、同じ人件費である人材で対応するわけですが、商品に新しい価値を付加することができれば、商品価格がより高くても売れるようになることがあります。そういう状況を実現するには、同じ人件費の人材が、より高い能力を身に付け、新しい価値が創造できるように人

図表3　商品価格に占める人件費の意味

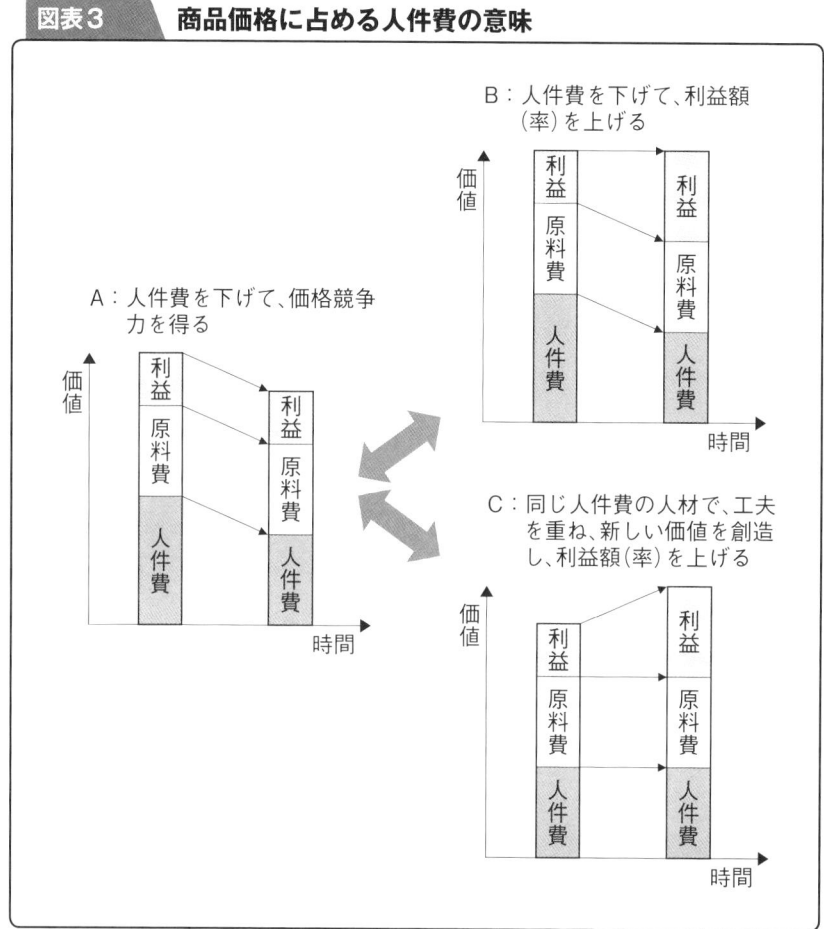

材育成をすることが前提になります。

　企業経営における人材育成を考える場合、原理としては、こういう事業戦略と直結していることを忘れてはいけません。人材育成は、経験的にみると、どうしても中長期的な取り組みになると考えてしまいますが、実際には事業戦略と密接に関係しており、短期的成果をも十分見通していけるものなのです。

(3) 育成活動全体をうまく構想していく

　人材育成がなかなか進まないと嘆く経営者はたくさんいますが、少数精鋭を目指して、部署の人員が最小限に抑えられている管理者とて同じです。

　図表4では、管理者が抱える育成活動の悩みを書き出しました。こういう状況に陥っている管理者は、多いのではないでしょうか。

　育成活動に投入する時間がない、予算が確保できない、どういう方向に人材育成をしていけばよいのか分からない、などがあがっていますが、図表3で説明したように、商品の高付加価値化を目指すのか、コストダウンを目指すのかといった基本的な事業戦略一つをとっても、いろいろな迷いがありますし、今とっている戦略を明確にいえない場合も多々あります。

　経営者側からも、管理者に育成能力がないのではないか、忙しいと言って育成活動が長続きしないでうやむやになってしまっているのではないか、育成に頼るよりは業務システムでガチガチに仕組んだほうが安心だ、というような意見も出てきます。

図表4	育成活動についての日ごろの悩み

「育成活動の重要性は理解できるが、以下のようなことから、なかなか進まない」

- 日常の仕事が忙しく、育成活動に時間が投入できない。
- 業績が悪く、予算が確保できない。
- 会社のビジョンがよく分からないので、人材の育成の方向が定まらない。
- 経営環境変化についての認識が経営陣で定まらないので、どう努力してよいか分からない。
- 管理者に育成についての問題意識が少なく、方針を出してもうやむやになる。
- 何を教育してよいか分からない。
- 育成活動の効果がはっきりしないので、長続きしないでうやむやになる。
- 社員の能力レベルが低いので、教育してもムダになる気がする。
- 社員のやる気がないので、まじめに勉強してくれない。　　　　など

確かに、経営者や管理者によるこのような指摘は間違いないことですし、現状を反映しています。しかし、そうはいっても、人材育成をうまく行うことができれば、間違いなく競争優位に立てるわけで、どの会社も人材育成に苦労している今こそ、人材育成が成功すれば、それは間違いなくその企業を有利なポジションに導いてくれます。

　問題は要領です。すべてを一から順に教えていかなければならないと考えると、とてもではないですが育成などできないでしょう。そこでちょっとしたポイントを押さえれば、管理者が育成活動を主導しなくても、部下の側から自発的に学習をはじめるものです。そういう自発的な学習活動の促進策をも組み入れることを考えながら、育成活動全体をうまく構想していく必要があるでしょう。

　企業経営における人材育成をまとめるならば、第1に「人材は価値を増殖する要(かなめ)である」、第2に「人材は成長することで、より価値増殖機能を強化できる」、第3に「人材は事業戦略によって組み替える」となります。ここでは、企業が人材育成を考えるうえで肝となる人材の「3原則」について解説を加えてきました。重要な論点として、ご確認ください。

2 好景気下の人材育成と不景気下の人材育成

　バブル崩壊やリーマンショックなどによって不況がつづくと、もはや先の展望が永遠に切りひらけないかのような気持ちになるものです。人材育成についても好景気のときと、不景気のときとでは大きな違いがあります。好景気のときは育成予算を取りやすいので積極的に育成を行い、不況期になると予算が取れないのであまり積極的には育成活動を行わないということが起こります。

　経費削減のあおりを受けながらも、「不況になっても育成予算は減らさない」という基本精神の下で育成活動を継続していくことは大変ですが、最近はそういうことではダメだと、不況期でもしっかりと育成活動だけはつづけようという企業も増えてきました。

　しかし、景気に関係なく育成活動が全く同じように行われるべきという考え方には、いささか抵抗があります。企業によってさまざまな事業があり、その事業戦略の違いで育成活動の内容が変わってくるのは事実ですが、そこまで個別状況にばかり目を向けていては、育成活動を考える指針にはなりにくいと思います。それでは、好景気のときと不景気のときで、どのように育成活動の焦点を定めていけばよいのでしょうか。

　図表5のように、「好景気下では可能性を伸ばし、不景気ではコアに絞る」ことが基本になります。事業戦略としてみても、同様に、好景気のときには資金も確保しやすいので新しい事業にチャレンジしていこうと積極的になりますが、不景気のときには、できるだけリスクを下げたいので、本業中心（コア）で競争力をつくり出そうとしていくことになります。そういう企業経営のオーソドックスなスタイルに連動して人材育成も考えていくというのが、ここでの結論になります。

　不況期では、普通であれば企業は本業中心で固く運営をしようと考え

図表5　**好景気では可能性を伸ばし、不景気ではコアに絞る**

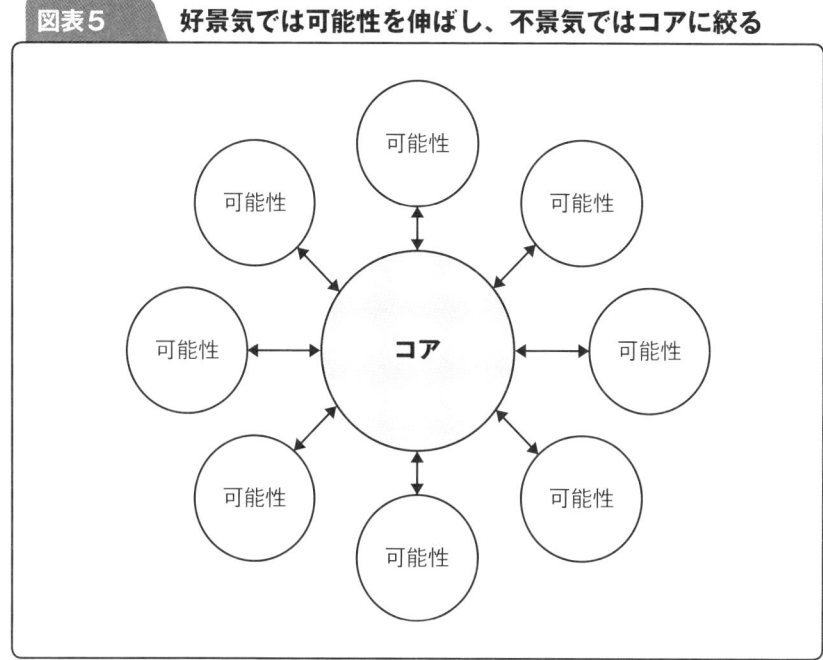

ます。そして、細かな改善を積みあげると同時に、大がかりなコストダウン型の改革も行うことが求められます。それならば、人材育成としては、この際、本業の最も強いところを学びながら、仕事の仕方を再構築（BPR）していく方法を学んでいけばよいことになります。

これこそ、好景気と不景気における育成の仕方の基本的な発想方法です。

こう考えれば、好景気や不景気というものは、人材育成ターゲットの違いを示すものではあっても、人材育成を積極的に行うかどうかを決めるものではないということが分かっていただけると思います。

3 人材ポートフォリオに基づく人材構造の変革と人材育成

　このように人材育成は企業経営にとって大切なものであることから、好況・不況を問わず実施していくものでなければなりませんが、だからといって、すべての社員に対して平等に人材育成を行うべきかという話に対しては、異議を唱えなければなりません。

　学校教育は、生徒の人格や能力を全面的に開花させることを目的に行われます。どんなに出来が悪い生徒でも、少しでも前進させるべく最大限の努力を行いますし、すべての生徒が素晴らしい人になっていくという理想の下で行われています。

　しかし、企業の人材育成は、そういうものとは違い、明らかにコストパフォーマンスを考えた手を講じます。すべての社員の全面的な開花を目的にするのではなく、業績を伸ばすために必要とされる仕事が最も低いコストでできるように、企業の人材育成を組み立てていくことになります。ここは、非常に大切な視点です。

①まずは4つの人材群に分ける

　そこで、企業の人材を一律の人材群として見ないようにするため、いわゆる人材のポートフォリオを使って考えることにします。私たちJMACでは、この人材のポートフォリオのことを、「SHUマネジメント (Strategic Human Unit Management)」と呼んでいます。企業の社員を、いくつかの人材群に分けて、その人材の質にあわせた人材育成施策を企画して実施するためのものです。本当に人材育成にお金がかけられない事情があるならば、その会社の最も大切な経営幹部候補生（いわゆるエリート）に、かけられる限界の人材育成投資を集中させることが大切になります。そのエリートの質が高くなれば、その人に依拠して、会社全体が

潤うようにしていく作戦であり、これは十分に成り立つ手です。もちろんその場合、エリート以外の人に対しては、特別なお金をかけないで育成していくことになります。

これだけの理屈では少し議論としては狭いので、図表6によって、もう少し体系だった話をしていきます。

「SHU」とは、人材のマネジメント単位を示しています。S（＝Strategic）とは、戦略的に仕組むという気持ちが入っています。

もともと年功主義の時代では、入社年次管理というものが行われていました。加えて、学歴管理や性別管理、管理職・一般職の区分管理、職種管理をすることで、人材の期待レベルに目安を付けて、必要なタイミングで必要な育成策（OJTにしろOff-JTにしろ）を行っていました。比較的きめ細かいマネジメントであったともいえますが、戦略的とはいえないでしょう。

図表6　いわゆる人材ポートフォリオの考え方

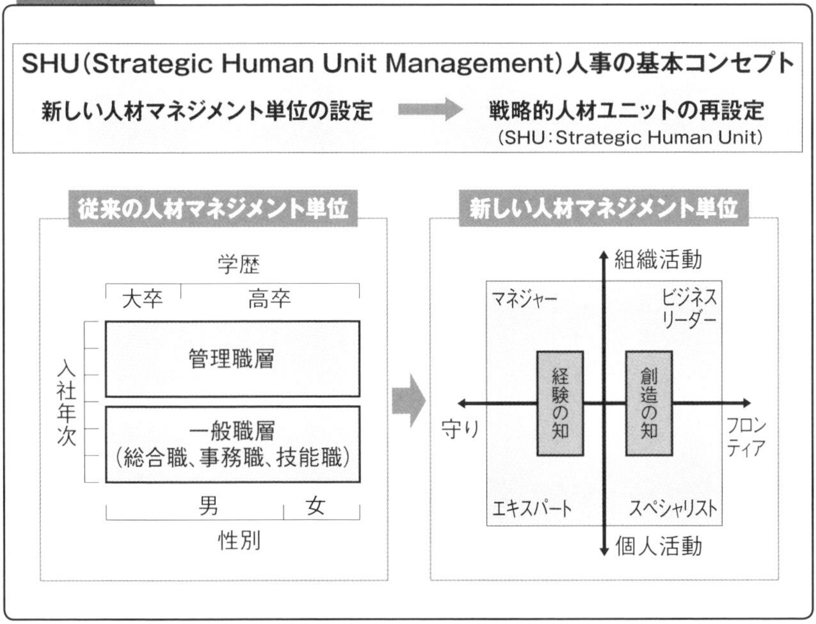

SHU（Strategic Human Unit Management）人事の基本コンセプト

新しい人材マネジメント単位の設定　⇒　戦略的人材ユニットの再設定
（SHU：Strategic Human Unit）

従来の人材マネジメント単位

- 学歴：大卒／高卒
- 入社年次
- 管理職層
- 一般職層（総合職、事務職、技能職）
- 性別：男／女

新しい人材マネジメント単位

- 縦軸：組織活動 ― 個人活動
- 横軸：守り ― フロンティア
- マネジャー／ビジネスリーダー
- エキスパート／スペシャリスト
- 経験の知／創造の知

しかし、企業活動のテンポが速くなり、競争が激化してくると、もう少し違う人材のマネジメント単位（SHU）が必要になってきました。育成投資をもっと限られた人に集中させる必要が出てくるからで、要するに、かつてのようにお金をかけることができないということでもあります。

　そこで、必要となる企業活動（仕事）の質を整理して人材群を見ると、図表6の右側のように、少なくとも4つの群に分かれることが分かりました。縦軸の「組織活動」と「個人活動」という区分は、組織統括的な性格を持つ仕事であるか、あるいは、連携的な仕事があるにしても、どちらかというと個人で推し進める性質の強い仕事であるかを示しています。いわゆる専門職的な仕事であるか、管理者的な仕事であるかという区分です。

　一方、横軸にある「守り」とは、その企業が生み出し、継続的に行っている仕事にかかわるもので、企業内で培われる「経験の知」を習得しながら育てていくのに適している人材群です。その対極にある「フロンティア」とは、新技術や新知識を社外から導入することによって、新商品や新事業などをつくりあげるタイプの仕事であり、どちらかというと自社にはない「創造の知」を社外から積極的に取り入れて自社の業績に活かしていくことを目指す人材群です。

　こうしてみると、社内の「経験の知」を重視して育成する人材群が、マネジャーとエキスパートに分かれ、社外の「創造の知」を重視して育成する人材群が、いわゆるビジネスリーダーとスペシャリストに分かれます。また、組織を動かすことにかかわる人材群が、マネジャーとビジネスリーダーに分かれ、自分の領域で自立した個人の仕事で勝負する人材群が、エキスパートとスペシャリストに分かれてきます。こうして、4つの人材群がクローズアップされるのです。

②人材群のイメージを明確にする

図表7では、SHUとしての4つの人材群のイメージをまとめました。このように整理してみると、皆さんの企業でも、ある程度当てはまってくると思います。企業は、本業を大事にして確実に利益を生み出していくことも大切ですし、将来の利益創出のために新しい領域に打って出るための準備をすることも大切です。そういう事業活動の必要性が、これらの人材群に現れてきます。人材群のイメージが明確になれば、必要と

図表7　SHUごとの人材イメージ

	これからも求められる行動様式	SHU	適性（個人的性向）	基本的役割
新規要求	①社外事業情報へのこだわり ②社内外の異能人材結集による新事業展開	ビジネスリーダー・ユニット	新しい事業ネタをさがし、商売設計をするのが好きである。	国際情報、社外情報に精通し、新しいビジネスチャンスをものにしていける人材。社内外の人材をうまく結びつけ、新しいビジネス展開をする人材。
	③大きな社内改革へのこだわり	マネジャー・ユニット	会社の方針を実現するための組織活動、社内改革、社内調整、部下育成が苦にならない。	社内の連携をスムーズに進め、課題解決をリードしていく人材。社内の人脈形成、業務知識にたけ、部門を超える調整能力に優れた人材。
	④新しいものを発見・活用することへのこだわり	スペシャリスト・ユニット	特定分野の先端情報を好む。	特定分野において、社外最先端情報を持ち込んで、自社の課題解決や業務推進に刺激を与える人材。
従来共通	⑤まじめに、確実に！ ⑥顧客ニーズへのこだわり！ ⑦効率性の徹底的追求！	エキスパート・ユニット	ある特定の仕事性に合っており、その仕事に打ち込むことが本人の仕事観にあっている。	従来どおり特定の分野ごとの深く長い経験をもとに、与えられた業務を確実に進めていく人材。

なる育成策も、だいぶ違ったものになっていくことが想像できると思います。

こういう発想は、課長層の方には、まだ実感できないケースもあるかもしれませんが、部長職になれば不可欠の発想方法になりますので、今からこの考え方をしっかり押さえておいてください。

③適切な人材を見極めて育成活動を進める

SHUに基づく人材構造変革の図（図表8）を見ると、それぞれの人材群について、現要員数（現構成比）と将来の人員数増減方針まで見積もるような方向へ発想が広がっていることが分かります。ビジネスリーダーは現状より増加させ、守りのマネジャーは組織の統合などで減少させる方向でいこう、また、スペシャリストは増加させ、エキスパートは減少させる方針で臨もうといったことが、ここでは表現されています。

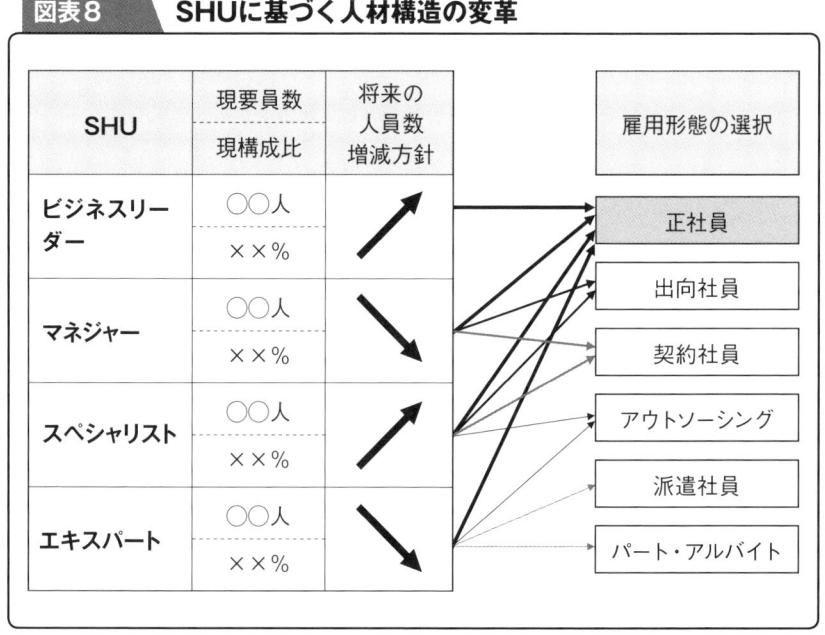

図表8　SHUに基づく人材構造の変革

加えて、それぞれの人材群をどういう雇用形態で確保していくかについても検討されています。こうした検討は、人材構造の変革方向をより見極めたうえで、人材育成策を検討していくことにつながるものであり、事業戦略そのものと連携を持ってなされますので、全体的に人材の質を高めようという話とは違います。まさに、部長層に求められる戦略発想です。

　ビジネスリーダーは、図表7に書いているように、「新しい事業ネタをさがし、商売設計をするのが好きな人材」でないとできません。そういう人を選抜して、ビジネスリーダーとして育つように特別な経験を与えていきます。人材育成は、仕事の経験を通じて行うことが基本です。

　ビジネスリーダータイプの人材は、やはり新しいビジネスに挑戦させることで育てる必要があります。こういう人材に、社内コストダウン手法の研修を一生懸命させても、ビジネスリーダーには近付きません。

　また、マネジャーは、会社の方針を実現するための組織活動や社内改革を好み、かつ部下育成が好きである必要があり、組織活動がもともと好きでない人にマネジメント教育を施しても、なかなか実が上がらないのが事実です。育成活動によって大きな効果があがるかどうかは、この見極めにかかっています。

　スペシャリストを育てるには、なにしろ先端情報を好む性向のある人を鍛えなければならず、エキスパートについては、ある仕事にとにかく打ちこめる人材を見つけてしっかり育てる必要があります。

　このように、適切な人材を見極めて、事業戦略に合致するようなターゲットを定めて育成活動を進めないと、どうしても効果に不満が出てきます。

④人材群ごとの人材育成の打ち手

　図表9は、SHUごとの人材育成の打ち手の基本を示しています。
　たとえば、スペシャリストは、最先端の技術や知識に依拠して仕事をするため、社内にはそういう技術や知識がないことが通常です。したが

図表9　SHUごとの人材育成の打ち手の基本

SHU	打ち手の基本
ビジネスリーダー	・実際に新しい事業開発プロジェクトにチャレンジさせる。 ・能力習得に必要な研究の場を積極的に外部に求めさせる。
マネジャー	・管理職の基本についての定番を学ばせる。研修・セミナー等を活用する。 ・自社の改革・改善についての企画と推進を多く経験させる。
スペシャリスト	・大学・研究機関・産学協同プロジェクトなど能力習得の機会を外部に求めさせる。 ・商品開発プロジェクトの連携プロセスに積極的にかかわらせる。
エキスパート	・OJTの中で、腕前を上げさせることが基本。 ・「改善」についての基本をしっかり学ばせる。 ・職場の改善活動を積極的に担当させる。

って、能力習得の機会を大学・研究機関・産学協同プロジェクトなどの社外に積極的に求めなければなりません。もちろん、商品開発プロジェクトなどの場を積極的に持たせることにもなります。

　エキスパートについては、OJTの中で、腕前を上げさせることが基本となります。先輩からしっかりと学び、かつ、仕事の改善についても学ぶと同時に、日々職場の改善活動に積極的に取り組むことが大変有効です。

　会社の事業を伸ばすための人材群（SHU）を明確にし、それぞれの役割を果たすことができる適性をも把握して育成方法の個性を出していくことが、育成活動を効率的かつ効果的に進めるためには不可欠になると、特に強調しておきます。

　「うちの会社のように、それほど人材がいるわけでもない中で、適性がないと思う人でも、なんとか鍛えあげてマネジャーにしていかなければならない場合は、どう考えるのか」という話もよく聞きます。しかし、企業経営は、常に有限の資源の中で行われるので、ここで説明した育てる対象者の適性が絶対基準というわけではありません。人材につい

ても、相対的な見方をしているのであって、マネジャーを育てる必要がある場合、候補者の中にだれもこれという適任者がいないと思っても、その中で相対的に、より適性があるとみる人に対して育成活動を行うというのが、ここでの考え方です。

　もちろん、マネジャーの適性を持っている候補者が本当にいないのならば、育成活動に頼らないという決断をしないといけません。その際、経営者が兼務するなどして急場をしのぎ、外部からの採用チャンスを探ることになります。

　より適している人材を相対的に選んで教育を行うといっても、本当に適している人がいなければムダになるかもしれません。内部人材を育成したとしても、外部から優れたマネジャーが採用できてしまえば、育成してきた人はマネジャーになれないわけですから、ある意味ムダといえばムダです。しかし、人材育成とは、そういうリスクも常に持っているので、勉強したことは何かに生きるはずだというくらいに考えていくことが大切です。

　この点は、育成活動に対する価値観にかかわるところです。「人材育成は、長期的スパンでものを考えなければならない」「今は役に立たなくても、努力したことが将来必ず必要になることがある」「人間はあらゆることが本人の成長につながる」といったような、どちらかというと学校教育の考え方に近いような価値観で、育成活動の「ムダ」に対する気持ちを整理することもあります。しかし、企業での人材育成を考える場合、本当はこういう「ムダ」がないほうがよいということも、心の端に留めておく必要があるでしょう。

4 管理者を悩ます人材育成上の考え方の違い

　すぐに効果が出ないといわれる人材育成を、企業経営としてどう見るかについて触れました。次に、人材育成をめぐる価値観の対立から、管理者として迷い、悩むことになる人材育成上の考え方の違いを解説していきます。

(1) 自前主義か調達主義か

　まずは、人材の育成について、自前主義でいくのか、調達主義でいくのかという考え方の違いがあります。
　「自前主義」とは、会社内部で人材を育てて活用していくことが基本という考え方であり、「調達主義」とは、すでに戦力化されている人材を外部から採用して（調達して）活用することが基本です（図表10）。
　どちらも企業経営にとって大事な考え方ですが、これまで日本企業はどちらかというと自前主義に偏っていました。新卒者を採用して地道に

図表10　自前主義と調達主義

	内　容
自前主義	若手層を正社員として採用して育てあげ、戦力化し、活用しようという考え方。終身雇用を念頭に置いている日本企業では、多くが自前主義の発想で、人材育成をしている。
調達主義	すでに戦力化された人材を採用し、自社の戦力として活用しようという考え方。自社にノウハウがない新しい領域の事業を推進しようとする際には、自前主義の育成の考え方では間に合わないので、調達主義がとれないかと考えることが多い。人材の流動化が活発であり、中途採用ができる労働市場がある程度形成されていることが前提になる。

育てて活用するかわりに中途採用者が比較的少ない会社が多いのは、その表れです。ただ、環境変化に適応するために、企業がさまざまなチャレンジを行う中で、企業にとって経験のないチャレンジに対しては、社内で人材を育てて挑むよりも、社外から経験者を採用すれば、すぐに対応できるようになります。

　しかし、新卒者中心の採用に慣れてきた企業の場合、こういう人材を中途採用することに臆病になって二の足を踏んでいるうちに、チャンスを逸してしまうことがよく起こりました。そういうことを反省して、「人材は自前主義ではダメだ。調達主義でいくべきだ」と強力な主張がなされるわけです。

　その一方で、「あのチャレンジを今すぐやれる人は確かに社内にはいないが、適任者を社外から採用しても期間限定とはいかないし、うまくいかなかった場合は辞めてもらわなければならなくなる。しかも、今の給与体系ではうまく処遇できない。同じ年代の人の年収より200万円も多くなるような形が、本当によいのだろうか」という心配も出てきます。

　企業経営においては仕事が前提であり、業績を確保し、成長を実現させる仕事ができる人を採用することで活躍してもらおうというのは真理です。これは、調達主義のよりどころになる考え方です。今あるチャンスをみすみす逃すのか、少々無理をしても人材を外部から採用して活躍させればよいではないか、という強い思いを持つ人は、人材は「調達主義が基本だ」と強く主張することになります。この考え方からすると、育成活動のウエートは少し弱くなる傾向になります。

　「自前主義が基本だ」と主張する人は、従来の新卒中心の人材採用に慣れた守旧派だというのも、ある程度当たってはいるでしょう。人事管理に苦労した管理者は、どちらかというと「自前主義」に偏る傾向にあると思います。この考え方をとれば、人材育成のウエートは非常に高いものになります。変化する経営環境に対して、社内の人材を育てて対応していくわけですから、いろいろな育成策を広範囲にとっていかなければなりません。しかし、社内秩序の考え方からすると、このほうが安定

的でよいということになります。

　何かの仕事が発生するつど、それにふさわしい人材を外部から調達し、仕事がなくなったら解雇するというのは、原理論からすれば理解できなくはありませんが、あまりにも非効率です。そんなにタイミングよく適切な人が採用できるほど、労働市場も完璧(かんぺき)ではありません。したがって、正社員群を恒常的に確保して、ほとんどの仕事に対応させようとするのが普通であり、自前主義を基本としつつ、状況に応じて必要な人材調達策をとるというのが冷静な議論といえます。

　この調達をどのように行うのかについては、社内であらかじめよく議論をしておく必要があるでしょう。自社の給与体系で対応できる範囲で、かつ、ほかの職務への転用も可能であるような人材であれば、それほど心配することなく「調達主義」のよさを感じることができるはずです。しかし、自社の給与体系を大きくはみ出し、かつ、ほかの職務への転用も利かない場合は、特定のチャレンジが成功しなければ退職してもらう前提で採用していく必要があります。また、「調達主義」で採用された人の姿を見て、「自前主義」で育った社員（部下）にしっかりと学んでもらい、自分たちでも自立して仕事を遂行できるよう頑張ってもらいます。人材育成という視点から見ると、外部から調達された人材から指導を受けることも極めて重要な人材育成チャンスであると位置付けるべきでしょう。

(2) 強制主義か放任主義か

　強制主義か放任主義かも、管理者を悩ませる考え方の違いです（図表11参照）。「強制主義」とは、いわば、型にはめて教え込もうという考え方であり、体験を通じてしか理解できないことも多くあるので、とにかくこのやり方でしばらくやってみろ、というスタイルです。「やるべきことを理屈で理解させ、納得させてやらせるべきだ」ということは、一見まっとうな考え方ですが、たとえばあいさつのようなしつけに属することは、理屈抜きにとにかくやらせます。資料づくりでも、「複数枚あ

図表11　強制主義と放任主義

	内　容
強制主義	各業務に求められるやり方を型にはめて教え込もうという考え方。体験を通じてしか理解できないことが多くあることに着目し、好き嫌いをいわせず、なにはともあれ現場に立って仕事をさせるという発想は、この考え方からきている。高学歴者であっても、工場の現場作業からスタートさせるようなことは、日本の多くの企業で行われてきた。
放任主義	本人が、試行錯誤しながら、自分で考えていくことが一番育成に有効だという考え方。 本人にとっては背伸びが必要なくらいの難しめの仕事を与え、特に積極的に指導をしないで任せるようにする。分からないことがあったら、いつでも質問をするようにとだけは言うが、後は本人のやる気次第で、助けを求めてくるときにだけ指導を行う。

るものは左上で綴じろ」「結論を前に書け」というように、これらを無条件でやらせるようにするわけです。

　それに対して「放任主義」とは、本人が試行錯誤しながら自分で考えていくことが結局は一番成長する近道だろうと考え、特に細かく指導をしない育成方法です。

　冷静に考えれば、強制主義と放任主義の両方が必要というのは当然なのですが、育成の現場では、これが対立概念として出てくるわけです。

　普通の管理者は、どうしても口を出し過ぎたり、口を出さなければならないところで任せ過ぎたりして失敗をするものです。業務の具体的局面で、こうしたことを判断して実行するのは、育成について相当手慣れた管理者ならではのものでしょう。育成対象となっている部下も、それほどレベルが低くはないので、仮に間違った指導があっても、それをカバーして業務を処理し、反面教師的な見方で吸収していくことも起こります。ときには、間違った指導が間違った結果を生み出さないといったことも出てきます。そうなると、強制主義と放任主義の優劣を業務の結果で比較するのも難しくなりますから、「やはり強制主義が基本であ

り、教えるべきことはきっちり教えていくのが大事だ。これは私の信念だ」という強い主張が、検証されることなくなされることになります。もちろん、放任主義の信奉者の側からは、「少々難しいことも任せれば意気に燃えて頑張ってくれますよ」と強く主張されることになり、勢い、育成活動に対する考え方の対立という認識になっていきます。

　この考え方の違いが上司と部下でぶつかると、「うちの上司は細かいことをグチグチと言ってくる。本当に頭が固くて困る」「うちの上司は全く指導してくれないので本当に困る。いろいろやってみて困ったので相談したら、そもそも仕事の出発点で間違いがあることが分かった。そんなことならば、最初からそう言ってくれていればいいのに。これで１週間分の作業がすべてムダになった」と部下は言い、上司は、「仕事の手順を指示したら、部下がそんなの分かっていると言わんばかりの態度になり、失礼だ。しかも指示した手順を省略してやるものだから、案の定、失敗した」「任せたのだから、もう少し自分で考えたらどうだ。細かいところばかり聞いてきて、主体性がない」とグチの言い合いになってしまいます。

　さらには管理者同士でも、相手のマネジメントスタイルを批判し合ったりすることもあるので、この考え方の違いは案外尾を引くことになります。

　冷静に考えれば、局面にあわせて使い分けるべきものであって、結局のところ、どういう場合に強制主義を貫き、どういう場合に放任主義を貫くかの整理をしておくことになるはずです。

　すべての状況を整理して対応を決める理論があるわけではないですが、次のことくらいは、ごくごく当たり前のこととして確認すべきでしょう。

(ⅰ)あいさつ、身だしなみについては、議論の余地なく強制すべき。

(ⅱ)新人には、仕事のやり方を具体的に指示して、そのとおりやらせるようにすべき。

(ⅲ)ベテランには、できるだけ仕事を任せ、自発性を発揮してもらうようにすべき。

⒤ある程度仕事を覚えてきた人には、少し難しい仕事を任せ、自分で苦労させるべき。その際は、仕事の報告は定期的にさせ、監視だけはして、落とし穴にはまる前に強制的に軌道修正を行うべき。

(3) 徒弟型育成は現在でも有効か

①徒弟型育成とプログラム型育成

企業の人材育成プログラムを考える場合、徒弟型育成とプログラム型育成のどちらを優先するのか、という問題があります（図表12）。どちらも大切ではありますが、実際に育成活動を考えると、いかにも対立する概念であるという印象を管理者には与えます。

「徒弟型育成」とは、先輩（師匠）の仕事のやり方を見て、自らその技を盗んで覚えていくのが普通であるという考え方です。今でも棋士や落語家の世界では、そのような徒弟型育成になっているといわれていま

図表12　徒弟型育成とプログラム型育成

	内　容
徒弟型育成	師匠（先輩）の仕事のやり方を見て、自ら先輩の技を盗んで覚えていくのが普通であるという考え方。 徒弟型育成の典型は、棋士や落語家などの世界をはじめ、多くの芸能系の領域で行われてきた。工場労働者の世界でも、同様の発想から、先輩は自分のやっている姿は見せても、逐一解説をして丁寧に指導することはそれほど一般的ではなかった。
プログラム型育成	やさしい技から難しい技へと順に習得していけるように、トレーニングメニューをそろえて育てる方法。 現代の学校教育がこのスタイル。トレーニングメニューをそろえることができれば育成の効率化が図れることは間違いないが、それでも本当に大切な仕事の機微の教育は、なかなかトレーニングメニュー化することは難しい。 学生時代の経験から、会社に入社してもプログラム型育成があるものと若い人は思う傾向があり、企業側と認識のギャップが生まれることもあった。

す。企業においても、昔は「仕事は先輩から盗んで覚えるものだ」といって、あまり積極的に教え込もうとしないことがありましたし、今でも徒弟型育成の有効性を信じている人は、かなりいると思います。

それに対して、「プログラム型育成」というのは、やさしいものから難しいものの順に習得していけるようにトレーニングメニューをそろえて育てようとする考え方で、現代の学校教育の方法が、この典型です。このやり方は、多数の人に、ある一定の基礎を習得させる方法としては、有効だと思います。

②徒弟型育成とプログラム型育成をうまく組み入れると有効

徒弟型育成といっても、特に方法論として確立した何かがあるという印象はないので、新人を一人前にしていくための人材育成を考える場合は、どうしても何かのプログラムを考えるはずです。そうなると、人材育成の全体を企画して実行する管理者であれば、自然にプログラム型育成の世界に入っていくことになります。

しかし、このプログラム型育成を推し進める際の「プログラム」とは、理屈からすると膨大な量になっていきます。職種別や職務別に必要とされる職務遂行能力の下、たとえば、職種別にみて200職種以上のプログラムが必要とされたとき、それに職務が5階層あったとしたら、すでに1000種類になっていきます。そのうえ、重要な職務遂行能力を仮に10種類ほど選ぶとすると、すでに1万種類のプログラムをつくらなければ追いつかないことになります。実際はどんなに育成活動に熱心な企業であっても、1万種類にも及ぶ育成プログラムをつくって運用するようなことは無理というもので、そんなことをやっていたら、企業ではなく学校になってしまいます。

そうすると、どうしても重点化する必要があります。本当に企業の業績を確保し、成長戦略を実現していくために最も大切な仕事は何か（これを「コアプロセス」といいます）を特定して、そこに重点を定めて育成プログラムを考えていく、そういう形でプログラム型育成を考えてい

くことになります。

　それでは、プログラムがつくれなかった部分については、どうするのかといえば、それは職場での先輩後輩の関係の中で自発的に育成をしていくことになります。これをOJTと呼ぶこともありますが、要するに職場の管理者に任されるのです。

　ここで、もう一度、徒弟型育成がクローズアップされてきます。当然のことながら、後輩は自分ができない仕事については、上司や先輩の指導を受けることになります。そこで、どの程度分かりやすく教えてもらえるかが、後輩の大きな関心事になります。しかし、直面している端々のことは教えることができても、本当はもっと全体的なことが分からないと理解できないような場面では、あまり早分かりせず、じっくりと取り組んでほしいと思うことがあります。そういうときに、改めて徒弟型育成の意義が見えてきます。

　棋士にしても落語家にしても、非常に高度な技能を要求される職業です。将棋の世界には、多くのファンのための将棋講座も非常にたくさんあります。そういう意味では、たくさんのプログラム教育が行われているのですが、プロを目指す棋士の場合は、プログラム教育ではなかなか追い付きません。やはり自分で悩み、自分でつかまなければならないのであり、そのために修業時代からそういう姿勢を身に付けさせようとしているのです。

　「内弟子の期間、ほとんど師匠は将棋を教えてくれなかったが、その時代に一番将棋が強くなった」と、ある有名な棋士が述懐している対談記事を読んだことがあります。何も教えてくれなければ、本当にこのままでよいのだろうかと心配になるのが普通です。そうすると、どんな細切れ時間を使っても、将棋のことを考え、研究するようになるのです。心理学の世界でも「レディネス」という用語があるように、本当に対象を吸収できる状態になったときに初めて教えるほうが、教育効果が最も高いといわれています。まさに徒弟型育成とは、そういうことに通じているのではないかと思います。

どちらかというと古いやり方ですが、企業の世界でも、高度な人材を育てようとした場合、徒弟型育成は、今でも非常に有効な考え方ではないかと思います。平均的な仕事をたくさんの人に覚えてもらうためには、プログラム教育をうまくつくり、職場でのOJTをうまく組み立てて、できるだけ早く一定レベルになってもらい、効率的に業務を遂行させていくべきでしょう。

　しかし、そういうやり方だけでは、高度な人材はなかなか育たないともいえるのではないでしょうか。高度熟練技術者や最先端研究開発者、上級経営幹部などは、やはり徒弟型育成のよいところを組み入れていくことを研究すべきでしょう。師匠といえる人をしっかりと意識させ、いろいろなことを相談させ、指導を受けさせながら仕事もさせて育成する方法です。特に育成プログラムをあらかじめ用意するわけではなく、業務の流れを見て思い付きで教え教わる形にしていきます。そこで繰り広げられる人間的な葛藤(かっとう)はそのまま受け入れて、パワハラ度チェックはあまり行わないという育成スタイルの存在を認める必要があるでしょう。

　ただし、このやり方を普通の社員にやっても非効率なだけですから、徒弟型の育成を、育成活動をさぼっていることの言い訳にだけはしないでほしいと思います。

(4) 人は自然に育つものなのか

　人がどのように成長していくのかの原理を見付けようというのは、本書のテーマではありません。しかし、育成が面倒になってしまった管理者や、私は育成が下手だと割り切ってしまった管理者の中には、「人は自然に育つもの（＝人は放っておいても育つもの）」だから、いろいろな手立てを講じないほうがよいと主張する人がいます。また、育成が下手なのに頑張りすぎる管理者の中には、「何もしないほうが部下は育つよ」と言い出す人もいます。

　人は、放っておいても大人に成長します。仕事においても、一定期間かかわって努力をすると、そのやり方を習得し、さらには改善し、改革

していくほどになっていくこともあります。普通に仕事を与えて頑張ってもらえば、それなりにできるようになるわけですから、「人は自然に育つ（成長する）」のであり、その自然の習熟に任せておいてよければ、特に意識して育成を問題にする必要はありません。

問題は、自然の習熟に任せていてはビジネス上の機会ロスが生じるので、何か育成上の手を打たなければならないということです。人材育成を議論しようとしているのは、このような事態への対処をどうするかであり、本書のテーマも、そこにあるのです。

図表13では、「人の成長力と育成活動の意義」を表現してみました。要するに、自然の成長力よりも、より早く成長させようとすることが育成活動ですから、「人は自然に育つもの」だから、そんなにジタバタしなくても、あるいは、そんなに手間やお金をかけなくてもよいのだという考え方は、そもそも育成活動の何かを論じているものではありません。放っておいたらどうなるか（成り行き）を常に想定したうえで、それよりも、さらによい状態を早くつくろうとするために行われるものが

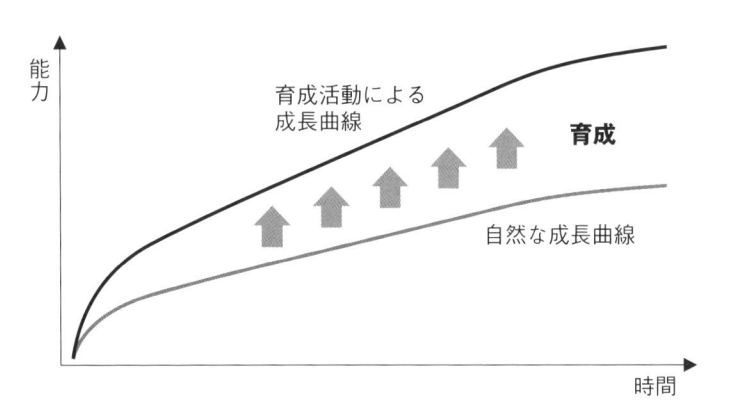

図表13　人の成長力と育成活動の意義

（縦軸：能力、横軸：時間。育成活動による成長曲線が自然な成長曲線の上にあり、その差が「育成」として矢印で示されている）

人は、一定の時間仕事をすれば、だれしも進歩し成長するものである。
しかし、その成長曲線を意図的に引きあげるのが育成活動である。

育成活動なのであって、ここが極めて大事な概念だということをよく理解してほしいと思います。

こんなことまでいわれなくても、どう育成をするかのノウハウだけを考えればよいではないかと思うかもしれません。しかし、ノウハウも大切ですが、そのものの考え方や思想についてもしっかり押さえておくべきだというのが、私の考え方です。確固たる自分の考え方や思想を持つことが、困難な育成活動を継続し続けていく原動力になるのです。

人材のレベルが事業の成長性を決めるのであれば、意図的に人材レベルを向上させることで、企業のより一層の成長性が確保できるのであり、それゆえに人材育成が必要だとなるわけです。

そうであれば、どこの人材レベルがどの程度事業成長性に貢献しているのか、もっと突っ込んで考えてみる必要があります。これが特定できないで、育成活動の大切さを論じてはなりません。

企業にとって、すべての人にすべての育成活動を提供することは不可能です。この割り切りを口に出すことすら非難されそうな感じがしますが、コストも手間もかかるわけですから、やはり重点化することなしに上手な育成などあり得ません。

(5) 自発性をそんなに信用してよいのか

「人は自然に育つので、できるだけ本人の自発性に任せたほうがよい」といいますが、自発性そのものは極めて大切ですので、これを否定するつもりはありません。しかし、過度に自発性に頼ろうとするのも、いかがなものかと思います。ここでよく考えてほしいのは、事業活動にとって自発性とは何かということです。どうしても人の育成問題を扱うと、事業活動との関係を抜きに議論してしまう傾向が出てくることが問題だと私は考えているわけです。

図表14では「自発性に頼るな」と少し刺激的なタイトルを付けています。前項で述べたのと同様に、何も手を打たないならばどのような自発性の発揮レベルになり、事業的に何が起こるか（成り行き）を見積もっ

た結果、それでよいならばともかく、満足ではないならば、何かの育成の手を講じていこうという思考が、この場合にも大事になります。

一般的に、自発性が高い人のほうが、いろいろなものにチャレンジする傾向が強くなりますし、そのことによって成長もしやすくなります。人が成長すれば、きっと事業的な意味でもよいことがあるはずなので、自発性に期待したくなります。

人材育成を考えはじめると、「人はよい環境で仕事をすれば、必ず前向きに自発的に仕事を成功させようと頑張るものだ」と性善説に偏った精神で議論する傾向がよく出てきます。しかし、それならば、いわゆる「管理」という仕事は必要なくなります。通常、「管理」とは性悪説に依拠して成り立っているといわれ、「放っておいたら発生する損失（ロス）を未然に防止する、あるいは拡大を防止する」ものとして、「管理＝機会ロスの防止」ということで議論されるのですが、人材育成の議論に入っていくや否や、性善説に非常に偏っていきがちです。

ここのところ盛んに導入されたコーチングも、自発性を大事にする考

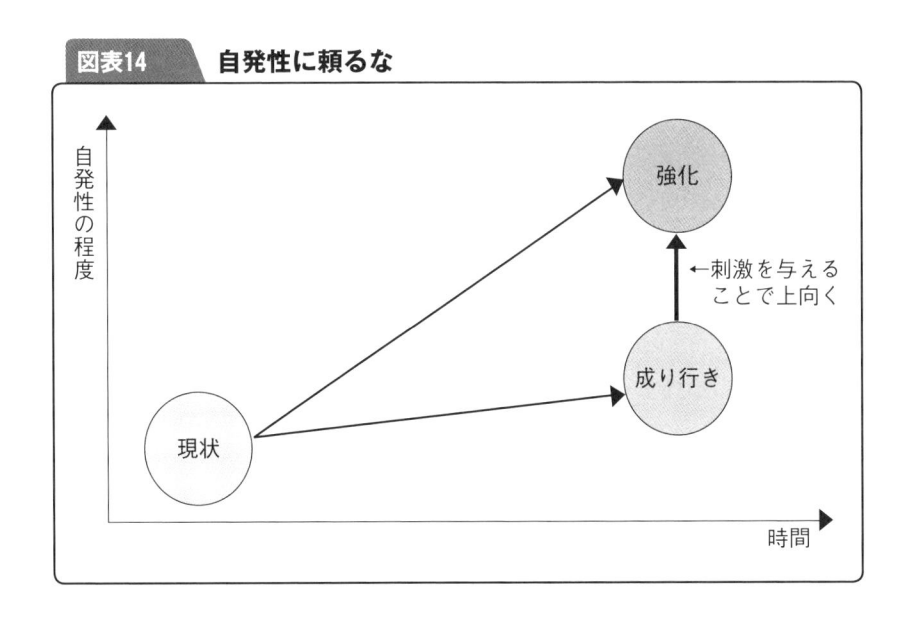

図表14　自発性に頼るな

（縦軸：自発性の程度、横軸：時間。現状から「強化」へ向かう矢印と「成り行き」へ向かう矢印。成り行きから強化へ「刺激を与えることで上向く」）

え方です。部下への接し方を学ぶ管理職研修として受けた方も多いと思いますが、このコーチングでは、本人が自分で考えて結論に至ることが一番本人をやる気にさせるし、一番よい結果を生み出すはずであるという考え方がベースにあります。したがって、自分で考えて自分で方針を引き出し、行動していけるように、管理者がどう促すかというマネジメントスタイルのトレーニングにつながっていきます。管理者は、スポーツでいうところのコーチのような役割で接するべきであるということです。

　これはこれで一つの体系を示していますし、アプローチ方法としては筋の通ったものだと思いますが、いろいろな誤解も管理者の中では生じています。事業の局面においては、すぐに結論を出してしまわないといけないときや、部下が自発的に進めてきたことを一挙に潰して修正しなければならないときなど、自発性をあれこれ言っている場合でないことも結構あります。そうすると、部下がやる気をなくすことも十分あるでしょうが、それはそれで仕方がないと見るべきであり、やる気をなくしても修正すべきことは修正しなければなりません。そういう場合も、「よく本人に説明して納得をしてもらって……」というマネジメントスタイルは時と場合によりけりで、事業的な必要性から個別の仕事を成功させるために無理を余儀なくさせることも、人材育成の議論をするときには、当然の前提として考えに入れるべきだと思います。

　部下の自発性を大事にすれば、本人も成長するし、仕事もうまくいくと単純に考えるべきではないことが、十分理解いただけるものと思います。それにもかかわらず、いったん人材育成の話になれば、このような事業上のまっとうな感覚が後ろめたく感じることがあります。本書では、そうならないように話を進めていきます。

(6) エリート主義は害悪か

①なぜ「エリート」という言葉が嫌われるのか

「エリート」という言葉は、日本ではあまりよい響きとして受け止められていないと思います。一種の特権階層のようで、えらぶっている印象でもあり、庶民からすると、できたらあまり付き合いたくないし、そういう存在自体をなくしてしまいたいと思いがちです。

会社に置き換えれば、エリートは経営幹部やその候補生となるでしょう。たいていの企業には、そういう一群がいるのは事実ですが、それをエリートと呼ぶことに、今の日本人にはだいぶ抵抗があるようです。

図表15に「エリートとは」としてまとめましたが、経営幹部やその候補生というのは本来企業には必ず存在しますし、人材育成において常に焦点になってこないといけないはずです。

そうであるにもかかわらず、エリートという言葉を嫌うのは、日本企業の人材育成において、平等主義の考え方、つまり、すべての人が課長や部長になる機会がある（機会均等）という考え方が背景にあるからだと思います。もっといえば、社員であればだれだって社長になれる可能性があると考えるように人材マネジメントを行うのが、日本企業の思想

図表15　エリートとは

	日本人の持つ悪いイメージ	本来企業に必要なリーダー像
エリート	・特権意識が強く、高慢で、庶民の敵。 ・自分の特権に基づいて甘い汁を吸い、現場の苦労をバカにし、理解しない。	・自分を犠牲にしても、みんなのために頑張っていこうという人材。 ・常に厳しい最前線に立ち、組織にとって一番必要なことが行われるよう全力を尽くす。 ・私心を持たず、常に公のために尽くす。

であるともいえるのではないでしょうか。

エリートには、もともと「選ぶ」という意味がありますから、優れた人を選抜して、特別なトレーニングを課していこうという考え方がベースにあります。多くの日本企業は、すべての人が幹部になっていく可能性があることを前提にした人材マネジメントをやろうとしますので、いわゆる幹部候補生を選抜して特別なトレーニングを課していく「エリート主義」とは対極にあるといえるでしょう。

エリート主義の弊害は、いろいろといわれてきました。アメリカ企業でも、いわゆるエリートといってよいMBA取得者を幹部候補生として処遇し、特別な待遇と経験場所を与えることが行われました。彼らは、現実のビジネスの経験もないのに理論だけでいろいろな施策を出すので、現場サイドが疲弊してきたという話もきかれます。日本では、国家公務員の上級職者がエリートの典型ですが、影響の大きい重要な仕事をしているにもかかわらず、世の中の変化についていけないため社会の発展を遅らせていると評価をする人も、やはりいます。

②リーダーの素質とエリートとの関係

元来、エリートという概念がなぜ発生したかを考えることは、人材育成のあり方を考える大変よい教材です。ここで、次のような人間集団のモデルを考えてみましょう。

人間は、集団で力をあわせて生きるという特徴があります。食べ物が豊富にあるうちは問題ないのですが、食べ物がなくなると、周りとの間でいろいろといざこざが起こってきたりします。そこで、集団の食料の確保や生産についての知恵を出すために、全体を仕切る優秀なリーダーがなんとしても必要になります。また、集団が持続するためには、将来のリーダーを育てることも重要な課題になります。

そのとき、どのような形で将来のリーダーを育てていったらよいでしょうか。非常に豊かな集団であれば、所属する子どもたち全員に高度な教育と経験をさせ、その中からリーダーを選んでいけばよいでしょう。

今の日本企業のように、「全員が社長になれるかも……」というニュアンスをPRして、機会均等で取り組めばよいと思います。候補者が多い中から社長が選ばれるならば、きっとよい人材に違いないと考えるのは理にかなっています。

それでは、全員に機会均等に高度な教育と経験を与えられない貧しい集団であるならば、どうでしょうか。リーダーになるにはどうしてもその教育と経験が必要だとすれば、教育効果が最も高い最も優秀な子どもたちだけに行うことになるでしょう。しかし、優秀な子どもたちというカテゴリーだけで、もっとほかに選ぶ基準は必要ないのでしょうか。

それには、優秀な子どもたちがリーダーとなったときに、そのリーダーがみんなのために努力してくれるかどうかが重要になります。集団のみんなから収奪して自分の私腹を肥やすだけになってしまっては、その集団は疲弊するだけです。そうなると、やはり、集団の維持・発展という観点からリーダーを選ぶ基準が導き出されます。優秀という要素と、みんなのために犠牲もいとわない努力ができるという要素が必要になってきます。

優秀さと自己犠牲精神がリーダーの条件になるので、エリートとして選ばれる子どもたちに対しては、その素質を見ることになります。本当に優秀で集団のために命も投げ出すだけの覚悟がある人を選び、なけなしの教育予算をかけて育てあげていけば、この育った人に依拠して、集団を繁栄させていくことができるはずです。

人が育ってリーダーになるには、やはり時間がかかりますし、お金もかかりますが、どちらも潤沢に使えないならば、優秀かつ自己犠牲の精神に富んだ人を選んで育てることに自ずとなります。これが本来のエリート主義です。

どこの国にも、こういう発想方法は大なり小なりあるはずです。イギリスの「ノーブレスオブリッジ」の精神も、日本の「武士道」も、こういう発想方法と同じだと思います。

5 成長する人・しない人

(1) 成長の原理

　ビジネスマンとして成長する人としない人は、間違いなく区別できるようです。コンピテンシー・モデルの議論でも、将来管理職として業績を伸ばしていく人のコンピテンシーとはどういうものかと、いろいろ試行しています。ただ、これらは、一見科学的な装いを持っていますが、コンピテンシー・モデルのデータのみで選抜するとなると、少し心配になるのは私だけではないでしょう。少なくとも、選抜判断の補助くらいに考えて利用しなければなりません。

　そうなると、どういう補助手段ができても、管理者としての目利きの部分をやはり磨いておかなければなりません。データは、あくまでも自分の目利きをチェックする役割にすべきです。

　その目利きの部分については、管理者として、できるだけ多くの人と人物議論をして磨いていかなければなりません。その前提で、自身の目利きについて解説をし、それを肴(さかな)に仲間内で議論をしてみてください。

　私がいろいろな人を見てきて思うのは、成長しやすい特質を持った人と、そうでない人との違いが、やはりあるということです。図表16に書いたように、それは、①理想（あるべき姿）、②原理・原則、③実践、④教訓抽出力の４つのポイントで説明することができます。これをどのように関連付けて扱うのかが、成長にとっての肝になります。

①理想（あるべき姿）

　まずは、高い理想が持てるかどうかです。ビジネスでは、自分の仕事を通じて何かを変化させるという要素を必ず持っています。したがっ

図表16　成長する人・しない人

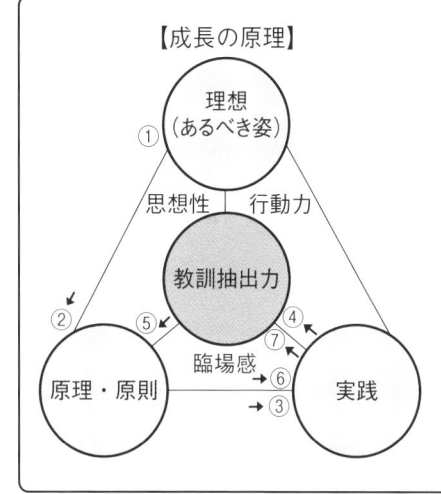

【成長の原理】

- 理想（あるべき姿）①
- 教訓抽出力
- 原理・原則
- 実践

思想性／行動力／臨場感

① 高い理想を持ち、実現に執念を持つ。
② 理想実現のための行動指針となる「原理・原則」を学ぶ。
③ 理想実現のための実践活動を行う。
④ 実践活動による悩み・苦しみ・成功感・達成感に基づく教訓抽出を行う。
⑤ 抽出した教訓に基づく、理想実現のための「原理・原則」を練りあげる。
⑥ さらに、理想実現のための実践活動を行う。
⑦ さらに、実践活動による教訓抽出を行う。
︙

て、この変化させたい、よりよくしたいという気持ちが出てこないといけません。その気持ちが前に出てこない人は、やはり成長しにくい人だと見てよいと思います。

　計算をさせれば非常に速いとか、データ解析をさせれば極めて理路整然と、よく整理された報告書を書くといった人材は、普通は優秀だと評価されると思います。しかし、そういう人であっても、非常に成長が遅い人がいることに気が付きます。それは、現実を変化させようという気持ちが薄い人です。高い理想の下、その実現に向けて現実を変化させようと執念を持っている人は、成長する第1条件を備えているといってよいと思います。

②原理・原則

　高い理想を持って、その実現に執念を持つだけでは、まだ不十分です。2つ目として大切なことが、「原理・原則」です。原理・原則とは知恵や知識の積み重ねであり、なにしろこれをよく勉強しなければならないということをいっています。理想を実現しようとして現実と格闘し

はじめたとき、なんの知識もなければ、ただ苦悶(くもん)するだけで終わってしまいます。過去の歴史の中では、自分と同じ理想を持って現実と格闘した人は必ずいます。そういう先人が残してくれた知恵があり、そういうものが書物などで残されています。これらをしっかり学んで、知識にしても、思考方法にしても、自分のものにしていかないといけません。理想があっても、先人が残した原理・原則について勉強していない人は、必ず挫折(ざせつ)します。これが第2条件です。

③実践

　3つ目に大切なことが、「実践」です。理想実現のため、あるいは何かをよりよく変化させるために行動するということです。行動しない人、頭の中だけで考えてその思考の世界から飛び出せない人は、成長しないでしょう。やはり考えた分だけ行動しないといけません。

　王陽明の思想（陽明学）の中に「知行合一」というものがあります。知って行わないのは知らないことと同じという思想で、逆に、行うことは知っていることの証(あかし)というものです。王陽明は「知先行後」を唱えた朱子学に対する批判を行ったわけですが、「知先行後」というのは、物事の真理を極めてから実践に向かうという考え方です。物事の真理を極めてからといっても、どこまで極めればよいのかということもあり、実践に対して謙虚になり過ぎる可能性もあります。王陽明の思想は、吉田松陰などを通じて幕末で活躍した多くの人が学んだといわれているもので、非常に実践重視の思想です。

　物事を理解した証が実践ということですし、逆に実践して初めてそういうことだったのかと分かることも多いので、やはり成長の第3条件として実践をあげるべきだろうと思います。

④教訓抽出力

　4つ目として大切なことが、「教訓抽出力」です。理想を持って原理・原則を学び、実践すると、もっとこうすればよかった、なぜあのと

きあの発言ができなかったのだろうかなど、いろいろと後悔をすることも必ず多くなります。そうなると、この先、同じようなことが起こったら、必ずこうやってうまく乗り切ってみせるという気持ちになってきますが、このことを「教訓抽出」といい、その能力のことを「教訓抽出力」と呼んでいます。この力が、成長の要になります。

(2) 成長させるためには

こう考えてみると、やはり、このような思考スタイルをはっきりと身に付けている人を幹部にしたくなると思います。

では、成長のための4つの条件は確かに分かったが、どうやって育成していけばよいのかが、次の問題としてあがってきます。原理・原則とは、なにしろ、ものの本などでしっかりと勉強させるということですから、学校で行うようなタイプの勉強をさせることが一つの方法論になります。海外留学をしてMBAを取ってくるというのもそうですし、セミナーに出たり、研修を受けたり、通信教育を受講したりするのも、ここでの育成方法になります。

実践については、もし自発的な行動に弱みがあるとすれば、(強制主義のところで説明したように) 理屈抜きで行動を強制する方法も、とても有効です。

①「悔しがらせること」が効果的

このように「原理・原則」と「実践」についての育成方法は比較的分かりやすいのですが、「理想(あるべき姿)」についてはどのように身に付けさせたらよいのでしょうか。これはなかなか難しい問題で、教訓抽出力についても同じような悩みがあります。教訓抽出は、何かやりたいこと(つまり理想)が明確だから行えるようになるという側面が間違いなくあるので、理想をどう形成するのかと同じ枠組みの話として考えてもよいと思います。

理想を形成し、具体的な実践から教訓抽出をして、よりたくましいビ

ジネスパーソンになっていくストーリーをどのように描いていくかは、本書のテーマそのものといえるわけですが、人材育成を解説した書籍の中には、こうしたことがなかなか取りあげられることがありません。しかし、日本人にはなじみ深い論語や陽明学の古典などが、そういう部分に対する教育において極めて優れたテキストになると思います。昔のエリートといわれた人は、こういう方面の勉強をしっかりとやっている人が多かったようですが、最近はなかなか勉強が進んでおらず、これも理想形成についての方法論が分からなくなっている原因だろうと思います。したがって、こういうタイプの古典をしっかり読むというのも、一つの手になるでしょう。

　そのうえで、もっと身近なアプローチ方法としては、悔しがらせることです。もちろんあまり劇薬を与えると逆効果になりますが、適度に悔しがらせることは、理想形成や教訓抽出力の強化に非常に効果を上げることが分かっています。

　「お前、こんなことも分からないで、お客様の仕事の役に立てると思うのか。恥ずかしく思わないといけないよ」というようなことを、仕事でミスをしたときなどにシラっと言うのです。そうすると、もっとなんとかしなければならないと自然に思い、自分の仕事のあり方をさらに考えるようになります。そして、あのときもっとこうしておけばよかったと反省もしっかりするようになるので、教訓抽出力が付いてくることになります。もちろん本人をよく見て、改善がみられたら、上司が直接「それそれ、そういうことなのだ」と認めてあげることが不可欠の取り組みになります。こうした繰り返しはリスクがありますが、理想形成の刺激という意味では、十分機能します。ある程度の悔しさは、必ず自分の力で取り返してやるという気持ちを形成していきます。

　この思考ストーリーは、理想形成のストーリーと同じです。理想を考えるということは、当然今の不十分さを意識しているはずです。今の不十分さの裏返しが理想といってよいでしょうから、この思考の流れで、理想形成に向けての流れが生まれてきます。

しかし、悔しがらせても、前述した思考ストーリーに入っていかない人や単に反発だけが強くなる人は、いわゆる経営幹部候補生（いわゆるエリート）から外さなければなりません。成長しない人のグループに入っていくので、そういう人にはそういう人なりの役割に邁進してもらえばよいと思います。

②理想の描き方をつかませる

　ここでは、高い理想についての中身の議論は全くしていません。もちろん、高い理想を持つことの人材育成上の価値は高いと思いますが、高い理想がテロリストが抱く理想のように社会正義にもとるようでは、当然ビジネスパーソンとしてダメだということに間違いありません。「お客様にもっと貢献したい」「もっとよりよい商品を提供したい」「新しい事業を創造して、多くの人に利益を提供したい」といった理想をつかんでもらわなければいけません。これも重要な育成課題になります。

　あるとき、新卒の新入社員と面談をしたら、「私はこの会社に入って、日本経済を強くしたい」「みんなが活き活きと働けるような職場をつくりたい」と答える人がいました。出発点に立ったばかりの新入社員なので仕方がないのですが、こういうタイプの理想を抱いたまま５年・10年企業に勤めてもらっても、あまりよい人材には育たないように思います。

　お客様に商品のサンプルをお届けするのも、実際にカバンにつめて運んでいくのも、具体的な動作が伴います。その動作をよりよくするために「日本経済を強くしたい」「みんなが活き活きと働けるような……」という理想を持っていても、何かの役に立つわけではありません。むしろ「サンプルを見たお客様が納得してくれて大変うれしかったので、お客様の満足した顔が見たい」というほうが、成長力に影響を与える理想の持ち方になります。

6 「事知一体」による人材育成

(1) 人は、事業の中で育つ

　人材育成は仕事を通じて行うのが基本ですが、そのことを端的に表現する標語として、私たちは「事知一体」という言葉をよく使います。「事知一体」の「事」とは「事業革新」を、「知」は「知力革新」すなわち人材育成のことを指しています。要するに、事業推進や事業革新とセットで人材育成を進めるのが大原則ということです（図表17）。

　「人は、事業の中で育つ」という命題は、人材育成を考える場合の発想の出発点であり、事業革新というステージにおける人材育成の命題として「事業革新に真剣に取り組む中で、人材が一番育つ」ことを打ち出しています。事業革新に取り組む人材は、どちらかというとコア人材が多いと思いますので、全社員の育成の命題を「人は、事業の中で育つ」

図表17　「事知一体」による人材育成

事業革新　⇄　知力革新（人材育成）

- 人は、事業の中で育つ。
- 事業革新に真剣に取り組む中で、人材が一番育つ。
- さまざまな必要性から教育研修という手段を使わざるを得ないが、事業の革新の方向性をよく考えて、育成の方向を見定めよう。
- 今は事業革新のとき。人材の育成の必要性はどんどん高まっているが、同時に育成のための教材も非常にたくさん出てきている。
- 事業革新と人材育成の同時展開こそが、人材育成の極意である。

とし、コア人材の育成命題を「事業革新に真剣に取り組む中で、人材が一番育つ」と考えています。

　企業として必要な仕事ができるようになることが人材育成の目的ですから、人材育成の基本命題は仕事を教え込むことになるわけです。したがって、「人は、事業の中で育つ」というのは、ある意味では当然のことをいっているわけです。もちろん、事業というからには常にお客様を意識することになり、お客様のニーズに応えようと頑張ることの中に人材を育成するさまざまな要素が生まれてきます。それを大事にして、意識的に活用しようとするのが、この命題の意味です。

(2) 事業革新と人材育成を同時展開させる

　一方、事業革新は、事業の過去および現在をベースに構想していきます。しがらみのない、いわゆる更地に、将来の事業のあり方を設計していくことはそうそうないので、今までの事業のビジネスモデルがどのようなものかを意識的にとらえることから、事業革新はスタートしなければなりません。これもかなりの知的水準の高い仕事です。

　今までの事業は何かしらうまくいっていた側面があるため、普通の人はそれに慣れており、どうして成功してきたのかについてあまり意識していないことが結構あります。そのため、売上や利益が徐々に落ちてきたという事態に直面したとき、「単に景気が悪いだけだ」「やるべきことを徹底実践していないからだ」「まだまだ頑張りが足りないからだ」と考えてしまいがちです。つまり、ビジネスモデルを変革しなければならない問題が生じてきたのだとは、なかなかとらえられないのです。

　事業革新というスケールでものを考えることは、従来のビジネスモデルを変革するというスケールでものを考えることです。従来のビジネスモデルは、これまでの経営環境に適合してきただけの一時的なものに過ぎないととらえ、売上高や利益が出にくくなったのは、経営環境の変化によって従来のビジネスモデルが合わなくなったからだと思考するようにもっていかなければなりません。そして、どういう経営環境の変化が

あったのかの仮説を立て、新しい経営環境に適合した新しいビジネスモデルを構想して試行していくことが必要になります。このようなことを考え実行するのは、企業の中でも最もコアの人材、つまり、経営幹部や経営幹部候補生（いわばエリート）になるでしょう。

どのような企業でも、こういうコア人材をしっかりと育てる方法に確信が持てないできました。その最もよい育て方が、事業革新に取り組ませることなのです。なぜなら、そこにすべての教材があるからです。

いわゆるOff-JT（すなわち研修）なども確かに重要な役割を果たしますが、事業革新という背骨が入っていなければ、コア人材の育成においては効果が薄いといわざるを得ません。

これが、「事知一体」による人材育成です。この考え方を取り入れていけるかどうかで、企業の人材育成のスピードを決めることになるでしょう。まさに「事知一体」つまり、事業革新と人材育成の同時展開こそが、人材育成の極意といってよいのではないでしょうか。

(3) チャレンジ場をどうつくるかが課題

①思いや感情をいかに組み込むか

高度な人材を育成するには、チャレンジの場をどうつくるかが大切なポイントになります。図表18をもとに、もう少し一般的な形でエッセンスを抜き出してみたいと思います。

この図は、私が「オトト理論」（「オトト」とは、「お魚」のこと）と名付けているもので、左のほうから話ははじまります。

ここに1匹の魚がいます。これは、コア人材にたとえています。先ほどコア人材を「経営幹部・経営幹部候補生（いわゆるエリート）」という言葉で解説しましたが、ここでは、もう少し範囲を広げて高度研究開発者・高度技術者・その候補生という人たちも含んでいるものとして説明します。

図表18は、ある海岸の一角を描いたものであり、干潟のようなところ

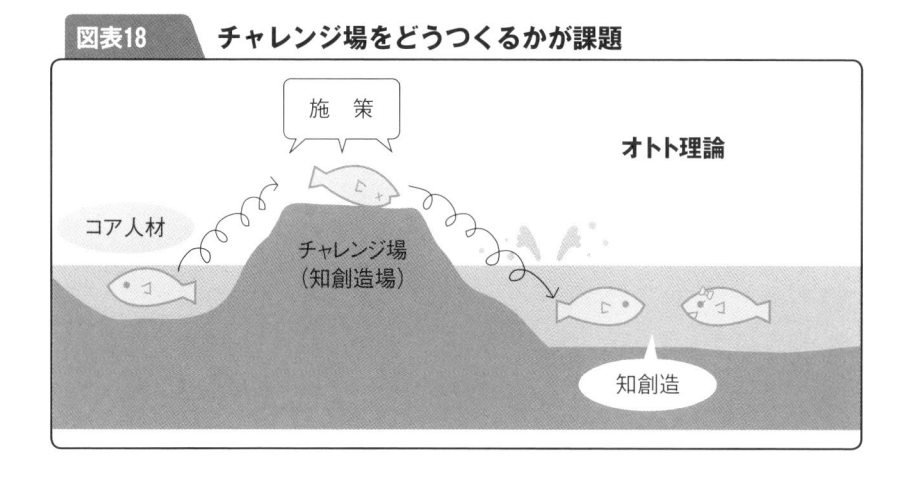

図表18 **チャレンジ場をどうつくるかが課題**

（図：オトト理論　コア人材／施策／チャレンジ場（知創造場）／知創造）

で生活をしているのが左側にいる魚です。この干潟は、海のほうから海水が入ってくるので生活に困ることはありません。しかし、少し狭くて窮屈なので、次第にここでの生活に不満を感じるようになっていきますが、この干潟以外の世界を知らないので、どうしたらよいか分かりません。

しかし、いよいよ我慢の限界になったこの魚は、あるとき発作的に飛び跳ねてしまったところ、運が悪いことに落ちた場所が岩の上で、水がありません。「なんとかしなければ死んでしまう」と、あわててバタバタしていると、向こうに大きな海があることに気が付きます。なんとかあそこにたどり着こうとさらにジタバタしてみたところ、ついにはポトンと海に落ち、死のピンチから逃れることができました。こうして広い世界で動ける自由を得、そのうち素敵な彼女（彼）を見付けて幸せに過ごしました……。

ここでいいたいのは、創造や革新といわれるものは必ずしも冷静な計画から生まれるのではなく、何か発作的な気持ちの爆発や、死ぬかと思うピンチの中でもがいているときに、偶然生み出されるものだということです。発作的な気持ちの爆発を、どう経営の施策として組み込むのか、魚が飛び出した先の岩、つまり何かを生み出す「チャレンジ場（知

創造場)」をどう経営の施策として組み込むのか、広い海を見付けたときにあきらめずに進もうという気力を生み出す施策をどう経営に組み込むのかについて、方針を持つべきだということです。

②失敗は「成長」のもと

　干潟から飛び出した魚が、海にたどり着けなくて死んでしまうようなことも、実際には結構あると思います。それはそれで十分あり得ることとして、受け入れなければいけません。人材育成は、それくらい難しい仕事だということも覚悟しておく必要があります。新規事業開発などの現場では、成功確率が「千三」(センミツ)、つまり「1000に3つだ」といわれることがありますが、人材育成の施策も、コア人材を育成する施策という意味では同じような考え方が必要になります。しかし、企業経営というスケールで見るならば、仮に失敗して岩の上で力尽きたとしても、こういうチャレンジをしている人材は大切ですので、必ず救わなければなりません。気分を切り替えて、次のチャレンジをしてもらうようにもっていく必要があります。失敗した事業は切り捨てても、失敗した人材はチャレンジ意欲がある限り切り捨てず、すくい取って次に活かすようにしなければなりません。「敗者復活」という言い方もありますが、こういう場合は「敗者」という言い方は妥当ではないでしょう。それは、チャレンジャーだからです。

　これは日本企業に限った話ではありませんが、失敗を恐れる文化が蔓延してしまった企業はとても多く見受けられます。そういう企業では人材は育ちませんし、事業的に見ても当然成長戦略がつくれないことになります。成功確率が「千三」だというのであれば、失敗したチャレンジから何を学びとり、次にどう活かすかが、企業の成長戦略の生命線になります。

　こういう視点からも、「事知一体」の人材育成というコンセプトをみてほしいと思います。失敗は、チャレンジャーの勲章なのです。

7 管理者の仕事の半分は人材育成である

(1) 忙しいときこそ発想の転換が必要

　「管理者の仕事の半分は人材育成である」と一般的にいわれています。半分が人材育成であれば、もう半分は「担当している部署の業績を計画どおりにあげる」ことです。要するに、業績確保と人材育成が管理者の仕事の双璧(そうへき)だということですが、どちらのウエートが高いかという問いに対する確たる答えはありません。本書では、人材育成の重要性を訴え、人材育成が少しでも進むための話をしていますが、そもそも管理者としては業績確保が何よりも大事な仕事であり、業績確保もできないのに、人材育成もなにもあったものではありません。業績も確保できていないのに人材育成を頑張っているという管理者は、はっきり言って逃げを打っているとしか見えません。

　しかし、「管理者の仕事の半分は人材育成である」というのも真理です。厳しい環境の中で業績確保のために努力することは、間違いなく人材を鍛えます。そういう意味で、人材育成は表裏一体、コインの裏表の関係です。業績をよくしようと考え、いろいろな販売促進企画を立てることは業績確保にもつながりますが、同時に人材育成にもつながります。すなわち、管理者の仕事のすべては業績確保のためにあり、業績確保のために部下の協力を獲得し、部下の知恵を結集し、（言葉は悪いですが）部下に無理を強いることが結果として人材育成になるのです。「管理者の仕事の半分は人材育成である」という命題も、そういう意味にとらえるべきです。

　最近は、少数精鋭で仕事を進めていこうと最小限の人数に抑えられているため、大変忙しい状況に陥っています。こんな状態では育成活動な

どとてもできないと嘆いている管理者も多いと思います。育成を独立した業務として見ると、確かになかなか進みにくい状況にあると思いますが、こういう忙しい状況になればなるほど、忙しく働いていること自体が育成活動になるのだと確信を持ってほしいと思います。

一から手順を追って教えていくことだけが育成ではありません。上司が忙しく働き、放っておかれることも、人材育成にとって意味ある経験になるわけです。私が主張したいのは、これくらいの発想の転換が必要だということです。

(2) 管理者の仕事の半分は人材育成

①「業績確保のための業務」＝「人材育成」

「これが育成活動だ」という固有のイメージを管理者は持つものですが、それができないから育成活動ができていないと考える必要はありません。大切なのは意味付けです。

業績確保のため営業活動に忙しく、新人の育成が進んでいないということもあるでしょうが、忙しくて仕方がないのであれば、「商品について自分で勉強しておけ」「困ったら自分から質問しろ」とだけ言っておけばよいのです。なんの後ろめたさも感じる必要はありません。営業活動を間引いて、余った時間で新人教育をしようとしている管理者など、管理者の風上にも置けません。

もちろん、新人を戦力化することは、その部署の業績確保にとっても重要です。しかし、私が主張したいのは、図表19のように業績確保のために行っているすべての業務は、同時に育成としても意味付けられるということです。管理者に十分な時間的余裕があるならば、特別なプログラムをつくって時間を確保し、人材育成に取り組むこともあると思います。それはそれで結構で、ぜひ将来の業績確保のために取り組むべきでしょう。しかし、そういうことをしないと人材育成ができないと考える必要はありません。

図表19 業績確保と人材育成は"コインの裏表"

業績の確保 ⇔ 人材育成

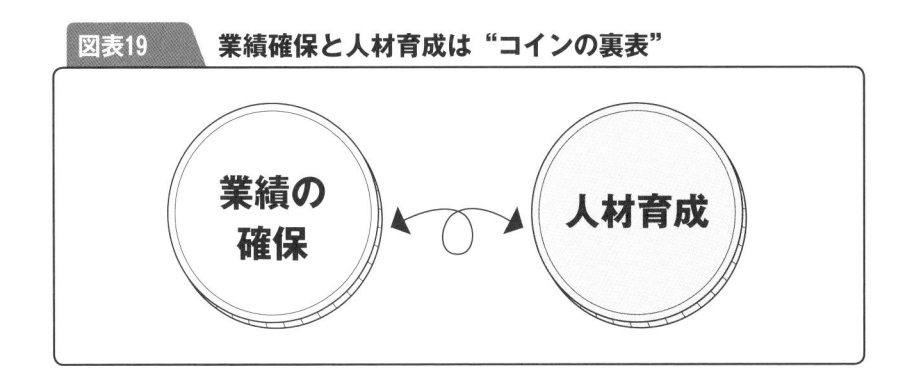

②成果主義は言い訳にしかならない

　成果主義になって、人材育成が進まなくなったという声があります。しかも少数精鋭にしたり、組織階層をフラットにしたことも、人材育成が進まなくなった理由にあがっています。成果主義になって、個人の業績が厳しく評価されるのだから他人などかまってはいられないという意識を変えるため、大手企業でも、人材育成の活発化を念頭に係長制度を復活させたところもあります。

　確かに、組織階層を増やして役職を置くと、役職者は役職にふさわしい役割を発揮しようとしていろいろな努力をするようになるので、育成活動が活発化することも起こると思います。そういう動きが業績確保や成長性の確保に必要なのであれば、そのような組織改革を行わなければなりません。しかし、育成活動を活発化させるという目的のためだけであるならば、そのようなことはする必要はありません。

　そもそも成果主義になったから育成活動が進まなくなったのではなく、もともと育成活動を意味付けてやってこなかったのではないでしょうか。成果主義以前においても、「人材育成をいくらしても評価されない」「人材育成を評価してほしい」との主張がありました。これは、人材育成は、普通の仕事とは別（プラスα）の仕事であるという意識からきています。しかし、業績をあげつづけていくために必要不可欠であれ

ば、人材育成は当然行うはずであり、特に独立した評価項目として人材育成がなくても、業績をあげるために必ずやらなければならないはずです。そういうことを見越して評価の重点を結果に置くのが成果主義ですから、人材育成を行わない管理者の評価がよくなることが、いかに理屈に合わないか理解していただけると思います。

　成果主義になって育成活動が進まなくなったという主張は、成果があがっていないにもかかわらず、あがったように見せることができ、成果があがっているから人材育成も進んでいるなどという幻想を、成果主義が生み出しやすくしたということからくるのでしょうか。そうでなければ、自分の業績の確保で手いっぱいになり、後輩育成などに手が回らないという、程度の低い言い訳はできないはずです。業績をあげつづけるためには後輩育成が不可欠だとすれば、後輩育成に手が回らないということ自体、悪い評価を下す有力な事実になります。

　管理者として、業績確保に全力をかけて仕事に取り組む際には、必ず人材を育成する視点を持つようにしてください。なかなか難しいかもしれませんが、この発想方法を習得していただきたいと思います。

　前節で、「人は、事業の中で育つ」「事業革新に真剣に取り組む中で、人材が一番育つ」という「事知一体」の人材育成の話をしました。「管理者の仕事の半分は人材育成」であり、事業推進と人材育成は表裏一体です。労働時間の半分を人材育成に投入すべきだといっているのではなく、管理者としての仕事の見方として、人材育成の視点を持って工夫してほしいということをいっています。それはなによりも、業績確保のために人材育成が必要だという大前提があるからです。

第2章

人材育成手段の体系

　第1章では、管理者としてどういう考え方で人材育成に取り組んでいくのかについて説明してきました。

　この章では、人材育成を行う際の体系を説明します。どちらかというと、管理者が人材育成を行う際に必要となる基本的な知識を取りまとめています。

1 人材ビジョン

①人材ビジョンの姿

　まず、図表20に人材ビジョンの位置付けを示しています。人材ビジョンとは、企業がどのような人材を確保して、どのような能力を発揮してもらって事業展開を行うかというイメージを示すものです。言ってみれば、経営ビジョンと一体です。

　経営ビジョンとは、事業ビジョンと人材ビジョンによって構成されます。事業ビジョンを実現するための事業戦略を打ち立てることで事業遂行施策全体を方向付け、人材ビジョンを実現するための人材戦略を打ち立てることで人材マネジメント施策全体を方向付けます。それらを通じ

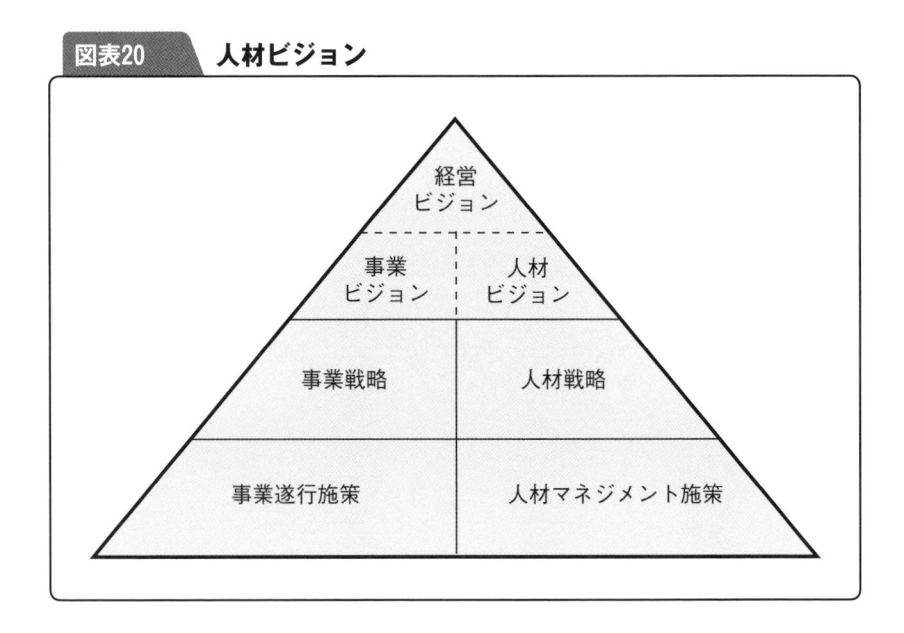

図表20　人材ビジョン

て、経営ビジョン全体を実現するための運営をしていくこととなります。

　自らの企業が、高付加価値型（高機能・高価格）の事業展開をしていくのか、低コスト型の事業展開をしていくのかは、事業ビジョンの典型的な分岐点になります。一つの会社で、高付加価値型の事業と低コスト型の事業を一緒に運営しようとすると、事業ごとに社員給与の水準を変えなければならなくなったり、事業ごとに要求される採用者の能力レベルの格差付けをうまくコントロールできないなどの難しい運営を迫られるため、多くの企業では、別会社をつくってそれぞれ事業展開をしていきます。

　人材ビジョンの具体的な姿は、すでに図表8（28ページ）の「SHUに基づく人材構造の変革」で示しています。これが人材ビジョンの姿であるとして、見てください。

　企業ごとにこのようなものを作成し、事業展開の質にあわせた人材構造を構想して、人材ビジョンを示していくことになります。本質は、図表8のような形になりますが、あまり明確に示し過ぎると、自分たちはあまり必要とされていないのではないかなどと思われ、社員の動揺を誘う場合もあるでしょうから、一般的には、「チャレンジ人材を目指そう」「ほかをまねしないオリジナルさで勝負する人材になろう」「規律性と協調性を備えたフットワークのある人材になろう」「最高のコミュニケーション力を備えよう」といったレベルで発信されることが多いようです。

②事業展開の型によって異なる人材ビジョン

　こういう言葉の裏側には、高度な技術者を今よりも倍増させ、実力のない人に極力やめてもらう、というような人材ビジョンがあります。逆に、高度な人材は一握りいればよいので、あとはできるだけ規律性と協調性の優れたまじめな人材を多くしていこう、そのかわり給与はできるだけ低めでいこう、という人材ビジョンも出てきます。ただ、こうした

話はあまり表向きにはできないため、管理者の立場で人材育成を企画するときには、裏のことも含めて考えに入れておかねばなりません。

たとえば、高付加価値型事業を行うと決めたならば、優秀な人材の採用を中心に行わなければなりません。となると、「最先端技術で世界に羽ばたこう」「高付加価値型商品を世に出し、お客様から評価を得よう」といったビジョンが出てくることになります。これは経営ビジョンの表現になっているので、少し変えると、「最先端技術者を各方面から採用し、また社内でも育成し、300人の最先端技術者集団を形成しよう」「高付加価値型商品開発ができる技術者・クリエイターを500人確保する」といった人材ビジョンができあがることになります。

逆に、低コスト型の事業展開をするとなると、マスターコースやドクターコース修了者などの人材は、本当に一握りいればよいことになります。主力は、「常に全体最適を考えて動ける人材」「規律性と協調性のある人材」「コミュニケーション能力の高い人材」がたくさんいる必要があります。つまり、できるだけ低い給与でも頑張ってもらえる人材が必要になります。

このように、高付加価値型事業展開とコスト型事業展開とでは、求める人材が全く違うことが分かりますし、採用方法や内部の人材育成の方法が全く違うものになることは容易に想像が付くと思います。管理者として人材育成を行う立場であるにしても、このような違いは即座に把握できるようにしてください。

③自部署の人材ビジョンを考えるヒントを探ること

ビジョンとは映像であり、将来のことを映像のように思い描くことです。本来は言葉ではなかなか表現しにくいものを、多くの企業はそれを比較的抽象度の高い短文で表現して社員に示し、管理者としても見ているわけですが、抽象度の高い短文であればあるほど、人それぞれに思い描く人材ビジョンに違いが生じてきます。したがって、管理者側から人材ビジョンを見るときは、注意深くその意味合いを解読しながらも、ほ

かの管理者の考え方にも注意深く耳を傾けてください。そこに自部署の人材ビジョンを考えるヒントが出てくるかもしれません。

　高付加価値型の事業展開を全社で目指すとしても、自分の部署は、できるだけ協調性とコミュニケーション能力の高い人材を育成しなければならないかもしれませんし、その逆もあると思います。それらのこともよく考えながら、作戦を練っていく必要があるでしょう。

　ところで、図表20に出てくる人材戦略とは人材ビジョンを実現するための人材戦略であり、採用・育成・配置・処遇・退職についての基本枠組みです。先端技術者を多く活躍させるというビジョンであれば、「そういう候補者となる人材を、どういう大学院や企業研究所から、どういうルートで採用できるように働きかけるか」「先端人材の専門性を社内で発揮してもらうための育成を、どういう機関でどういうメニューで行うか」「どういう組織に配置するか」「先端人材としては期待外れの人材を、どのような枠組みで退職させるか」という基本枠組みが、この場合の人材戦略です。

　それをどのように実施していくかの詳細な施策設計と実施についてが、図表20の右下の「人材マネジメント施策」になります。

　私はコンサルタントとして多くの企業の方と議論しましたが、人材ビジョンや人材戦略が明確でない企業がいかに多いことかと感じています。管理者として、経営者や人事部門になんとかしてくれとお願いしても、なかなか明快な返事がないことはよくありがちですが、ぜひ管理者としての想像力を働かせて、所属している企業のこれからの事業展開の本質を見抜いて、自分の会社に合い、かつ自部署に合う人材ビジョンを見付け出し、さまざまな施策を具体化していただきたいと思います。

2 教育体系

(1) 教育体系

　人材ビジョンに基づく人材戦略の表現形式の一つに「教育体系」があります。これは普通、人事部門によってつくられるため、管理者としては、「いろいろ考えてつくっているのだろうな」という程度の感想で、作成された教育体系を見るだけのことが多いと思います。そこでここでは、図表21をもとに、こういうものの見方を説明したいと思います。

　一番左側に1等級から6等級までの等級区分があり、各等級に、役割期待のキーワードが書き込まれています。もともとは、もう少し詳細にわたる等級基準があるのですが、教育体系としては、キーワードだけを書き込んでいる形式になっています。つまり、この図表21は、等級ごとの役割期待を果たすために、どのような研修等の育成施策を実施していくかを示すものです。

　等級ごとの役割期待を書いている隣には、階層別教育が等級別に書き込まれており、さらに、マネジメント教育、課題教育、職能教育、通信教育、選抜教育とつづいています。これらは、処遇の柱となっている等級別の役割期待に連動するようになっています。

　この教育体系を見ていただくと、5等級に「先端技術者」という役割期待が表明されていることから、この等級のときに先端技術者になっていくことを目指したものであり、前述した人材ビジョンとのかかわりでいえば、高付加価値型事業展開を念頭に置いていることが分かります。

図表21　教育体系の例

区　分	階層別教育	マネジメント教育	課題教育	職能教育	通信教育	選抜教育
役割期待						
6等級 ■事業部門経営者 ■事業開発の大プロジェクトリーダー	新任部長研修 (事業部門経営者とは)					経営塾
5等級 ■部門長補佐 ■先端技術者	人事評価研修 (目標管理と人事評価)	戦略立案研修	海外ビジネス動向研修	資材購買研修	実践管理者コース	海外MBA留学コース
4等級 ■課マネジメント ■主任技術者	新任管理者研修 (管理者の役割の基本、人事評価の基本)	リーダーシップ・人材育成研修	最新日本経済事情研修	折衝力強化研修	問題解決コース	海外赴任（3年）
3等級 ■専門業務と改善を通じた競争優位の実現	新任係長研修 (競争優位と専門領域設定との関係)	PDCAマネジメントサイクル習得研修	新国際会計基準理解研修	営業スキル研修	事務改善基本コース	
2等級 ■前例のある判断業務を含む日常業務の推進	中堅社員研修 (先読み行動、問題解決)			OJTと連動		
1等級 ■定型業務の確実遂行	新入社員研修 (報連相・マナー等)					

①階層別教育・マネジメント教育

　新入社員は1等級に位置付けられ、まずは定型業務の確実な遂行が求められます。そういう時期には、報連相（報告・連絡・相談）をはじめとしたビジネスマナーの研修をして、確実な業務遂行を目指してもらうことになります。さらに横に見てみると、通信教育の項目のところに、「事務改善基本コース」があります。役割期待としては、改善的な視点については2等級以上で求められるのですが、1等級の段階で通信教育を受けておいてもらおうとしているわけです。このように等級ごとに横に見れば、その時期にどういう教育をするのかが分かるようになっています。もちろん目指すところは、6等級の役割期待である「事業部門経営者」「事業開発の大プロジェクトリーダー」です。

　2等級では、「前例のある判断業務を含む日常業務の推進」という役割になりますので、例外処理などの判断を前例に基づいて進めなければなりません。仕事の先読みをして、業務上で例外処理が求められそうな状況を予測して、ある程度調べておき、問題解決をすることが求められますので、中堅社員研修として、「先読み行動」「問題解決」を学ぶと同時に、通信教育でも「問題解決コース」に進んでもらうことになります。選抜教育では、海外赴任についても経験してもらいますが、"選抜"ですから、全員が海外に行くわけではありません。

　係長になる3等級では、階層別教育として新任係長研修を行います。3等級の役割期待は「専門業務と改善を通じた競争優位の実現」ですので、「競争優位と専門領域設定との関係」を階層別教育で学んでもらいます。横に見ると、マネジメント教育のところに「PDCAマネジメントサイクル習得研修」があります。これは係長レベルのマネジメントを行うには不可欠のマネジメント知識とスキルについての教育であり、同時に、通信教育の「実践管理者コース」で学んでもらいます。これは4等級から課長になって課のマネジメントを担当することになるための準備です。また、選抜された人には、海外留学をして、MBA資格を取得し

てきてもらうようなことも準備されています。

　4等級の役割期待は「課マネジメント」「主任技術者」です。「主任技術者」とは、ひとまとまりの開発プロジェクトに対して専門的視点からリーダーシップを発揮する技術者といった意味で考えてもらえればよいでしょう。こういう等級の人には、階層別教育として「新任管理者研修」（「管理者の役割の基本、人事評価の基本」を学ぶ）をし、マネジメント教育としては、「リーダーシップ・人材育成研修」をします。特に選抜された人には「経営塾」が用意されていますが、これは経営者になっていくことを目指して、特別な教育を行うことを示しており、毎月社長が開く講座への参加や、特別講師を招いての経営者教育を実施したりするものです。

　5等級の役割期待は「部門長補佐」「先端技術者」です。この時期には、ある程度の管理者経験と人事評価経験がありますので、そのレベルを意識した階層別教育で人事評価研修を行います。特に高度な「目標管理と人事評価」のトレーニングとなり、マネジメント教育としては「戦略立案研修」を行います。

　6等級では、役割期待が「事業部門経営者」「事業開発の大プロジェクトリーダー」になりますので、階層別教育としては、「新任部長研修」において「事業部門経営者」として大きな組織のマネジメントの仕方を学んでもらいます。

②課題教育と職能教育

　まず課題教育については、「新国際会計基準理解研修」「海外ビジネス動向研修」「最新日本経済事情研修」の3つの研修があげられています。「新国際会計基準理解研修」は3等級から4等級のうちで、受けたいタイミングで受講できることを示しています。このとき、課題教育は特に必修ではない場合が多いようです。同様に、「海外ビジネス動向研修」が4等級から5等級で受講でき、「最新日本経済事情研修」が2等級から3等級にかけて受けることができるようになっています。担当し

ている仕事がこういうテーマにあまりかかわりのない人は、特に受ける必要はないという建前ですが、事業部門経営者になっていく人には学んでおいてほしいものだということも示しています。

職能教育には、「営業スキル研修」「折衝力強化研修」「資材購買研修」が用意されており、いずれも1等級から3等級までに関係する人が受ければよいように体系化されています。職能教育としては、こういう研修だけではなく、1等級から3等級までの社員は必ずOJTも実施することとなっています。図表21については、このような見方をすれば、教育体系の趣旨を理解していただけると思います。

どういう等級に、どういう役割期待を求めるのか、それに対応して、どのような教育によって最上位等級である6等級の役割期待が担えるようになるのかを考えて、全体のプログラムを組み立てているわけです。

もちろん、こういう教育体系だけで人材育成がすべてうまくいくというほど、簡単なものではないことも事実です。しかし、こういう1枚の図表があれば、全体観が見えるようになりますし、管理者として、こういう図表をしっかり読んで、それぞれの研修の位置付けを理解し、研修参加者個人の具体的な習得目標を設定してあげていただきたいと思います。

たとえば、業務改善の問題意識が低い2等級の部下には、研修で学ぶ問題解決手法そのものを業務として与え、実際の業務効率を図ることとセットにして業務改善の問題意識やスキルを高めるようにもっていくということです。

教育体系とは、管理者側にこのような読み方を求め、活用の仕方の工夫を求める資料です。

(2) 教育体系づくりの企画ロジック

このような教育体系がどのようなロジックで企画されているのかを示したものが図表22です。各企業でつくられた実際の教育体系が、必ずしもこのロジックで企画されているかどうかは分かりませんが、管理者と

第2章 ● 人材育成手段の体系

図表22　教育体系づくりの企画ロジック

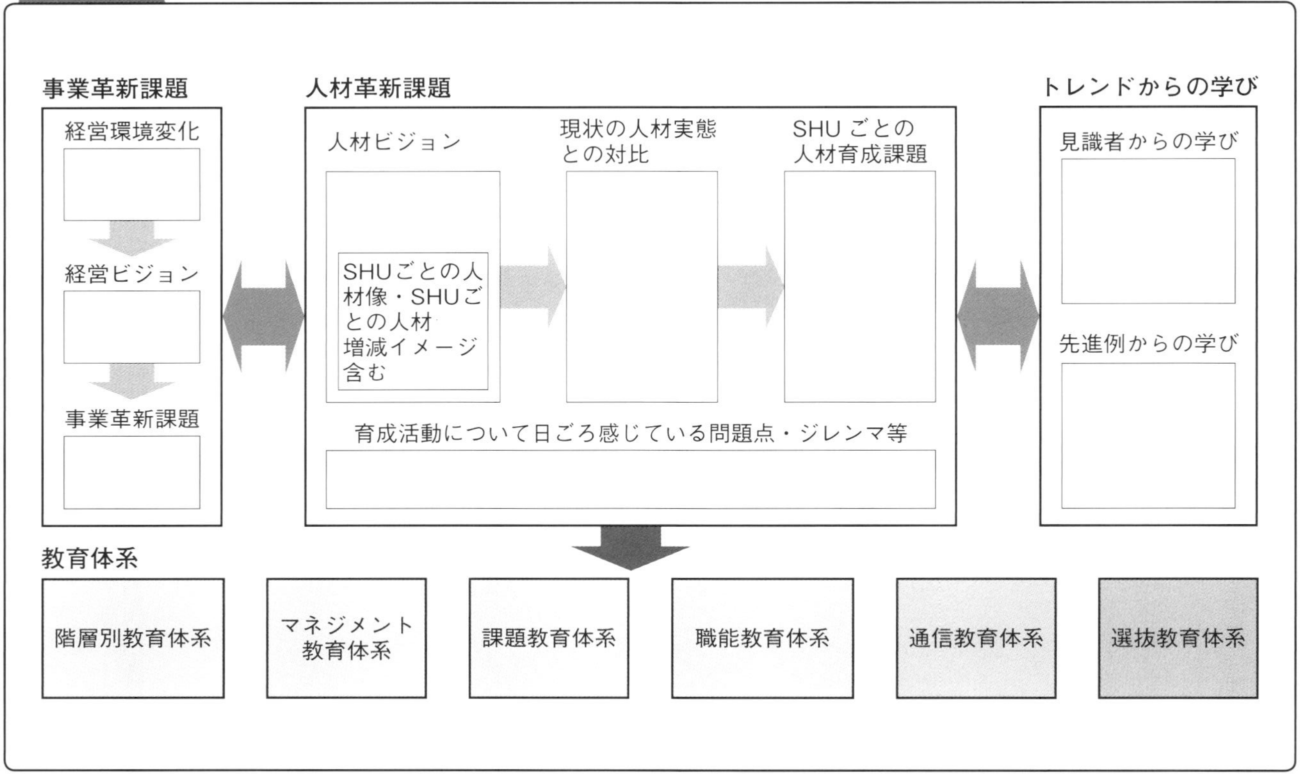

事業革新課題
- 経営環境変化
- 経営ビジョン
- 事業革新課題

人材革新課題
- 人材ビジョン（SHUごとの人材像・SHUごとの人材増減イメージ含む）
- 現状の人材実態との対比
- SHUごとの人材育成課題
- 育成活動について日ごろ感じている問題点・ジレンマ等

トレンドからの学び
- 見識者からの学び
- 先進例からの学び

教育体系
- 階層別教育体系
- マネジメント教育体系
- 課題教育体系
- 職能教育体系
- 通信教育体系
- 選抜教育体系

73

しては、基本はこういうものだと、この図表22のワークシートで整理しておけば、担当している部署内で人材育成企画を立てるときの参考になると思います。

　図表22の全体を見てみると一番下に6つの枠があります。これは先ほどの教育体系を示しており、ここの内容をつくることが目的です。そのためにどういうロジックを踏むかが、ここでの課題です。

①事業革新課題

　まずは、「事業革新課題」を押さえるところからスタートします。ここでも「事知一体」の人材育成という考え方が持ち込まれています。

　事業革新課題とは、経営環境変化に対する認識によって変わります。経営環境変化を見通す中で、経営ビジョンを形成し、事業革新課題を見付けようというもので、ここでは、短期的・長期的課題のどちらも整理することになっています。人材の育成に時間がかかるのは間違いないですが、短期的な事業革新課題に全く対応できないというものでもありません。短期的な事業革新課題とは、長期的なものとは違って、今直面しているだけに即座にかつ確実に解決しなければならないものです。その中に、今の人材を早急に育成することで対応できそうなものがあれば、当然、最優先で取り組まなければなりません。

②トレンドからの学び

　図表22の右側に「トレンドからの学び」があります。見識ある人の主張や、先進企業の取り組みからも学び、発想を広げようということです。ただし、世の中の標準にあわせるようにするための教育は、まねでもよいのですが、高付加価値型の事業展開を目指す場合は、あくまでも発想方法の広がりを獲得するためであって、まねをするためではありません。もし先進企業の例といえどもまねなどしたら、その段階で高付加価値型の事業展開をあきらめたに等しくなります。自社の商品がほかとは違うオリジナルなものを追求しようとしているときに、それを生み出

す人材の育成方法が他社と同じでは話になりません。似たようなことをやるにしても、常に独自性を主張するようにしないと、高付加価値型事業展開をしようという迫力が社員に伝わりません。

③人材革新課題

　事業革新課題の整理とトレンドからの学びを受けて、図表中央の「人材革新課題」を明確にしていきます。

　人材革新課題を明確化するアプローチとしては、その企業の人材ビジョン形成からはじめますが、人材ビジョンの節で述べたように、それにはSHU（Strategic Human Unit）ごとの人材像と人材増減イメージも含みます。それらを仮説として持ったうえで、現状の人材の実態と対比し、SHUごとの人材育成課題を出すというロジックになります。

　そうして明確にしてきたSHUごとの人材育成課題を解決する教育体系を練りあげることになりますが、実際には純粋にこのロジックどおりにはいかない事情も生じるので、それをよく研究し、重点化して教育体系を練りあげていくことになります。図表22では、「育成活動について日ごろ感じている問題点・ジレンマ等」という表現をしていますが、「予算がない」「管理者の問題意識が高まっていない」「今の人材ではなかなかうまくいかない」などの現実の問題を俎上に載せて研究し、それでも押すか引くかの判断をしながら、教育体系をつくっていくことになります。不況期になれば予算の制約が大きくなるものの、人材革新課題は事業革新課題とセットですから、必ずなんらかの形で教育は進めなければなりません。そうであれば、教育体系づくりに取り組まなければ事業革新が進みにくくなることを、少なくとも管理者の間では共有化しなければならないと思います。

3 知識教育・スキル教育・意識教育

　教育体系によって、人材育成の基本枠組みが整理されるわけですが、そこで出てくる教育の焦点は、図表23にある①知識教育、②スキル教育、③意識教育の3つの視点からも整理できます。現実の事業推進や事業革新を成功させるという意味での臨場感のほかに、この3つの教育のバランスも必要となります。

　図表24では、①知識教育、②スキル教育、③意識教育の内容と、その有効性の範囲についてまとめています。

①知識教育の視点

　知識教育は、知らない知識を習得させるための教育です。知識といっても、商品知識やオーダーエントリー業務のやり方といった業務知識な

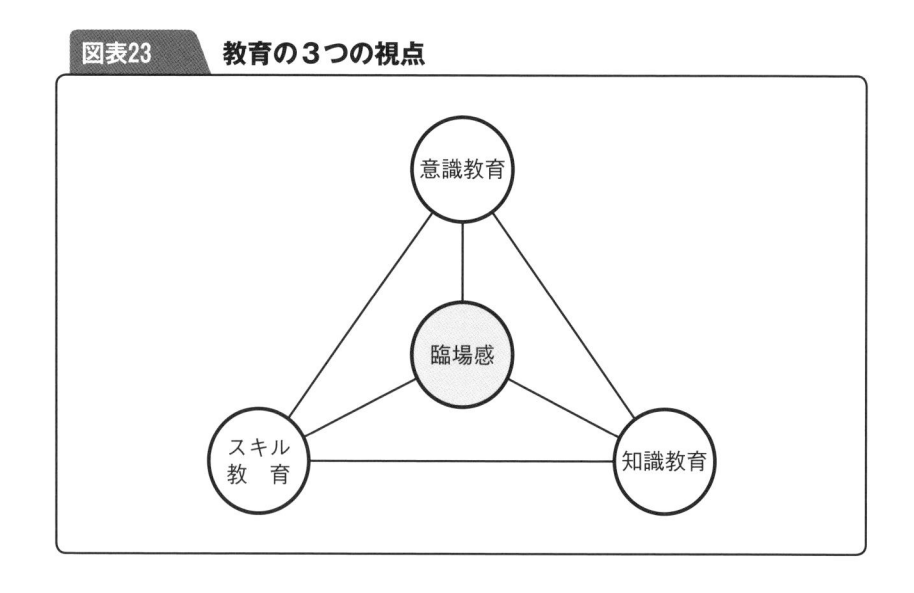

図表23　教育の3つの視点

```
          意識教育
            ○
           /|\
          / | \
         /  ○  \
        /  臨場感 \
       /  /   \  \
      / /       \ \
     ○───────────○
   スキル        知識教育
   教育
```

図表24　知識教育、スキル教育、意識教育とは

	内　容	有効性の範囲
①知識教育	「新国際会計基準」「日本経済事情」など、まずは知らなければはじまらない知識を習得させようとする教育	必要な知識を獲得することは、事業推進や事業革新にとって無条件に大切なこと。ただ、知っていても、事業に活用できないというリスクは常に存在する。
②スキル教育	折衝力や、ロジカルシンキングなどの業務遂行スキルを習得させようとする教育	知識ベースでは分かっていても、やらせるとできないことが多いので、繰り返しトレーニングすることで、その克服を図ることができる。そのためには、繰り返しが大事であるが、研修ベースではそこまでやれないことが多い。
③意識教育	役割意識、意欲向上など、より前向きに、みんなのために頑張ろうとする意識を持ってもらおうとする教育	新任管理職研修や新任係長研修などの階層別教育では、今までの役割意識を転換してほしいという趣旨の共通認識化はできる。一方、役割意識の転換を求めても、単に知識としてしかとらえず、なかなか本人に定着しにくいことが起こる。

どのように、社内の人間として知っておかなければならない知識のほか、自己の専門領域の知識や担当している事業の革新を進めるための知識など、どちらかというと社外に流通している知識に力点があるものもあります。

　いずれにしても、知識というものは知らなければ話になりませんので、苦労しても習得させる必要があります。しかし、人によって覚えることが得意な人と不得意な人がいることも考慮に入れて、教育効果の上がる方法を選んで取り組むべきでしょう。

②スキル教育の視点

　スキルとは、いわゆる「できる」ようになる教育です。野球には野球の、ゴルフにはゴルフの理論がたくさんありますが、そのような理論を知っていても、本当に打てるのか、飛ばせるのかとなると全く別のものです。ビジネス文書の基本についても、ものの本に書かれていますが、そういう本で勉強しても、実際に「このビジネス文書を作成してみろ」となると、全くできないということもあります。

　人事評価研修などもその代表例です。人事評価についての知識はあっても、いざ評価をするとうまくできないことがよくあります。つまり、知っていることとできることとは違うのです。そこに着目し、実際にできるようにするための教育が、スキル教育といえます。

　スキル教育には、繰り返しトレーニングするという部分が必ず入っています。人事評価研修などは、その典型です。ベテランの管理者であれば知識としてはすでに知っているわけですが、さらにスキルを磨くために研修を受けてもらうようにします。知っていてもできないという状態を克服するには、トレーニングしかありません。人事評価研修を人事評価者訓練と表す場合があるのは、このためです。

　そのほかにも、ロジカルシンキング研修や営業折衝力強化研修などがあります。このタイプの研修では、知識として知っている話をされると、たとえ自分がその知識を扱えないとしても、「特にこの研修では学ぶところはなかった」と参加者が評価してしまい、周りに文句を言いはじめることがあります。しかし、管理者は、こういう発言を鵜呑みにしないことが大切です。「知っていることとできることは違う。この研修は、できるようになるためのきっかけを提供している。研修の評価をする前に、できるようになるための努力をしないとダメだ」ときっちり指摘をし、筋を通すべきです。一方で、「彼はこのレベルのことはできている」と評価するならば、そういうレベルの研修には出さないことも、管理者の判断として大切です。

③意識教育の視点

　意識教育は、新任管理者研修や新任係長研修などの階層別研修の中に登場してきます。係長や課長になったのだから、「今までのように、みんなと一緒に上司の悪口を言ってみたり、指示待ちでぶらぶらしていたらダメですよ」「もっと先を読んで、状況を分析し、課題提起をしていかないといけませんよ。部下よりも先をいかないと……」といった意識教育です。

　先ほどスキル教育のところで、「知識があってもできない」ことがあると指摘しましたが、実は「知識があっても、スキルがあっても、やらない」ことがあるということも大変重要な論点です。要するに、やる気がないのであり、やる気がなければ、すべて「ゼロ」になってしまいます。こういうことはビジネスの世界ではたくさん起こっており、意識教育も大変重要な人材育成の側面であるといえます。

　階層別教育の一部に意識教育が組み入れられているのですが、最近、企業はこの意識教育に力点を置かなくなってきていると思います。意識教育というのは教育方法論が難しく、座学だけではダメです。また、車座になって話し合う（ワークショップ）という手も、ある程度の有効性がありそうですが、なかなか企業としては扱いにくいものです。あまり頑張って教育しようとすると、思想教育をしているのではないかとの反発も起こってきたりします。

　意識教育の難しさをよく示しているものに、あいさつ運動があります。「おはようございます」「お疲れ様でした」という程度のあいさつはだれでもやろうとすればできることです。しかし、社内であいさつを日常的にする人が案外少ないと嘆いている人は、多いのではないでしょうか。

　あいさつ運動をはじめてしばらくすると、不良率が少なくなったという工場が出てきました。確かに、不良率の改善とあいさつ運動の相関性は、単なる推測に過ぎないかもしれません。あまり強調されると、どこ

か眉唾物の雰囲気がしてきて、なかには不愉快になる人も出てきます。しかし、「あいさつ」には独特の効果があるでしょうし、あいさつが大切だという意識教育は、大変重要だと思います。特に本社など、知的水準が高く、年齢も高い人が多いところでは、あいさつ運動など至難のわざです。いかに意識教育が難しいかが、よく分かります。

　あいさつならば、まだその効果についての認知はそれなりにありますが、「エリート主義は害悪か」の項（45ページ）で述べたように、経営幹部や幹部候補者のようなエリートに対する意識教育の焦点、つまり「みんなのために率先して苦労する。自己犠牲の精神を持つ」といった意識などは、なかなか企業では扱いづらいものだと思います。このあたりの教育は、全社の教育プログラムに頼れないでしょうし、管理者が日常的な接触の中で教育すべきものかもしれません。しかし、何としてでも、こういう意識教育はしていく必要があります。この教育が成功するかどうかは、企業の成長性に大きな影響を与えると私は確信しています。

　これら、①知識教育、②スキル教育、③意識教育をバランスよく行うことは、人材育成を進めるうえで非常に大切なことだと思います。

4 OJTとOff-JT

　育成場面の違いに着目すると、OJTとOff-JTの2つに分かれます（図表25参照）。

　OJTは、「On the Job Training」の略で、読んで字のごとく、仕事をやりながら育成を行うものです。それに対して、Off-JTは、「Off the Job Training」であり、仕事から離れたところでの育成で、主に集合研修などがこれに該当します。

図表25　OJTとOff-JT

	内　容	有効性の範囲
OJT （On the Job Training）	実際に仕事を担当させながら、やさしい仕事からより難しい仕事に順々にチャレンジさせ、育成していく方法	現在だれかが遂行している業務をしっかりと習得することが基本。その会社にとって未経験の改革業務などは、OJTの対象にはなり得ない。今、現に行っている業務の職務拡大（業務経験範囲の段階的拡大）、職務充実（自力遂行レベルの段階的向上）等が基本。実際に業務を行っている姿を見て教育成果を確認する。
Off-JT （Off the Job Training）	実際の仕事から離れた、主に集合教育等（ワークショップ等）のスタイルで教育をしていく方法	職場で遂行できていない業務・指導できない業務を新たに習得させることが基本。実際に指導できる人が社内にいなければOJTは推進できないので、外部から指導者を招へいして研修などを企画するしかない。最終的には、実際の業務に落とし込んで、業務遂行のレベルを上げていかなければ、教育効果は上がったとはいえない。

①OJT

　OJTという言葉は、ビジネスパーソンであれば必ず知っているといえるでしょうが、その理解のレベルとなると、少しバラツキがあるようです。「うちの会社では、あまり教育体系は整っていない。OJT中心ですよ」といった会話がよくなされますが、それは、上司が部下に指導することはあっても、それ以外はあまり教育的施策が行われていないという意味です。上司が部下に仕事上の指導をしているだけでOJTを行っているというのは、本来の使い方ではないために、どうも抵抗があります。

　OJTというからには、何かもう少し前向きの意義があるはずです。実際に仕事を担当させながら上司が部下を指導するにしても、やさしい仕事から難しい仕事へ順々にチャレンジできるようなプログラムによって育成をしていくのがOJTの本来の意味だと思います。場当たり的に思い付きで指導しているものを、OJTとはあまり呼びたくありません。つまり、やさしい仕事や難しい仕事といった職務難易度の分析がある程度あり、どういう順番で仕事をチャレンジさせていけば、より早く人材が育成できるかが見えており、その認識に基づいた人材育成計画があってほしいのです。

　今、実際に行っている業務のどれが難しくて、どれがやさしいかは分かるはずですから、それほど無理なことをいっているわけではありません。そういう分析に基づいて、やさしい業務から難しい業務へと順にチャレンジしていくように仕向けながら育成していくのがOJTなのです。

②Off-JT

　一方、Off-JTとは仕事から離れた教育ですから、いわゆる研修などはこの典型です。仕事から離れた教育といっても、企業で行う育成活動ですから、企業活動と全く関係ないテーマが取りあげられるわけではありません。育成効果を追求していくのであれば、仕事と接点のある臨場感ある取り組みを目指すべきであり、それならOJTというやり方もあるわ

けで、Off-JT不要論も十分成り立ちます。しかし、実際には仕事から離れた教育として、さまざまな形でOff-JTが取り組まれています。

日常的な仕事であれば、職場の上司や先輩が指導できます。逆にそういう仕事は、職場外の人ではなかなか指導できないでしょうから、いわゆるOJTでやるほうがよいということになります。そうなると、職場では通常行われていない業務にかかわることが、研修などのOff-JTに合うものの第1候補としてあがってきます。

たとえば、自社の新製品に生かすために世の中の最先端技術を学ぼうとする場合などは、外部から講師を招いた研修や外部開催セミナーに参加をする以外にありません。詳しい人が内部にいないわけですから、もともとOJTになじむものではないのです。

Off-JTに合うものの第2候補は、OJTが可能であるとしても、指導のバラツキが大きいため、だれか得意な人がまとめて教育をしたほうが全体のレベルを上げるのに効果が高いというタイプのものです。

人事評価者研修などは、その典型です。管理者の行う業務として人事評価は繰り返し行われていますが、今一つ満足していない場合が多いようです。課長に対して指導を行う部長のレベルに心配があるようなときは、思い切って研修の場に部長も課長も集めて注意事項を教育し、共通認識を図ることが必要になります。社内講師でも社外講師でもかまいませんが、研修という場面設定が有効です。

こういうタイプのものは、ほかにも、目標設定研修であったり、コーチングやコミュニケーションの研修であったり、いわゆるマネジメント・スキル形成の研修などがあります。本来であれば、日常業務での接触場面で具体的に指導していけばよいのですが、必ずしも上司のレベルが高いわけでもないので、上司と部下の関係とは別の場で教育したほうがどうしてもよくなります。

③教育効果を考えて使い分ける

まとめると、「人材育成はOJTが基本であるが、Off-JTの形式をとっ

たほうが育成効果が上がる場合もある」「Off-JTのほうが育成効果が上がる場合とは、①その企業では全く経験のない（将来取り入れなければならない）業務を学ぼうとする場合、②職場で業務指導ができるものであっても、指導者のレベルにバラツキが大きく、彼らに任せると心配な場合」となります。それ以外は、できるだけOJTによって育成をしていくほうが効果が高いでしょう。Off-JTについては、その典型である研修を念頭に話をしてきましたが、もちろん社外で行われているセミナー（いろいろな企業の人が参加をしてくるタイプのもの）もありますし、海外の大学院に留学するというのも仕事から離れての育成活動ですのでOff-JTに該当します。

　優秀な若手社員に海外の大学院でMBAを取得させたりするのは、将来の経営幹部候補として、その企業にない新しい経営技術やマネジメント技術を取り入れようという企業の意図によって行われるものです。しかし、本来はそうあるべきなのでしょうが、現実を見ると実はそうではないことに改めて気付かされます。MBAを取りに行かせて学ばせても、MBA取得者を特別な枠組みで活躍させたりして、新しい経営技術やマネジメント技術を取り入れようとは、企業は特に考えていないのです。日本企業は、優秀な人材にさらに教育機会を与えて、一層優秀になってほしいという気持ちは強いのですが、10年、20年の会社生活の中で、徐々に活かしてほしいというようにまだまだ考えているのだろうと思います。しかし、人材には旬な時期があるので、留学者自身は、もっとダイレクトに活躍できる場面がないだろうかと考えるでしょう。

　優秀な人材にもっと教育機会を与えて育成し、もっと大物になって、将来、経営幹部として活躍してもらおうというのは、壮大な計画です。しかし、彼らの習得した経営技術やマネジメント技術をどう生かすのかの戦略がない状態で留学させても、その企業にとって特に意味があるとは思えません。留学制度を考える際にも、Off-JTの有効性の範囲を念頭に考えるべきだろうと思います。

5 底上げ教育と選抜教育

　人材育成の対象者をどこまでのレベルに持っていくかという視点から、「底上げ教育」と「選抜教育」という概念があります。これらについても、人材育成の基礎概念の一つですから、確認していきます（図表26）。

①底上げ教育

　底上げ教育とは、ある業務にかかわる全員の業務遂行レベルが上がるように、広く教育対象者を設定して教育をしていくタイプのものです。必ずしも全員を押し並べて教育するわけではありませんが、このタイプの教育は、かなり広範囲に対象者を求める傾向があり、全社員を対象にすることもよくあります。

　たとえば、お客様窓口において、だれか1人でも対応が悪いと、全員の対応が悪いかのようにいわれてしまうことがあります。サービス原則を説明する際に、「サービスは、『100－1＝0』だ」などとよくいわれますが、そのようなことを避けるために、全員のレベルアップを行う教育が必要になってきます。

　また、同じ等級の人材には全員同じ役割教育を施す図表21（69ページ）の階層別教育なども、底上げ教育のタイプに分類されます。たとえば、係長としての役割認識が不ぞろいであると、第一線業務のレベルが低くなるという問題が生じるため、3等級では係長としての目線で役割を発揮してもらえるように、全体が低くならないよう、底上げ教育を行うものです。

　底上げ教育は参加者が多くなる傾向にあるので、多くの予算と時間が必要になります。仮に1回の研修を1000人に行う場合、20人単位でクラス編成をすると、50回の研修をやることになります。1日研修だと50

図表26　**底上げ教育と選抜教育**

	内　容	有効性の範囲
底上げ教育	業務にかかわる全員が、きちんと業務が遂行できるようにレベルを上げていくための教育	日常的な業務をしっかりと運営させていく際に有効。全員が最低限知っておきたい知識や、全員ができるようになってほしいスキルを身に付けさせることを目指す。
選抜教育	特に優れた人、特に強化したい人を選んで、その人に集中的に教育を施すための教育	特に難しい業務や、新しい知識・スキルが求められる業務に有効。コアとなる人に集中的にそれらの業務を習熟してもらい、その人を核に、周囲の人に波及させることを目指す。少ない予算しかない場合は、コア人材に集中して予算を投入する。たとえば5回分しか研修予算がない場合には、5クラスに初歩的な研修を1回ずつ計5回行うか、1クラスに絞って、初歩レベルから上級レベルまで5ランクの研修を1回ずつ計5回行うかという選択をすることになる。この後者のやり方が選抜教育であり、これによって高いレベルの教育を受けた人が頑張ってその内容を広めることができれば、初歩的な教育を多くの人が受けるよりも効果が上がることがある。

日、2日間研修だと100日の工数が必要になりますし、参加者の交通費や宿泊費、社外講師であればその謝礼もかなりのものになっていきます。しかし、「100－1＝0」という計算式が成り立つ領域の場合は、それなりの底上げ教育をしないと競争力を失うことになります。

②**選抜教育**

一方、選抜教育は、それとは逆で、特に優れた人や強化したい人を選んで集中的に教育を施すタイプです。特に難しい企画業務や、高度な専門業務にかかわる教育の場合は、優れた人でないと理解できなかったり、活用できなかったりするため、必然的に選抜型の教育になっていきます。

経営幹部養成教育などは、選抜教育の典型です。もともと全員が経営

幹部にはなれないわけですから、全員に平等に教育を施すのは、あまり効率的ではないという見方も成り立ちます。確かに、経営幹部になれそうな素質を持つ人を少数選んで、その人に集中して教育を施すほうが、投資効率は高いといえるでしょう。しかし、「経営幹部になれそうな素質を持つ人を少数選ぶ（選抜）」のは、ことのほか難しく、下手な選抜をすれば、選ばれなかった人のモチベーションをひどく損なうことになります。そうなれば、選抜された側の能力が高まっても、企業全体としての経営能力やマネジメント能力は上がらないことにもなりかねません。

　ある会社で、選抜教育を入れるかどうか議論になったことがありました。経営幹部養成コースの企画の話だったので、勢い選抜教育のスタイルで企画を検討していたところ、どうしても社長が選抜教育はやりたくないと言います。その理由をきくと、若いころ、その社長は経営幹部養成のための選抜教育の候補者として選ばれず、大変がっかりした経験があるのだそうです。選抜されなかった人が社長になったのですから、その後とても頑張ったのかもしれませんが、このように、本当は大物だという人が教育対象者に選抜されないことは結構あるのだろうと思います。そうなると、何のための選抜教育か分からなくなってしまいます。

　間違った人を選抜し、経営幹部候補者として固定してしまうと、有能な人材が埋もれてしまうことにもなりかねません。選抜教育は、そういう難しさを持っているといってよいでしょう。

③底上げ教育か、選抜教育か

　予算が多く確保できるならば、教育対象を広げることができますが、予算があまり確保できないとなると、教育対象者を絞らなければ運営ができません。こういう側面から、底上げ教育か選抜教育かを決めなければならなくなることがあります。

　少ない予算しかない場合は、選抜した人に集中して予算を投入しなければなりません。たとえば、研修5回分しか予算がない場合、100人を5クラスに分け、初歩的な研修を1回ずつ、計5回行う底上げ型教育が

よいのか、100人のうち、20人を絞って1クラスにして、初歩から上級までの5つのレベルの研修を1回ずつ、フルセットで計5回行う選抜型教育タイプがよいのかの選択をしなければならなくなります。どちらがよいかはなかなか難しいところですが、20人という少数であっても、より高いレベルの教育を受けた人が頑張って、残り80人にその内容を普及してくれれば、100人に初歩的な教育を施すよりも、より全体のレベルが上がるかもしれません。選抜教育とは、そういうことを目指したものだといえます。

「エリートは、率先して苦労を背負え！　自己犠牲の精神を持て！」という話をしましたが、まさに、苦労をしてフルセット5回の研修に出て学び、その内容をまた苦労しながら仲間に伝え、範を示しながら普及させていくのは、エリートの精神がなければ実践できないものです。企業というのは、さまざまな制約があって、どうしてもすべての人に機会均等を実現できないことがあります。そのときに、どのように教育を行っていくかを、管理者の方にはよく考えていただきたいと思います。

ここが大切なところですが、底上げ教育にしても、選抜教育にしても、企業の行う教育とは、社員個人のために行うのではなく、あくまでも企業の業績確保や成長の実現のために行うものです。社員個人の出世のためでも、モチベーションアップのためでもありません。今、企業が置かれた状況の中で、だれにどのような教育を行うのが最も効率的かつ効果的かを、いつも考えておくという意識を常に持っておいてください。

「Aさんを外して教育を実施するのは、本人のモチベーションを損なうからやめてくれ」というのは、二次的な論点です。もちろん、注意して事に当たらないといけませんが、Aさんを外す理由が経営的な意味から明確であれば、納得しないといけません。そのうえで、必要であれば管理者として、どうして教育の対象者になっていないかの説明を本人にして、モチベーションが下がらないようにケアをしてください。

そういうことも、人材育成における管理者の役割なのです。

6 職務充実と職務拡大

　管理者が部下にどのような仕事の与え方をして人材育成に取り組むかは、人材育成にとって肝となる重要なことです。その際、覚えて活用してほしい概念として、「職務充実（job enrichment）」と「職務拡大（job enlargement）」があります。

　図表27のように、職務充実というのは、部下の仕事の質を高め、高度化していくことを指します。簡単な作業に専門的・管理的仕事を加えたり、判断が必要な要素を加えたり、より自律的に仕事が進められるように権限を委譲したりすることが職務充実という概念です。

　一方、職務拡大とは、飽きさせずにたくさんの仕事を覚えているという実感を強くしてやる気を出させるために、担当業務の種類を増やすことをいいます。

　新しい仕事に取り組む必要が出てきたら、だれが適任かを判断して担当を決め、それに連動して全体の仕事の分担を見直し、一人ひとりの職

図表27　職務充実と職務拡大

職務充実 (job enrichment)	担当する仕事の内容を、質的に高め、高度化していくこと。つまり、簡単な作業に専門的要素や管理的要素を加えたり、より自律的に仕事が進められるように権限を委譲したりする。
職務拡大 (job enlargement)	担当する仕事の種類を増やしていくこと。いわゆる多能工化などは、この話である。オーダーをコンピュータ入力するだけの仕事のほかに、お客様からの問い合わせ内容の入力を加えると、仕事のバリエーションが増えて、飽きが少なくなり、いろいろな仕事を覚えているという実感からやる気が出たりする。

務の再設計を行うことになります。このように、一人ひとりの仕事を決めていくことを、「職務設計」といいます。これは管理者の重要な仕事の一つです。

　仕事は、業績の確保と成長性の実現のために行われますが、どうしても人材の能力レベルやモチベーションレベルに大きな影響を受けることになります。したがって、職務設計をする際には、単に必要なことをやるだけではなく、能力開発の仕掛けやモチベーション向上の仕掛けを組み入れたりします。このように、いろいろな工夫をして、よりうまく仕事が進むように職務設計することを「職務開発」ということもあります。

　この職務開発の目の付けどころが、職務充実と職務拡大の概念といえるでしょう。

①職務充実の典型例

　たとえば、単純労働をお願いしているパートタイマーが総勢で10人くらいになったので、正社員がその仕事の管理をするようになったとします。しかし、正社員は日ごろその作業をやっているわけではないので、例外処理の必要や間違えたときの対応業務といっても、よく分からず、パートタイマーへの指示が中途半端になったりします。一方、仕事に慣れているパートタイマーは、そういう正社員の判断のもたつきに不満を持つようになり、今一つモチベーションが上がらない状況になってきます。

　こういうときに、パートタイマーの中からこれはと思う人材を選び出してリーダーとし、その人に例外的な処理の判断や間違えたときの対応業務を担当してもらうようにするのです。すると、仕事の処理が滞らなくなり、パートタイマーのモチベーションも上がっていきます。

　これは、単純な作業に管理的要素を加えることで、担当する仕事の内容を質的に高めることから、職務充実の典型的な例です。こうすることで、パートタイマーのリーダーとなった人の管理業務的なスキルが形成されますし、本人だけでなく、パートタイマー全体のモチベーションも

上がってきます。また、正社員にとっても、それにかかわらなくてよくなるため、全体の効率を上げることになります。パートタイマーのリーダーになった人にリーダー手当を支給してあげれば、「我々でも頑張っているとそれなりの給与になっていくのだ」と励みにもなるでしょう。

②職務拡大の典型例

それでは、職務拡大とはどういう場合をいうのでしょうか。

生産技術の革新が進むと、生産する製品も少しずつ変化し、以前のように職人技が活躍する余地が次第に少なくなってきます。作業員は、自分の職人技に自信を持っているものの、それを発揮できる機会が少なくなると、なんとなく意気があがらない状態になります。このようなとき、ある会社では、抵抗にあいながらも職場でよく話し合い、徐々に異動を進めていったところ、作業員からは、「今までは、新しい生産設備の導入が検討されはじめると、自分がいらなくなるのではないかという不安に駆られて面白くなかったが、こうして2つ3つと生産ラインを経験してみると、たとえ自分の職人技が使えないとしても、工場全体の生産性向上に向けて、自分が培ってきた知識や技能が役立つところがあることが分かった」「自分の価値が上がったような気がする」といった感想をもらったそうです。

これは職務拡大の典型ですが、異動させることによって、作業員の人材育成とモチベーション向上が同時に実現できたといえます。

営業社員の場合も、一つのお客様に一つの商品だけを扱っているよりも、多数のお客様に多数の商品を扱ったほうが商品知識やお客様知識が増える、つまり営業社員としての実力が付いたと感じ、自分の価値が上がったように思えるようになります。営業社員の転勤も、職務拡大につながるケースが結構あると思います。

職務充実や職務拡大とは、管理者がマネジメント現場で考えるものです。以上のような視点を常に持ちながら部署の業務を見てみれば、人材育成と生産性向上の同時進行の方法が必ず見付かるはずです。

7 マネジメント教育と職能教育

①マネジメント教育と職能教育との違い・つながり

次に、「マネジメント教育」と「職能教育」について説明します（図表28）。

マネジメント教育と職能教育を一つの節で解説することに疑問を持つかもしれませんが、この２つの教育には、しっかりとしたつながりがあります。

マネジメント教育を受ける対象となる人は、管理者であったり、管理者候補であったりします。そういう人にマネジメントの何たるかを勉強してもらうのですが、この人たちは、営業課長であったり、技術開発課長であったりするわけで、それぞれのマネジメントには、やはり質的に違うものがあります。

営業課長は、営業目標達成のために、お客様にどうアプローチするかの戦略を立てながら担当部署のメンバーの営業活動計画を取りまとめ、

図表28　マネジメント教育と職能教育

マネジメント教育	PDCA（Plan・Do・Check・Action）に代表されるマネジメントサイクルのありようを学んでもらう。また、コーチングやコミュニケーションなど、管理者が身に付ける必要のあるスキルも学ぶ。経営幹部に必要な戦略発想力の養成なども、このジャンルに入れて考える。
職能教育	営業・技術・生産など、それぞれの分野の実務をしっかりとやっていけるように学んでもらう。営業折衝力や販売促進企画立案、生産技術、購買調達の教育など、実務に直接役立つ教育。

場合によっては厳しく督励して、メンバーである営業社員を追い込んでいきます。それに対して、技術開発課長の場合は、担当する技術開発テーマを決めると技術開発活動計画を取りまとめますが、活動計画という言葉は同じでも、相手は技術者ですので、自発性を尊重して業務に取り組んでもらい、タイミングをみてレビューをし、対応方針を決めるタイプのマネジメントになります。技術開発は、気合で進むものではないので、特別な事態のとき以外、「気合入れ」はあまり有効とはいえません。指導するときは、技術的な筋目で考え、知恵を出し合うという関係で行われます。それに対して営業課長は、「なにしろ、断られても断られてもお願いして来い」といった気合入れが、結構効果的であったりします。

　このように、担当部署の業務の違いから、同じ管理者でありながらマネジメントの内容がかなり違うことになります。

　職能教育とは、それぞれの部署で必要となる能力を教育することです。営業課では、営業折衝力を鍛えなければなりませんし、販売促進企画の立案能力も育成しなければなりません。技術開発課では、CADのような機器操作や、開発技術にかかわる専門知識の習得もしてもらわないといけません。マネジメントにかかわるというよりは、純粋に業務遂行にかかわるものが職能教育です。

②部署ごとに異なる教育のアプローチ

　このように、職能教育は部署によって違うアプローチをしますが、厳密にいえばマネジメント教育も同様に、それぞれの部署ごとの業務特性に対応して、違うアプローチが必要になります。しかし、多くの場合、部署ごとの特性を問わず、全社共通でマネジメント教育を行っているのは、マネジメント教育のメニューが、すべての部署ごとに用意できる状況にはないからです。営業課管理職や技術開発課管理職、製造課管理職などにはマネジメント教育のメニューがつくられていますが、物流課管理職や広報室管理職、法務部管理職、資材課管理職に専用のマネジメン

ト研修カリキュラムをつくることは難しいものがあります。部署別のマネジメント研修カリキュラムを無理やりつくろうとすると、職能教育のための研修と差が付かなくなるという現象も出てきます。そこで結局、全社共通で管理者を対象にした共通のマネジメント研修を行うことになってしまいます。

　マネジメント研修の代表テーマは、PDCA（Plan・Do・Check・Action）のマネジメントサイクルやコーチング、コミュニケーションなどであり、戦略発想力もテーマになります。コーチングやコミュニケーションにしても、営業課と技術開発課では違うアプローチが本来必要なのでしょうが、ほとんどの場合は差を設けず、いろいろな職種の管理者を一堂に会して進めています。マネジメントに関しては、どの部門の管理者にも共通認識を持ってもらいたい部分がありますが、違いがクローズアップされてきたら、その違いをよく学び、部署ごとのマネジメント特性の差が明確になってくれば、大変有意義だと思います。

　職能教育は、もともと部署ごとの業務遂行能力を高めるために行われますので、部署ごとに企画していくべきものです。現実には、部署ごとの教材をつくるのに苦労していることがあるようですが、何を強化すれば部署の業績向上につながるのかをよく研究して企画を立てる必要があります。

　職能教育は、通常業務を遂行する底上げにかかわることが多いと思いますが、自部署の業務のどこが全社の競争優位に貢献しているのか、それなりの仮説を持って具体化していくべきでしょう。自らの強みは、なかなか自覚できないといわれることから、できるだけ多くの人の知恵を結集して職能教育の企画にチャレンジしていきましょう。

8 階層別教育と課題教育

　「階層別教育」と「課題教育」も、その内容を押さえておけば、教育企画を立てる際に幅が出てきます（図表29）。

　大抵の企業では、給与水準と連動した等級を持っていると思いますが、階層別教育とは、そうした等級区分を利用して実施しようというタイプのものです。等級によって給与水準などの処遇上の差を設けるならば、等級ごとにその要求水準が違わなければなりません。その違いをよく理解してもらうのが、階層別教育の基本的なスタンスです。

　日本企業の等級には、等級ごとに要求したい内容にあわせて、主に「職能等級」「役割等級」「職務等級」の3つのタイプがあります。職能等級では、等級ごとに要求する職務遂行能力の水準を提示していますし、役割等級では等級ごとに要求される期待役割の水準を、職務等級では等級ごとに担当すべき職務の水準を提示しています。どれくらい丁寧にその内容を記しているかは各企業の事情によりますが、いずれにせ

図表29　階層別教育と課題教育

階層別教育	職能等級・役割等級・職務等級、あるいは新入社員・中堅社員・管理者など、社内階層にふさわしい役割意識・基礎知識・基礎スキルなどの認識ぞろえを行う教育
課題教育	そのときどきの社会で話題となっている課題をしっかりと理解し、世の中の諸情勢に遅れないよう、あるいは先んじる力を身に付けるための研修。国際会計基準が新しく話題になった場合に、その導入に向けた課題をあらかじめ勉強したり、中国ビジネスのホットな話題が出てきた場合に、中国ビジネス事情に詳しい講師をお願いして勉強会を開くなどするのが、このジャンルの教育

よ、それなりの要求水準が書かれているわけです。

①認識ぞろえのためか、知識習得のためか

　階層別教育は、昇格時に行われることが比較的多いでしょう。いろいろな意味で新鮮な気持ちになれる昇格というタイミングに、これから求められる職務遂行能力や期待役割、職務などについての認識を統一する趣旨で行われます。昇格に伴い、今までよりも意識をさらに高く持って仕事に取り組んでほしいと、普通は期待したくなります。係長相当の等級であれば、これからは職場のリーダーとしてみんなのために頑張ってほしくなるわけですから、そういう期待を昇格者全員の共通認識とするために、階層別教育を実施することとなります。

　階層別教育の「階層」とは、等級区分ではない別の集団を示す意味でも使われます。

　課題教育とは、そのときどきのホットなテーマを取りあげて教育をしていくものです。新しく国際会計基準が導入されるのであれば、それを素材にし、中国ビジネスが今ホットだとなれば、それを取りあげて教育します。また、世の中の企業が大がかりな改革を進めているならば、自社でも行えないかと研究することもあります。課題解決手法の基礎的な教育は、ここでいう課題教育とは別もので、階層別教育や通信教育、場合によってはマネジメント研修で行います。課題教育は、もっとホットな最先端のテーマを取りあげる教育だと、ここでは定義します。

　そう考えると、もしこの課題教育を、企業側が選抜して行うのであれば、これは選抜教育の中に入っていきます。課題教育として一つのジャンルにしているのは、つまり、希望者に対して行う最先端のテーマを取りあげた教育だということです。本来は仕事にかかわり（もちろん、将来かかわるかもしれないと思う人でもかまいません）、研究してみたい人がその教育を受けるのが、課題教育です。

　階層ごとに求めるものをその階層にいる全員に共通認識させるのが階層別教育であるのに対して、課題教育は、最も関心の深い希望者に教育

をするものです。ちなみに選抜教育は、企業が選抜した人に教育をするものですので、課題教育の対象者とは選び方が違います。選抜教育との対比でいえば、階層別教育は底上げ教育の一種だとみることもできます。

　階層別教育プログラムは人事部門が設定していることが多く、管理者の立場からすると、自分の部下を送り出せるように段取りするだけになりますが、教育の内容自体は自部署のマネジメントに重要な役割を果たすものです。

　他方、課題教育のプログラムについては、人事部門がかかわることはあまりないと考えたほうがよいでしょう。これは、管理者側が自らの仕事や人材育成からみた必要性を考えて特別に企画をするものであり、担当部署の業績確保や成長性の実現を目指すこととセットで考えるべきものです。こう考えると、企画に対する管理者側の問題意識も高いし、参加者の自発的な希望に基づく課題教育のほうが、階層別教育よりも盛りあがる傾向が大きいともいえます。

②自ら積極的に仕掛けていく

　私は、管理者の立場から積極的に課題教育を仕掛けてほしいと思っています。どういう考え方で仕掛けるのがよいのかのヒントは、第4章でも触れています。今の経営環境をどう見るかと、管理者として、いつも考えていると思いますが、そういう問題意識の延長線に、課題教育のテーマが見えてくるはずです。自分にとって一番興味のあるものが、課題教育のテーマとしても最もふさわしいものになります。自分もそういう気持ちで課題教育を企画してこそ、最先端の管理者でありつづけられるでしょう。

　もちろん、いろいろな予算的・時間的な制約があるでしょうが、それらは他部署との連携や巻き込みによって解決できる方法があると思います。課題教育を企画しようという気持ちは、必ず部署のメンバーにも伝わり、常にチャレンジしていこうという気持ちを盛り上げることができると確信しています。

9 通信教育の使い方

　通信教育は、わりあい伝統的な学習方法として行われています。その主だったものを図表30にまとめてみましたが、世の中で宣伝されているものを見ても膨大な数があります。

　階層別教育だけでも、実力管理者養成コース、新任管理者養成コース、第一線監督者養成コースなど多彩で、マネジメント教育や職能教育にかかわるものも、同様に多く出されています。

　さすがに、就業時間中に堂々と通信教育のテキストを読んでいるわけ

図表30　通信教育テーマ例

階層別教育	・実力管理者養成コース ・新任管理者養成コース ・第一線監督者養成コース
マネジメント教育	・MBAマネジメント力養成コース ・事業戦略立案力養成コース ・目標設定力養成コース ・仕事の進め方（PDCA）習得コース
職能教育	・営業スキル養成コース ・折衝能力養成コース ・接客クレーム応対コース ・テレフォンスキル養成コース ・ビジネス文書作成力養成コース
課題教育	・企業不祥事対策を強化したいと考えているときの「企業倫理・コンプライアンスコース」 ・ビジネスマンの健康増進を研究しているときの「健康づくりコース」

※純粋な課題教育は新しい情報にかかわるものなので、通信教育のようなプログラムになっていないが、課題によっては、基礎教育として通信教育が利用できる場合もある。

にもいかないでしょうから、主に自宅で、夜や休日などに自己啓発の一環として進めているケースが多いと思います。

　企業としても大切な勉強であるため、期限内にすべて修了して修了証を持ってきた人には、受講料の全部あるいは一部を会社が支払う場合も結構あります。

　しかし、受講してみるとよく分かりますが、公的資格と連動しているようなタイプであるならともかく、期間内に修了しても特別なインセンティブが働かないようでは、挫折することも、ままあります。

　半年もたつと、自分の部下が通信教育を受けていることすら忘れてしまったりしますが、こうしてがんばって勉強している人への気配りも、管理者としての才能だろうと思います。

　最近は、ネット上のほうが手軽な印象があり、利用しやすいことから、eラーニングなども普及しています。パソコン上で直接講師と面談することもできますし、部下の学習の進捗状況についてもネットで確認できますので、いろいろな働き掛けをして、気持ちを切らさないように援助してあげるとよいのではないでしょうか。

10 優れた教育企画の立て方

(1) 教育は、いつも重点化の発想で取り組む

　今まで、いろいろな教育の種類を見てきましたが、問題は、これらをいかに組み合わせて、人材育成の実を上げるかです。考えられるすべての教育手段をできるだけ広範囲の人材に実施できるのであれば、それは素晴らしいと思うかもしれませんが、実は必ずしもそうではありません。

　教育は、いつも重点化の発想で取り組むべきものです。できるだけ少ないコストと手間で、最も大きな効果を上げるにはどうすればよいかを考えて行うのが、優れた教育企画の立て方だといえます。

　人材育成は非常に難しいものです。行った教育手段が有効だったかどうかを判定することは困難であるため、人が育つには長い年月がかかるものだと割り切って、一つひとつの教育手段の有効性をあまり問わない風潮があります。自分の成長プロセスを今になって振り返ってみても、全くといってよいほど思い出せないことでしょう。時折、あの時期に営業活動で大変苦労したな、あの仕事でお客様に鍛えていただいたな、といったことを思い出すことはありますが、それらが本当に、今の自分の形成に厳密な意味で関係しているのかどうか、明快に証明できません。

　しかし、経営資源を使って教育を行う以上、なんでもよいではないかというわけにはいかないわけで、本当に何が理由で人が育つのかは未知のものだとしても、仮説だけはしっかり立てて、できるだけ効率的・効果的に教育を進めるように努力するのがよいのではないでしょうか。

　企業の人材育成方法については、まだ科学的な法則を議論する段階にはなっていません。ですから、一人ひとりの経験の分だけ、人材育成論

があるのも仕方がないことです。それを認めつつも、しっかり仮説を立てて取り組めば、長い努力の中で、少しずつよい方向に進むはずです。そういうつもりで私は話を進めています。

(2) 教育企画の6W2H

このような視点に立ちながら教育企画の立て方を考えていくには、図表31に紹介した「教育企画の6W2H」に沿って見ていくのがよいと思います。「5W1H」という言い方は、一般にもよく使われますが、コンサルティングの現場では、それに「Whom」と「How much」を加えて「6W2H」と呼ぶことがあり、それに基づいて教育企画をここでは立ててみます。

1つ目は、「Why」です。なぜ教育が必要かということであり、教育の目的を明確にせよということです。この教育をやらなかったら何か悪いことがあるのかと問われたとき、どれくらい答えることができるでしょうか。もし明確な言葉にならないならば、その教育はやめたほうがよいでしょう。なんらかの言葉にすることができたとしても、今考えてい

図表31　教育企画の6W2H

Why	Whom	What	Who
教育の目的	教育の対象者	課題・教育内容	教育講師・指導者

When	Where	How	How much
時間・時期・タイミング	どういう場面で	教育の手段	予算・費用

※「予算・費用」については、コストという認識ではなく、投資という認識を持つことが大事である。

るやり方とは違うやり方はないかと考えを進めていくことも覚えておいてください。

　２つ目の「Whom」は、だれを教育対象者にするかです。教育の目的が明確になると、それにふさわしい対象者を選ばなければなりませんが、その対象者をどう定義するかが、ここで問われるものです。そのとき大事なのは、できるだけ教育対象者を絞れということであり、少しでも候補者を少なくするにはどう考えるかということです。企画の段階では、教育対象者をできるだけ絞って、教育目的を達成するように考えてみるのがよい企画の条件です。

　３つ目が「What」です。「何を」教育するのか、つまり教育内容のことです。目的にふさわしい教育内容を決めるということですが、焦点となる教育対象者を絞れば、教育内容のレベルもそろってきます。ある人には難しい内容だったが、ある人にはやさしい内容だったというのでは、教育企画としては成功したといえません。しかし、目的を明確にして対象者を絞れば、割合に検討しやすくなります。

　教育内容がある程度整理されてきたら、もっと絞れないかと考えてみてください。３日間コースを２日にできないか、あるいは１日にできないかと考えてみてください。さらに１時間でやるには何を教育するのか、３分でこの教育内容を説明するにはどうすればよいか、というように絞りに絞ってください。実際には最初の企画どおり３日間コースでやってもよいと思いますが、できるだけ短い期間で必要な教育を行うためには、どういう教育内容になるのかと詰めていく作業は極めて重要です。

　４つ目の「Who」は、だれが講師をするかです。講師は社内の人が行うのが基本だと考え、それでもやはり適切な人材が社内にはいないとなったら社外に講師を求める、そういう順番で考えてください。社内の人が講師をするのが適切でない例としては、講師をする能力がない場合、能力のある講師候補者はいるのだが忙しくて対応できない場合などがあるでしょう。人事評価のあり方に多くの人が不満を持っているような会社では、「そんなよいことを言っておきながら、あなたもいい加減

にやっていただろう」「人事評価者研修の講師は、社外の経験深い専門家に頼んでくれ」と反発がありそうで、考えどころです。

　5つ目の「When」は、どういうタイミングでいつやるかです。教育の目的（「Why」）にもよりますが、教育は実務との連動があるタイミングで実施すると一番教育効果が上がります。実務が間近にあるという臨場感が教育効果を高めるわけで、教育を実際に使うタイミングをよく見極めて、そのタイミングよりも少し前に行うことが適切です。「7月が暇なので、その月に研修をやろう」などというケースもありますが、そういうときを選んで研修を実施するのは忙しい人との摩擦を単に恐れているだけですので、そういう摩擦があっても説得するつもりで企画を立ててください。

　研修を受けても、1カ月もすると忘れてしまうとよくいわれます。研修効果を持続させるためには、その活用場面に最も近いところでやり、すぐにそれを実務でも使ってみるのです。

　6つ目の「Where」は、教育の場所、場面です。研修であれば、その会社の研修所などが選ばれたりすることが多いでしょう。研修設備がしっかりしているほうがよいこともありますし、飛び込み仕事が入って中断されやすい場所ではダメだということも、気にしないといけません。

　「教育内容を活かす場所に最も近いことが大事だ」「その効果を上げるために研修施設は必要だ」というのも事実ですから、そのことも踏まえて結論を出すべきです。何の疑問もなく研修所を活用しようと考えるのは、やはり発想が貧困だといわれても仕方がないでしょう。

　7つ目の「How」は、教育手段です。人材育成のために教育を行うものの、そのためにはいろいろな教育手段を講じるという関係になります。階層別研修などの手段をとる場合もあれば、通信教育や留学という手段をとることもあります。教育の目的（「Why」）と教育内容（「What」）に最もふさわしい手段をどう設計するかが、ここでのポイントです。研修という手段ばかりが頭にこびりついてしまっていることも考えられるので、ここで冷静に検討をしてみてください。

8つ目の「How much」は、教育予算、つまり費用の問題です。費用はできるだけ抑えることが必要であり、そういう意味からも、教育の対象者（「Whom」）をできるだけ絞ることを再度考えるべきです。同じ効果があるならば、できるだけ費用を安くあげるようにすることを、常に考えてください。

　費用を抑えることで効果が落ちると考えるならば、それはそれで問題です。確かに「費用（コスト）」ではあるのですが、投資という側面も間違いなくありますので、その点をよく考え、あくまでもコストパフォーマンスの問題ということを、ぜひ押さえておいてください。

　このように「６Ｗ２Ｈ」というよく使われる視点から、優れた教育企画の立て方を見てきました。これは個々の教育企画の見方ともいえますが、教育の目的は何か、３つの教育のうち、優先順位を付けるとするとどのような順序になるか、優先順位３位以下をやめたらどのような不都合が起きるのか、もっと参加者を絞れないか等々、複数の教育企画を絡めたときにも、このような視点で見てください。

11 人材の成長プロセス（段階）を常に念頭に

　今まで、「人材の育成手段の体系」について述べてきました。これは、どのような人材をどのように育てるべきかを念頭に組み立てられてきた、人材育成の基本枠組みについてでした。一方、育成を考える場合、育成の対象となる本人の視点からも考えていかなければなりません。突然、高度な人材になるはずはないですし、人それぞれの歴史があります。ステップを追って人は成長をしていくわけですから、そのステップの切り替え時期をよく見極めて、対策を講じていく必要があります。

　図表32に示したように、それぞれの企業でコアとなり得る人は、大きく分けて4つのプロセス（段階）を踏んで成長していきます。これは、ある人がビジネス界で踏んでいく道筋を表したものですので、転職をしたとしてもまた最初からスタートするわけではありません。

①大きく二手に分かれる人材の成長プロセス

　まず、大学卒として入社したら、日常業務に取り組みます。そこでしっかりと仕事の基本を学び、お客様を理解して仕事をしていけるようになっていきます。これを「自律業務推進期」と呼びます。だいたい入社3年〜5年はこの段階で現場体験をしっかり積んでいくことで、将来の成長の基盤をつくることとなります。

　次に、専門分野を確立していく時期となります。日常業務が自律的にできるようになれば、徐々に高度な仕事が求められるようになりますので、その延長として専門分野といわれる世界に入っていくというのがよくあるパターンです。ここでは、専門分野（得意領域と言い換えてもよいと思いますが）を確立し、日常業務よりも、より付加価値の高い仕事

図表32　**人材の成長プロセス**

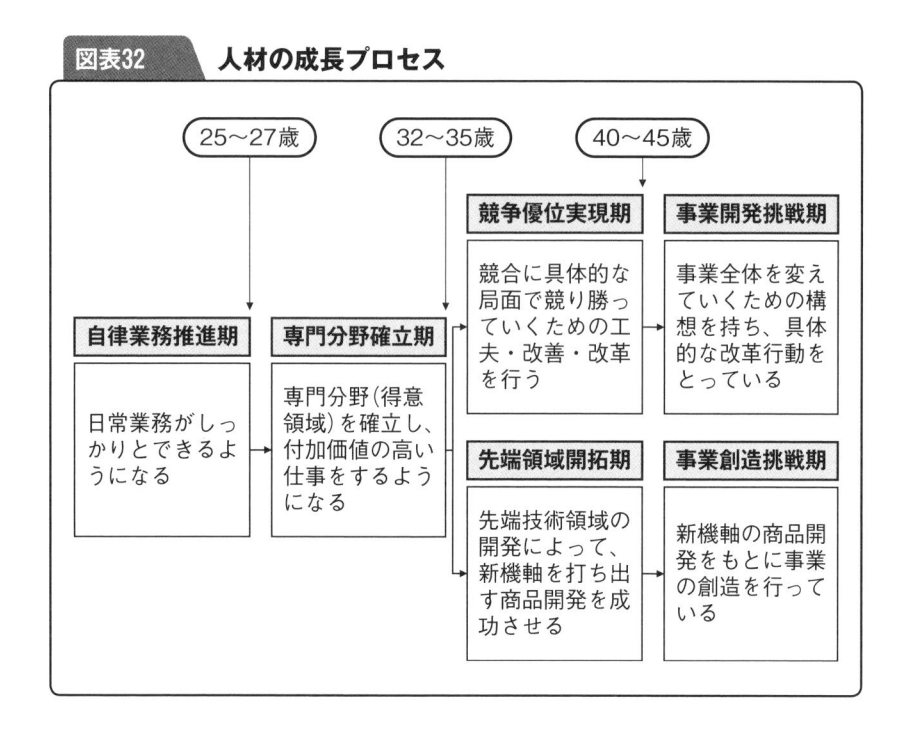

```
         25～27歳        32～35歳        40～45歳
                                    ┌─────────────┬─────────────┐
                                    │ 競争優位実現期 │ 事業開発挑戦期 │
                                    ├─────────────┼─────────────┤
                                    │競合に具体的な│事業全体を変え│
                                    │局面で競り勝っ│ていくための構│
                                    │ていくための工│想を持ち、具体│
┌─────────────┬─────────────┐      │夫・改善・改革│的な改革行動を│
│ 自律業務推進期 │ 専門分野確立期 │      │を行う       │とっている    │
├─────────────┼─────────────┤      ├─────────────┼─────────────┤
│日常業務がしっ│専門分野(得意 │      │ 先端領域開拓期 │ 事業創造挑戦期 │
│かりとできるよ│領域)を確立し、│      ├─────────────┼─────────────┤
│うになる      │付加価値の高い│      │先端技術領域の│新機軸の商品開│
│              │仕事をするよう│      │開発によって、│発をもとに事業│
│              │になる        │      │新機軸を打ち出│の創造を行って│
│              │              │      │す商品開発を成│いる          │
│              │              │      │功させる      │              │
└─────────────┴─────────────┘      └─────────────┴─────────────┘
```

をしていくようになっていきます。

　ここから2つの方向に分かれていきます。図表32の場合でいえば、右上の「競争優位実現期」と「事業開発挑戦期」の流れと、右下の「先端領域開拓期」と「事業創造挑戦期」の流れです。前者が、いわゆる管理者・経営者になる流れであり、後者が高度スペシャリストになっていく流れです。

　管理者・経営者の流れから説明すると、まず「競争優位実現期」では、自らの専門分野をもとに、具体的な局面で競争優位に立つための行動を起こすようになります。競争優位に立とうという問題意識が高くなるのがポイントで、より優位になるためにはどのような行動を取るべきか、どのような改善・改革を行うべきかを常に考えるようになっていきます。そういう人が、コアとなる人材に育ちます。こうした取り組みのもとに、事業全体を変えていくための構想を持って改革を行っていく

「事業開発挑戦期」になっていきます。

　一方、高度スペシャリストの流れは、「先端領域開拓期」において、自らの専門領域の中でさらに先端技術領域にチャレンジし、この領域のさらなる開発によって、新機軸の商品開発を成功させていきます。その体験を通じて、さらに視点を広げ、「事業創造挑戦期」に入っていき、新機軸の商品開発を連続させながら、新しい事業創造を行っていきます。

②育成のためには一つずつしっかりとプロセスを踏ませる

　このように、日常業務の「自律業務推進期」から「専門分野確立期」までは、ほとんどの人が同じ段階を踏みますが、その後は、大きく２方向に分かれていきます。競争優位にこだわりながら、事業開発へ挑戦していくように育つ人も出てきますし、先端技術領域にこだわって、新機軸の商品開発から新しい事業創造に挑戦していく人も出てきます。

　もちろん、全員がそのような道筋を踏むというのではありません。人によっては、「専門分野確立期」で留まって、その世界で地道に頑張っていく人もいるでしょうし、「先端領域開拓期」で燃えて、仕事にチャレンジしていくことを誇りとする人も出てくるでしょう。

　これらの成長の段階は、人事制度の柱となる等級制度の骨格にもなるものですが、それぞれの成長プロセス（段階）を意識して、しっかりとそれぞれのプロセスを踏んで次の段階に進んでいけるように人材育成をしていかなければなりませんし、そのような教育企画を立てていく必要があることを押さえておきます。

　人材育成手段の体系を考える場合、これらのプロセス（段階）をしっかり踏ませることが大事であり、優秀だからといっても、どこかの段階を飛ばしていくことは勧められません。第２章を結ぶに当たって、この点を強調しておきたいと思います。

第3章
日常業務をしっかりさせるための人材育成の考え方と方法

　企業で行う人材育成の目的は、業績の確保と成長性の獲得にありますが、そのためには、まず日常業務をしっかりさせなければなりません。そのうえで、企業革新を進めることになります。

　人材育成についても、日常業務をしっかりさせるための人材育成と企業革新を進めるための人材育成とは分けて議論すべきものです。

　第3章では、日常業務をしっかりさせるための人材育成について、その考え方と方法を説明します。

1 日常業務の不具合をカバーするための人材育成

(1) 日常業務とは定型業務と定常業務をカバーするもの

「日常業務」とは、日々行われている業務という程度の意味であり、普通は企業革新のための業務を含んではいません。図表33に日常業務の意味を示しましたが、基本的には定型業務と定常業務をカバーする概念であると目安を付けておいてください。

①定型・非定型業務

「定型業務」とは、業務マニュアルなどで仕事の処理方法が決められている業務であり、「非定型業務」は、処理方法が決まっていない業務です。企画業務や例外処理についての判断業務などが、この非定型業務に該当します。

非定型業務といっても、例外処理業務の"例外"について業務分析を行っていくと、例外処理の判断パターンと処理パターンが見えてくることがあります。そのパターンを確定して業務マニュアルなどで示すこと

図表33　「日常業務」とは

	定型	非定型
定常	○	○ （未定型業務含む）
非定常	○	×

ができれば、それは定型業務となります。このように、本当は定型業務になるにもかかわらず、そこまで整理できていないがためにつどの判断が求められる業務を「未定型業務」といったりします。それに対して、そもそも業務マニュアルに定義できない業務、つまり、そのときどきの事情を勘案して個別に判断を行わなければならない業務もあります。これが、狭義の意味での非定型業務ということになります。

②定常・非定常業務

「定常業務」とは、繰り返し発生する業務という意味です。それに対して、ときには発生するけれど、いつ起こるかは分からないような業務が「非定常業務」といわれています。繰り返し発生するといっても、週単位で発生するものや月単位で発生するものもあります。また、年単位で見ないと発生しない業務もあります。年に1度であっても、人事部門で行う新卒採用審査業務や管理者の行う人事評価業務などは定常業務（もちろん非定型業務です）になります。一般に、総務部門の通常業務は定型業務であり、総務部門で仕切っている「お葬式」などの業務は非定常業務と考えてよいでしょう。

非定常業務でも、やり方が決まっていれば定型業務です。こういうことについて生き字引のような人が会社には必ずいると思いますが、もし、一からやり方を考えていくのであれば大変です。そういうものでも、処理方法が決められていて、それが伝承されていると本当に助かります。

③非定型・非定常業務は日常業務とはいわない

図表33の「○」で示した部分は、日常業務にかかわるところです。非定型・非定常の部分だけが「×」となっていますが、この業務の典型が、企業革新を企画・推進する業務になります（これについては、第4章で述べることとします）。

論理能力の高い人がこれを見ると、日常業務の中で発生する非常に難

しいクレーム処理判断はどこに分類されるのか、と論理的な穴があるような感じで気持ち悪いかもしれません。日常業務の中で発生するといっても、確かにこれは、非定型・非定常の業務に分類されますので、日常業務ではありません。こういうものは、何が発生するか予測が付かないものなので、育成の対象にするにはなかなか難しいものがあります。経験的には、企業革新を担う人材を育成する手順の中で、難しいクレーム処理判断能力も一緒に形成されるという確信が私にはありますので、これで説明を代替させようと考えています。

(2) 業務改善に対する考え方を徹底的にトレーニングする

①過剰品質も仕事の不具合の一つ

さて、こうしておおむね定義が見えてきた日常業務を、よりしっかりさせるためには、どのような人材育成を行えばよいのでしょうか。

日常業務の目標は、決められた処理方法をできるだけ効率的に、コストがかからないような形で行うことです。決められた処理方法とは、「標準（Standard）」のことであり、標準どおりに仕事を行えることが理想です。図表34のように、手を抜いたりして標準よりもレベルが低くなればクレームになる可能性があるので、標準レベルまで上げなければ

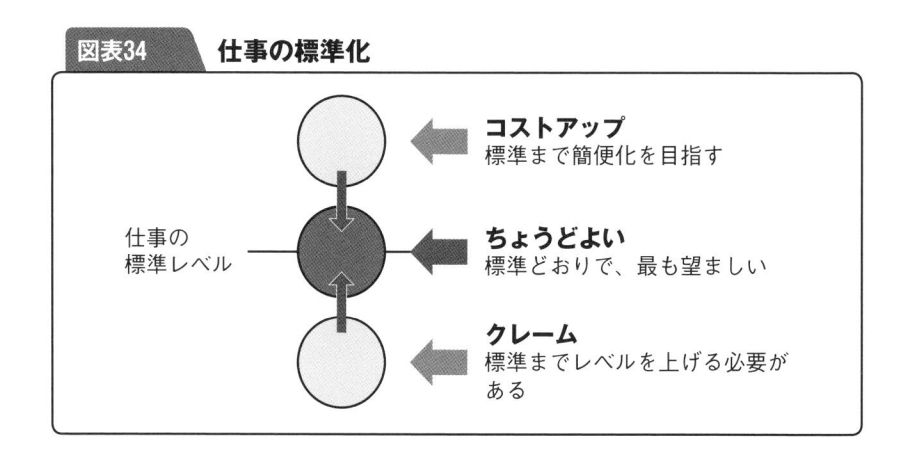

図表34　仕事の標準化

仕事の標準レベル

コストアップ
標準まで簡便化を目指す

ちょうどよい
標準どおりで、最も望ましい

クレーム
標準までレベルを上げる必要がある

いけません。では、標準よりもレベルが高いのであれば褒めるべきかというとそうではなく、過剰品質という言葉もあるようにコストがかかり過ぎているのであって、これもまた、仕事の不具合とみるべきです。日常業務の場合は、いわゆる標準よりレベルが低くても高くてもよくないとみるべきです。このあたりの考え方は工場などでは普通のことかもしれませんが、間接部門や営業部門では必ずしもそうではありません。

②「仕事の標準」を常に意識させる

日常業務の不具合をカバーする人材育成は、仕事の標準に対するものの見方をしっかりと教育するところからはじめます。工場では、このあたりはまずまずクリアしているところが多いのですが、間接部門や営業部門では、なかなかそうはいきません。

たとえば、伝票を入力するのに1件当たり何秒が標準かを決めておくなど、図表33の定常業務に入る事務処理的な仕事は、常に1件当たりの処理時間を意識させるようにもっていきます。そういう仕事はなくしてしまうことはなかなかできないので、できるだけ処理時間（工数）を少なくするほうがよいという発想をとるように求めます。したがって、管理者としても漫然と仕事をやらせるのではなく、なんらかの形でカウントするなど、処理時間を常に意識して指示するようにしてください。

この標準処理時間とは、最もよい方法で処理したときにかかる時間であり、かつ、継続作業ができるだけの余裕も加味されたものです。新人であれば、まずはその標準処理時間でできるように頑張らなければなりませんし、標準処理時間に近付いたならば表彰状を出してもよいと思います。ある程度ベテランになれば、標準処理時間でできるようになるので、その段階からは、業務の改善を志向させてください。これは業務処理方法の改善を目指せといっているのであって、従来のやり方を踏襲しながら、根性で頑張って処理スピードを速めるというのではありません。仕事の方法を改善することで、もっと処理スピードを速くできないか、ということです。

報告書の作成のような非定型的な仕事の場合も、できるだけ手際よく作成することを求めていきます。そのためには、報告書を作成する目的を明確に把握するように教育していきます。クレーム処理報告書などは、クレームが起こった原因を特定して、同種のことが周りで起こらないように共有化することが目的になります。そうなると、クレームが起こった原因をシンプルにつかんで記録することだけが重要になり、それ以外の内容はことごとくムダになるので、ムダを発生させないよう少しでも短い時間で作成する方法を考えてもらいます。

　これらは、すべて業務改善についての基本を学ぶことにつきます。日常業務の不具合をカバーするための人材育成の基本は、徹底して業務改善に対する考え方をトレーニングすることにあります。

(3) 業務改善における3つのアプローチ

①業務の3要素——目的・方法・人

　業務改善においてよく語られるのは、目的・方法・人という業務の3要素からのアプローチです。

　業務の「目的」は何かを考えてみると、定型的な事務処理については、注文受付や生産手配、請求書発行といったように明快なものが多いですが、管理的な業務の場合は、使われていない集計表を一生懸命作成していたり、だれも見たくもないグラフを継続してつくっていたりと目的が不明のものも、まだ多く残っています。これらは本来、管理職がやめるように指示しなければならないのですが、「この集計表やグラフは本当に必要なのか」と部下からもアラームを鳴らすように指導していくとよいでしょう。こうして目的が明確でない業務が見つかったら、廃止する方向で調整をしていきます。

　「方法」とは、どのように行うかであり、できるだけ手際よく、少ない処理時間でできるようにするにはどうするかと考えることです。

　もう一つは「人」の問題です。難しい仕事を新人がやっていたら、や

たら時間がかかったり、お客様からクレームをもらってしまいます。逆に、やさしい仕事をベテランがやっていたら、仕事そのものに問題は発生しなくても、コストパフォーマンスが悪くなります。こうしたことを避けるため、仕事の分担を見直して、日常業務の不具合を発生させない発想方法をしっかりと身に付けさせます。

　業務改善についての発想をトレーニングすることは、改善だけではなく、日常業務をしっかりさせるためにも非常に重要なポイントです。まずは、目的をよく把握することがすべての基本です。目的に合致するならば、できるだけ少ない工数で処理できるようにし、かつ、適任である人材が業務を処理して不具合がないようにする流れをよく理解し、人材育成に取り組んでもらえればよいと思います。

②効率的な働き方をしっかり覚えさせる

　間接部門や営業部門には「丁寧に仕事をするのがよい」という空気がありますが、それ自体が非効率では、日常業務の不具合を生み出すことになります。手を抜いて不具合が発生することもあるでしょうが、こういうものは比較的発見しやすく、また、指導もしやすいものです。できるだけ効率的に進めることを覚えさせるのが、日常業務をしっかりさせるうえで最も効果的な人材育成の方法です。

2 OJTとOff-JTの組み合わせ方

①ノウハウがあるか、バラツキはないか

　日常業務をしっかりさせるための人材育成の基本は、やはりOJTにあります。日常業務を行っている人に業務改善の考え方をしっかりと学んでもらうには、OJTで進めるのが最も大切です。

　81ページの「OJTとOff-JT」のところで少し述べたのですが、日常業務が自社内にあるノウハウに基づくものであることを考えれば、人材育成にはOJTが最も望ましいことになります。しかし、図表35で「OJTとOff-JTの組み合わせ方」をまとめたとおり、業務を遂行するのに必要なノウハウ（知識・技術・スキル）が社内にない場合には、そのノウハウを吸収するために社外の力を活用しなければなりません。その基本は、Off-JTになります。サッカーの日本代表チームの監督を外国人にお願いしたこともありましたが、ノウハウを持っている社外の人に新しいプロジェクトのリーダーをお願いできるのであれば、OJTも可能となります。しかし、まだビジネスの世界ではそれほど一般的なことではありませんので、こういう場合には、やはりOff-JTに頼らざるを得ません。

　図表35のように、業務を遂行するために必要なノウハウ（知識・技術・スキル）が社内にある場合には、基本的にはOJTを行うことを目指します。それでも、指導者としての管理者側の指導能力にバラツキがあると、全体の底上げを考えた場合に心配になるので、そのときには、Off-JTを利用することになります。業務改善の指導能力に不安がある管理者が多いのであれば、その研修（Off-JT）を、管理者側にも部下側にも実施していく必要があります。

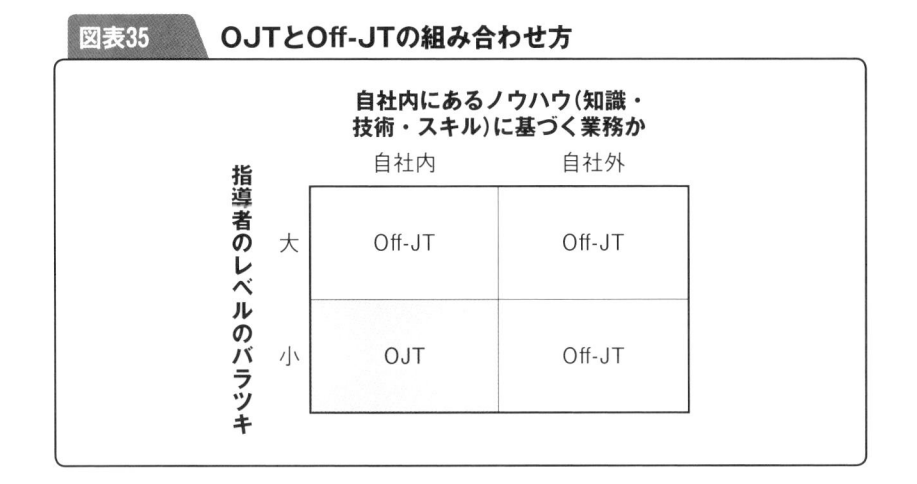

図表35　OJTとOff-JTの組み合わせ方

	自社内にあるノウハウ(知識・技術・スキル)に基づく業務か	
指導者のレベルのバラツキ	自社内	自社外
大	Off-JT	Off-JT
小	OJT	Off-JT

②業務改善の意識を高めるOJTを強化する

　日常業務をしっかりさせようとして指導するとき、管理者側がよく陥る罠(わな)に、必要以上に部下の能力や、やる気のせいにしてしまうことがあります。これは、心理学の世界でも確認されているようですので、注意してかからないといけません。何かうまくいかないことが起こると、当人の責任を必要以上に強く意識してしまうことは、管理者ならばだれでも経験をしているものです。

　しかし、たいていの場合、日常業務上発生する不具合は起こるべくして起こっていることが多いのです。「担当した本人がもう少し注意していれば」「もう少し早く相談してくれれば」という印象を持つのですが、もともと不具合を起こしやすいシステムだったことが一番問題なのです。人間はミスもしますし、知らないこともたくさんあります。ですから、日常業務に不具合が発生した場合、まずは日常業務の遂行の仕組みに問題がなかったかを必ず検証するようにしてください。どんな場合にも、きっとそういう部分が見付かるはずですので、業務の改善に必ずつなげるようにしてください。

　たとえば、見積書をつくるコンピュータ・システムに納品する物件ご

との標準価格が表示されるようにプログラムを組み替えられないか、標準価格を修正する場合は本当に修正するのかと聞き返すようにすることはできないか、あまりに安い価格に修正をしたら価格の桁（けた）が間違っていないかと問いただしてくるようにすることはできないか、といったプログラムの変更ができれば、本人の注意力がどうであれ、見積書の作成ミスなど、ほとんど発生しなくなるはずです。

　こういう組織文化をつくっていくためには、業務改善の問題意識を高めるOJTを強化しなければなりません。もし、自社内の独自の取り組みではそういう問題意識が強化しにくい現状があるのならば、業務改善に関する社内研修や社外セミナーを積極的に活用していく必要があります。

　繰り返しますが、何か不具合が起こったら、本人の責任よりも、仕組み改善に問題意識を持っていけるよう、OJTの現場で指導していってください。

3 OJTの進め方

(1) OJTの7つのステップ

それでは、日常業務をしっかりさせるためのOJTをどのように進めていけばよいか、解説を加えていきます。

これから説明するOJTの進め方は、それなりに大がかりな取り組み例となりますので、まずOJTの全体像を、図表36で確認してください。もちろん、自分の職場だけで行うのであれば、省略してもよいステップもあります。

全体で7つのステップになります。ステップ1でOJTを行う「対象業務の選定」を行い、ステップ2で「対象業務レベル分け」を行います。レベル分けというのは、難易度のランクを付けることです。初めて担当した人が、どれくらいで習熟するレベルの仕事であるかを整理します。

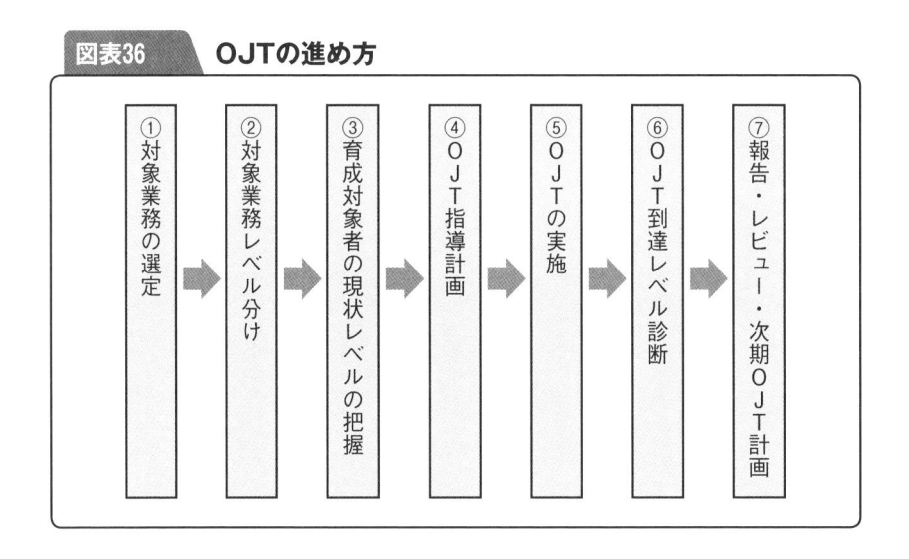

図表36　OJTの進め方

①対象業務の選定 → ②対象業務レベル分け → ③育成対象者の現状レベルの把握 → ④OJT指導計画 → ⑤OJTの実施 → ⑥OJT到達レベル診断 → ⑦報告・レビュー・次期OJT計画

ステップ3で「育成対象者の現状レベルの把握」(実際の業務遂行レベルの把握)を行い、ステップ4で「OJT指導計画」を立てます。ここでは、未経験者にその仕事を担当してもらう「業務分担計画」も含まれます。ステップ5で、指導計画に基づいた「OJTの実施」を、ステップ6で「OJT到達レベル診断」を行います。ここでは一定期間のOJTの結果を見ようというわけですから、半年から1年くらい後になります。そしてステップ7で、「報告・レビュー」を行い、「次期OJT計画」を再度立てて、次期に臨むことになります。

(2) OJTをうまく進めるための組織体制

こういう取り組みを、管理者が自発的に行えるのであれば、図表37に示したようなOJTの推進体制を全社的につくる必要はありません。係長クラスの世話役を担当部署で設けて推進し、総括できる体制をつくって

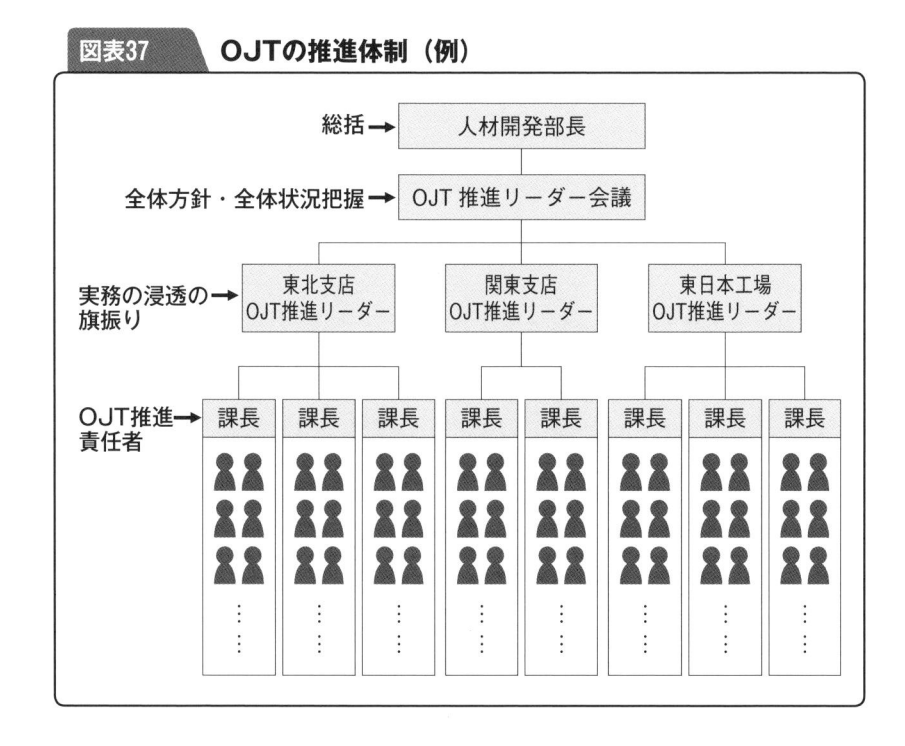

図表37　OJTの推進体制（例）

```
                            総括 →  人材開発部長
                                        │
        全体方針・全体状況把握 →  OJT推進リーダー会議
                                        │
                        ┌───────────────┼───────────────┐
  実務の浸透の →    東北支店         関東支店         東日本工場
  旗振り           OJT推進リーダー   OJT推進リーダー   OJT推進リーダー
                    ┌──┬──┐      ┌──┬──┐       ┌──┬──┬──┐
  OJT推進  →       課長 課長 課長   課長 課長      課長 課長 課長
  責任者
```

いけばよいでしょう。OJTの全社展開が盛んだったときには、図表37のような組織をつくって全社的に推進したものでしたが、基本となるのはもちろん「課」レベルの現場での取り組みということになります。

ここでは課長に、職場でのOJT推進の責任者になってもらう形をとっていますが、現場での取り組みは、どうしても日常業務の忙しさに埋没してしまい、曖昧になることがあります。そうならないように、実務浸透の旗振り役として、支店・工場単位で「OJT推進リーダー」を設けています。彼らが課レベルでの推進状況を見ながら「頑張ってくださいね」と励ましたり、「ほかの課では、こんなよい成果が出ていますよ」と情報を提供して刺激したり、それでもダメならば支店長・工場長に報告して督励してもらったりする役割を果たしてもらいます。

その上には、「OJT推進リーダー会議」があり、全国のOJT推進リーダーが一堂に会して、それぞれの課での取り組みの状況、成果や教訓を交流して、進捗状況の「出来・不出来」を互いに評価し合います。その上に、OJTの全社的な総括責任者である人材開発部長が全体の推進に目を光らせている体制をつくります。

もちろん、人材開発部長に対しては社長が目を光らせており、OJTを推進するのは経営方針であって今年度の重点であると、折に触れてアピールしてもらう体制になります。このような体制ができれば、かなり枠組みがきついので、OJTに取り組まざるを得なくなることは間違いありません。

(3) OJT推進ステップごとの取り組み内容

①対象業務の設定と難易度ランク分け

どんな管理帳票を使うのかも自由ですが、OJTの基本的性格を説明し、推進手順についての理解を促進するために、「対象業務の設定と難易度ランク分け」（図表38）、「育成対象者の現状レベルの把握」（図表39）、「OJT指導計画」（図表40）を載せました。これらを順に説明して

図表38　対象業務の設定と難易度ランク分け

No.	業務体系 大分類	No.	中分類	No.	小分類	遂行上の弱点があるか	自社ノウハウ有・無	指導者レベルバラツキ大・小	OJT対象業務	難易度ランク (A) 入社半年以内習得	(B) 入社1年以内習得	(C) 入社3年以内習得	(D) 入社3年以上習得
1	受注	1	受注伝票	1	受注伝票受付		有	小		○			
				2	受注伝票不具合の発見と確認	弱	有	小	○		○		
				3	受注伝票入力	弱	有	小	○	○			
				4	受注伝票ファイリング		有	小		○			
		2	納期管理	1	工場側受付確認納期確認		有	小		○			
				2	工場設定納期の営業社員への連絡と確認	弱	有	小	○		○		
				3	工場納期短縮養成・折衝	弱	有	小	○			○	
				4	お客様納入期日の整理と連絡		有	小			○		

いけば、図表36に絡んで推進ステップごとの取り組み内容がもう少し分かりやすくなると思います。

まず図表38の「対象業務の設定と難易度のランク分け」ですが、この帳票の目的は、OJTを行う「対象業務の選定」（ステップ１）をして、「対象業務レベル分け」（難易度分類：ステップ２）を行うことです。この図表の左側の「業務体系」欄では、業務分掌などをもとに業務を分類整理して、一つひとつのまとまった作業単位（小分類欄）の棚卸しを行います。ここではOJTを行う対象となる業務が明確になればよいので、業務分類の手法などはそれほど難しく考える必要はありません。図表38に記した程度の細かさを想定しておけば十分です。

棚卸しされた作業単位（小分類）ごとに「遂行上の弱点があるか」を検討し、弱点があるところに「弱」と書きます。次に「自社ノウハウ」の有無を検討し、「指導者レベルのバラツキ」の大小を検討します。ここであげた作業は、いずれも日常業務の典型ですので、自社のノウハウはありますし、しっかりした指導者もいるということで分析をしています。そのうえで、「弱」と書いたところを中心に、「OJT対象業務」を選んで○を付けます。「難易度ランク」欄には、難易度を見積もって入れます。この難易度については、なんとか独力でできるようになる期間を目安に、４つに分類しています。その基準は、対象業務の実情にあわせてつくるのがよいでしょう。これで、帳票が完成します。

②育成対象者の現状レベルの把握

図表39「育成対象者の現状レベルの把握」は、ステップ３「育成対象者の現状レベルの把握」を行うための帳票です。左側の「業務体系」欄は、図表38と同じですが、ここはOJTの対象業務に絞ってもかまいません。その右隣の「難易度ランク」欄も、図表38の「難易度ランク」欄と同じものを入れます。その右側の自分の部署全員の名前が入っている欄が、この帳票のミソです。それぞれの業務に対して、その人たちが現状ではどの程度の到達レベルかを６段階評価で評価した結果を入れます。

図表39 育成対象者の現状レベルの把握

	業務体系				難易度ランク	佐藤 5等級 勤続15年 到達度	田中 4等級 勤続9年 到達度	中田 3等級 勤続8年 到達度	伊藤 2等級 勤続4年 到達度	齋藤 2等級 勤続4年 到達度	藤原 1等級 勤続2年 到達度	指導者名
No.	大分類	No.	中分類	No.	小分類							
1	受注	1	受注伝票	1	受注伝票受付	A	5	4	3	3	4	0	佐藤
				2	受注伝票不具合の発見と確認	B	5	2	3	3	2	0	佐藤
				3	受注伝票入力	A	5	3	3	0	0	2	佐藤
				4	受注伝票ファイリング	A	5	2	2	0	0	2	佐藤
		2	納期管理	1	工場側受付確認納期確認	A	5	0	2	2	0	2	佐藤
				2	工場設定納期の営業社員への連絡と確認	B	5	4	4	0	0	2	佐藤

【到達度】
5：後輩を指導するレベル
4：スピード・品質ともに十分レベル
3：なんとか独力でできるレベル
2：ときどき迷うので、指導を受けながらできるレベル
1：簡単な作業手順を確認しながらできるレベル
0：未経験のレベル

【難易度ランク】
A：入社半年以内に習得できる難易度
B：入社1年以内に習得できる難易度
C：入社3年以内に習得できる難易度
D：入社3年以上習得にかかる難易度

第3章 ● 日常業務をしっかりさせるための人材育成の考え方と方法

図表40　OJT指導計画

No.	氏名	OJT対象業務	指導者名	現状レベル	目標レベル	○○年度 4月	5月	6月	7月	8月	9月	到達レベル
1	田中	受注伝票不具合の発見と確認	佐藤	2	4			↑				
		受注伝票ファイリング	佐藤	2	4		↑					
		工場側受付確認と納期確認	佐藤	0	3					↑		
2	中田	受注伝票不具合の発見と確認	佐藤	3	5					↑		
		受注伝票ファイリング	佐藤	3	5			↑				
		工場側受付確認と納期確認	佐藤	2	4						↑	
3	伊藤	受注伝票入力	佐藤	2	4							
		受注伝票ファイリング	佐藤	0								
		工場側受付確認と納期確認	佐藤	2								
		工場設定納期の営業社員への連絡と確認	佐藤	0								

OJT推進の成功・不成功は、個人別の到達レベルの進展にあるが、それを全社レベルで総括する際には次の指標を使うことができる。
①対象者の対象業務の現状レベルと到達レベルの差の平均点
②対象者の対象業務の目標レベルと到達レベル（スピード・品質ともに十分レベル4レベル）のカバー率の現状レベルと到達レベルの差
③対象者の対象業務の到達度（達成率）

6段階評価の基準については、図表39の右下を見てください。一番右側には「指導者名」欄がありますが、これは、その業務の指導をするとしたらだれが適任かを書き入れます。この分析によって、育成対象者の現状レベルが棚卸しされます。

③OJT指導計画

　こうなると、次の帳票である図表40「OJT指導計画」については、見ただけで判断が付くと思います。まず、OJTの対象者別に、指導するOJT対象業務をリストアップし、それぞれにだれが指導するかを決めて書き入れます。次に、図表39で評価したそれぞれの到達レベルを各人別に記入し、さらにOJT推進期間中にどこまで到達させるかの目標レベルを決めて記入します。また、それぞれのOJT対象業務に関する半年分の大日程計画もスケジュール欄に書き入れます。これは推進期間にあわせた月分の欄が必要になり、期間終了の段階で、到達レベルを評価して記入します。図表40では、まだ「到達レベル」は記入していませんが、期間終了の段階で目標レベルにまで到達していれば合格となります。図表40で整理されるOJT対象業務ごとの「現状レベル」と「到達レベル」の差が大きければ、日常業務の遂行レベルが飛躍したことになり、OJT推進の成果とみることもできます。

　OJTを全社的に推進する場合、やはりその成果も全社的に把握したくなります。その際には、いくつかの見方がありますが、それは図表40の3つの指標を使うとよいでしょう。

　ほかにも工夫できそうですが、こういうもので見ていけば、定量的な指標によってOJTの取り組みの成果を確認することができます。定性評価を数値化したに過ぎないものの、それでも、OJTが進んだかどうかの手ごたえを感じることはできるでしょう。

4 日常業務を強化するための Off-JTの企画の仕方

(1) Off-JTでの指導が効果的な業務

　図表35でまとめたように、日常業務をしっかりさせるためには、OJTだけではうまくいかない場合があります。それは、指導する側の能力レベルにバラツキがあるときです。日常業務については、すべてのノウハウが社内にあるわけですから、OJT中心で対応すればよいことになりますが、指導する側の能力にバラツキがあれば、OJTに任せるだけでは不安が出てきます。

　図表38の分析は、OJT対象業務を選び出すために活用しましたが、こういう分析を通じて、Off-JTのターゲットとする業務も選び出されます。つまり、「自社ノウハウ＝有」で「指導者レベルバラツキ＝大」の業務を選ぶことになります。

　では、どういうタイプの日常業務がOff-JTの対象として効果的かといえば、スキルが求められる業務です。たとえば、クレーム対応業務などは応対スキルの差で大きな違いが生まれるので、実際の対応局面を見せて、またやらせてみて研究することが必要になります。電話などでの対応では、応答の様子をモニターしてレビューするというやり方も、OJTでは行われます。こうして、一つひとつ必要なノウハウを確認していくことが一番効果的ですが、応対指導能力に不安のある指導者が多いのであれば、高い指導能力を持つベテランを講師としてあてて、基本的なガイダンスを行うことが必要です。これがOff-JTの典型です。クレーム対応についての基礎知識を新人に教えてなんていられないという現場サイドの事情があれば、新人を集めて一通りの知識を話す会を設けることもあるでしょう。これも、Off-JTが有効になります。

(2) Off-JTの企画の仕方

そういう目安を付けたうえで、日常業務をしっかりさせるためのOff-JTの企画の仕方を、図表41に沿って説明していきます。

第1に、「日常業務の改善目標の設定」（ステップ1）をします。まず上記の視点から、図表38の分析をしてOff-JTが有効だと考えられる業務を選び、その日常業務にどのような問題があるか、どのように改善したいかを整理していきます。こういうステップがないままに研修を考えて実施すると、効果が上がったかどうかが分からなくなります。ここが一番大切です。先ほどの例でも、クレーム応対のどの部分をどう改善したいのかの具体的な目標設定ができていなければ、研修をしても漠然としたものになってしまいます。

第2に、「研修テーマ設定」（ステップ2）をします。Off-JT（つまり研修）などが効果的であろう業務を選んでその改善目標を決めたら、それに沿って研修テーマを設定していきます。先ほどの例でも、「クレーム応対能力向上」という一般的なテーマで研修を引き出してはならず、あくまでも自社・自部署のクレーム応対能力のどの部分をどうしたいか

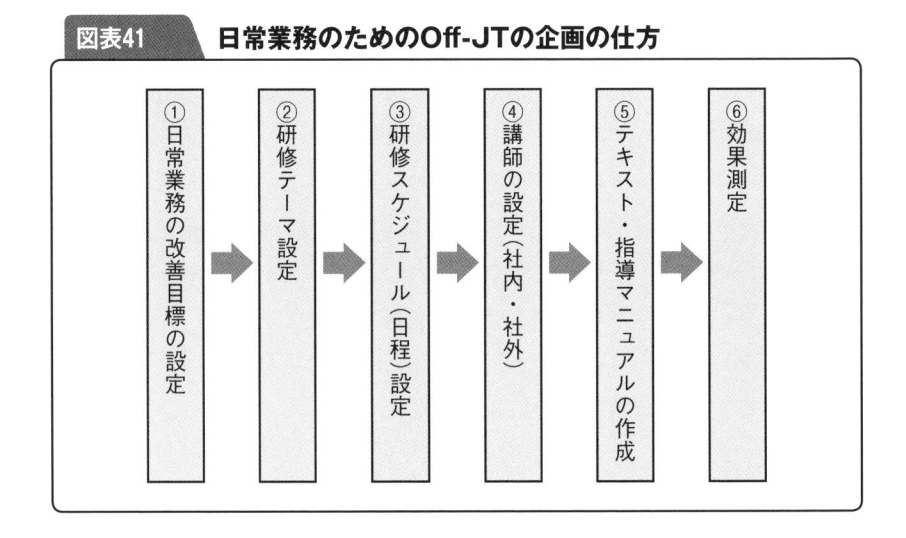

図表41　日常業務のためのOff-JTの企画の仕方

①日常業務の改善目標の設定 → ②研修テーマ設定 → ③研修スケジュール（日程）設定 → ④講師の設定（社内・社外） → ⑤テキスト・指導マニュアルの作成 → ⑥効果測定

にこだわってください。

　ここまで考えてくれば、研修テーマは「A製品のクレーム応対」ということになり、研修の内容は、①クレーム原因の可能性についての知識教育、②お客様がどういう状況でA商品を購入して活用しようとしたのかについての状況理解（どういう状況がひどく怒らせてしまうことになるのかを含む）、③それに対する応答の仕方と、④対応スキルの確認、および⑤そのトレーニングになります。こうして、「応対可能性のある対象者が自部署に10人いるから2回に分けてやろう」というようなことが見えてきます。このように詰めて考えて研修を企画すれば、研修の効果測定の仕方も明確になります。

　第3に「研修スケジュール（日程）設定」（ステップ3）です。ステップ2で、研修テーマと研修内容、それによる日常業務の改善目標が定まれば、おのずと研修対象者も決まり、研修スケジュールも決まってきます。「この内容だと2時間の研修時間を確保して進めれば十分対応できるだろう」と判断がつけば、「明日の午前2時間、夕方2時間の2回体制で実施をしよう」というように、大変手際よく研修スケジュールも決まることになります。

　第4に「講師の設定（社内・社外）」（ステップ4）です。日常業務をしっかりさせるOff-JTの場合（図表の例では研修ですが）、社内にノウハウがあるのですから、社内講師が一番望ましいことはいうまでもありません。しかし、ここでいうクレーム応対に関するものでも、社内のやり方を完全に見直して、世の中の先端の対応方法に変えていこうという場合は、クレーム応対に関する新しいノウハウが社内にはないので、社外の講師を活用することになります。この場合は、日常業務を飛躍的にしっかりさせようということであり、基本的に企業革新を行うこととセットの関係ですので、社外講師の活用場面が出てくるのだと思います。

　上記の例のA製品に関するような場合は、課長でもベテランのクレーム対応者でもよいので、可能な限り社内講師で進めるべきでしょう。人前で話すのが慣れていないとか、どういう順番で内容を説明すればよいか

分からないと躊躇するのは研修ノウハウが社内にないということですから、研修プログラムのつくり方や講義の仕方をテーマとする外部セミナーを受講したり、外部講師を招いた研修を受講させることはあり得ます。

　第5は「テキスト・指導マニュアルの作成」（ステップ5）の説明です。日常業務のどの部分をどのように改善していくかの焦点が定まれば、それに沿ってテキストもつくればよいので、比較的やりやすいと思います。A製品のクレーム対応の場合でも、2〜3枚のシートがあれば十分と考えられます。教え込みたい内容の焦点が分からない研修テキストは、どうしても量が増えていく傾向にありますが、テキストは厚ければよいというものではなく、教え込みたい内容が分かりやすく書かれているかどうかが大切です。100ページの「優れた教育企画の立て方」でも説明したように、もっと短い時間で伝えるにはどうすればよいか、テキスト内容をもっと絞れないかと考えてください。研修にかける時間は、同じ効果であれば少ないに越したことはありません。数名の講師を組織して行う場合は、講師による研修内容のバラツキを抑えるために、指導マニュアルを作成することも珍しくありません。

　第6は「効果測定」（ステップ6）です。こうして企画した「日常業務をしっかりさせるための研修」を実施したら、その効果をみる必要があります。次の節で、さらに丁寧に説明しますが、研修の企画の段階で、効果測定の方法がもう見えていることになります。とにかく日常業務をしっかりさせるためのOff-JTは、常に日常業務の改善目標とセットで企画してください。そうすると、効果測定も明確になります。もし効果がないとすると、別の問題があるはずですから、再度、日常業務の問題点を明確にする努力をして、対応を考えていかなければならないことになります。

　日常業務をしっかりさせるために企画する研修は、企業革新を支援するための研修とは、かなり違います。前者は、すでに目の前で行われている業務についての改善を目指すので、非常に手触り感があります。

5 人材育成効果の測定の仕方

　人材育成に取り組んだ結果、どのような効果があったと見るかは、なかなか難しい問題です。この章では、日常業務をしっかりさせるための人材育成を課題に解説をしていますが、ここではその考え方に絞って述べたいと思います。

　結論からいえば、やはり日常業務がよりしっかりと運営されているかどうか、つまり、よりレベルが高くなったかどうかがポイントで、極めて結果主義で人材育成の効果を見ていることになります。もちろん、日常業務が「よりしっかり運営されている」「よりレベルが高くなっている」かは人材育成のためではなく、よりシステムがしっかりと整ってきたためかもしれません。しかし、そういったことは置いておいて、人材育成の効果を見ていけばよいのです。

　もともと経営はさまざまな施策が複合して、さまざまな成果を生み出しています。企業革新に取り組んだからこそ、人が育ち、日常業務への問題意識も高くなり、日常業務もしっかりとしてきたということもあります。しかし、人材育成効果の測定という意味では、結果を見て考えていきましょう。

(1) 人材育成の3つの効果測定方法

　図表42に、人材育成効果測定の一般的な手法をあげました。個々の研修の効果測定策のまとめという色合いが強いですが、日常業務総体としてのレベルアップを確認する意味で、活用できなくはありません。

①アンケート法

　OJTやOff-JTでレベルアップを目指した日常業務の質が変化したかど

図表42　人材育成効果測定

アンケート法	職場の人にアンケートをお願いし、変化度を確認する方法。研修参加者が自己評価でアンケートに答える方式をも組み入れるケースが多い
観察法	対象業務がどれくらいできるようになったかを、管理者が日常の業務の中で観察をしてレポートする方法
業務指標活用法	クレーム数・提案件数・訪問件数などの業務指標の伸びを集計して確認していく方法

うか、研修参加者の行動が変わったかどうかを、職場メンバーにアンケートで聞いて判断する方法です。これには、教育（OJTやOff-JT）の対象となった本人が自己評価する部分を入れることもありますが、いわゆる360度評価のような形で診断することになります。

　人の判断がベースとなると、曖昧な部分が残る心配はありますが、働いている人の実感は大切ですので、職場メンバーの実感の総計をとるだけでも重要な指標になります。また、自己評価と職場メンバーの評価の差を比較することは、本人にとって反省の機会を持つことにもなるので、さらに教育効果があるでしょう。

②**観察法**

　教育（OJTやOff-JT）で目指した日常業務のレベルがどれくらい上がったかを、管理者が日常業務の中で観察したことを取りまとめて報告していくものです。

　人事評価との絡みを意識するあまり、このレポート内容によって上の管理者から評価されるとなると、正確な内容にならないかもしれないので、純粋に日常業務のレベルアップをさせていくという視点から、現状を総括していけるようにしたいところです。

③業務指標活用法

　それぞれの部署にあらかじめ設定した業務遂行状態を確認する指標をもとに、その改善度を見ながら教育（OJTやOff-JT）効果を測定していくものです。営業部門の例で考えれば、受注額といった最終結果の指標というよりは、訪問件数や提案件数、クレーム件数といったプロセス側の指標を持ち込んで見ていこうというものです。個々の教育施策であれば、個別の指標の変動を見ればよいでしょうし、さまざまな育成施策の総合的な進展を見るのであれば、多数の業務指標の変動を見ればよいことになります。

(2) ハロー効果や景気変動も考慮に入れる

　以上の3つが、日常業務をしっかりさせる教育（OJTやOff-JT）による人材育成効果を見る主な手法です。このようにして教育（OJTやOff-JT）の効果をできるだけ明確にしておくことは、非常に大切です。

　アンケート法と観察法は、人間の判断の積みあげですので、さまざまな事情からゆがみが出てくるかもしれませんし、人事評価におけるハロー効果（何か一つでもよいと、何もかもよく見えてしまったり、何か一つでも悪いと、何もかも悪く見えてしまったりするというエラー）などが起こりやすいともいえます。

　また、定量的である業務指標活用法は人の判断が入らないように見えますが、数値自体は、行った教育以外の要因でも変化することがあります。訪問件数が増えたのは、商品知識が増えて自信ができたこと、さまざまな業務処理能力が上がった結果、営業活動に投入する時間が増えたことなどの要因も考えられますが、単に景気がよくなってお客様からの引き合いが増えたまでであって特別な努力によるものではないことも考えられるので、その点も気に留めながら、業務指標の変動が教育効果の結果によるのかどうかの判断が必要になります。

6 人事評価(能力評価・情意評価)と人材育成との連動

　今までは、日常業務の分析からスタートした話でした。つまり、日常業務の棚卸しをして、OJTやOff-JTを駆使して改善するのに適した業務を選んで、教育施策を講じていこうという考え方です。
　管理者が育成に取り組む場合、これ以外に毎年繰り返している人事評価の結果からも取り組み課題が見えてくることがあります。図表43には、人事評価表の一例を掲載しています。こうした表で項目ごとに評価をしていきながら、いろいろな育成課題に気が付くことになります。

①**能力評価から探る**

　この人事評価表は係長相当の等級の人を評価するものですが、たとえば、企画・計画力を評価する際、「自チーム全体の業務遂行について、業務負荷についての先読みをしつつ、チーム全体の作業効率を上げていける計画を立てることができる」という評価基準に対して少し劣ると感じたとします。この不満の対象になっているのは、日常業務を遂行するうえでのチームの作業効率向上を目指す計画づくりに対してであり、来期は特別に指導しないといけないなと感じるはずです。人事評価と人材育成との連動とは、こういう脈絡で考えていくことになります。
　このような発想法で人事評価に取り組むと、いくつも育成施策が湧(わ)いてきます。
　チームの作業計画を立てる最初の2カ月は、企画・計画力について必ずチェックし、必要な指導を行うことになります。実行力について、日常業務全体を独力で進めるのは大丈夫だが、後輩の育成についての問題意識が弱いという評価になれば、後輩一人ひとりを育成するための目の付け方を一緒に議論する場を設けようと考えるようになります。

図表43　人事評価表（例）

評価要素群	評価要素	評価基準	ウエート①	1次評価 ②評価 (1点～5点)	1次評価 評価点 ②×①	2次評価 ②評価 (1点～5点)	2次評価 評価点 ②×①
成果評価	業績目標達成度	該当等級にふさわしい難易度の目標数値（目標管理による）	15%				
成果評価	課題目標達成度	該当等級にふさわしい難易度の課題解決目標（目標管理による）	15%				
成果評価	（目標管理以外）日常業務の成果	該当等級にふさわしい成果実績、組織貢献、人材育成等の成果。	10%				
成果評価	成果評価小計		40%		10%		
能力評価	企画・計画力	自チーム全体の業務遂行について、業務負荷についての先読みをしつつ、チーム全体の作業効率を上げていける計画を立てることができる。	10%				
能力評価	実行力	自チームが担当している日常業務全体について、独力で遂行できるとともに、後輩の育成ができる。	10%				
能力評価	対策立案力	時折発生しがちな例外処理について、前例を参考に、かつ関係者とも相談しつつ、主体的に処理することができる。	5%				
能力評価	改善力	自チームが担当している日常業務について、主体的に改善の問題意識の提案ができる。	5%				
能力評価	能力評価小計		30%				
情意・態度評価	責任性	担当している業務について困難な事態が発生しても、粘り強く取り組んでいる。自分にとって処理が困難なことなどは、出しくれした場合は、タイミングを外さず、助けを求めている。	10%				
情意・態度評価	積極性	自チームの日常業務の遂行にとって、有効な効果がありそうであれば、未経験の方法でもそれを試そうとしている。	10%				
情意・態度評価	協調性	後輩の仕事ぶりを見ていて、大変なようならば、自ら進んで手助けをしている。	10%				
情意・態度評価	情意・態度評価小計		30%				
	人事評価点合計		100%	—		—	

対策立案力に関しては、例外処理について前例を参考に処理するのはよいが、どうしても一人で処理してしまうために関係者との連携が弱いという評価になったとします。そうなると、例外処理について、ある程度自信があっても、関係者に連絡をして根回しをするようにもっと指導しなければなりません。そのために、最初の2カ月くらいは、自分の処理方法の方針・判断ができたら報告させ、確認して指導するようにしようということになります。2カ月間の指導期間を宣言しながら行う、こうした取り組みは、OJTの典型的なアプローチ方法になります。

②情意・態度評価から探る

　また、情意・態度評価においても、同様に人事評価基準を見ながら育成策を探っていきます。責任性については、評価基準後段の「自分にとって処理が困難なことに出くわした場合は、タイミングを外さず、助けを求めている」の部分が弱いと感じたとします。こういう事態が起きるのは、例外処理判断にかかわるものなので、先ほどの2カ月の指導期間を使って、あわせて指導していこう、というように検討を加えていきます。

　積極性の項目を評価してみたとき、自社内での先進例や他社事例の研究が少し弱いと思えたとします。このとき、今までやってきた日常業務を大きく変えていこうという発想がまだないし、どういう見方で情報に触れれば担当している日常業務を変えられるのかという芽が見つけられないのだろう、と判断していきます。これを克服してもらうには、「少し視野を広げる意味で、企業改革事例の発表会があれば参加してもらい、そこで仕入れた情報を私と一緒に議論しながら、何を学ぶかを考えてみよう」「部署の外の情報を実際にどのような形で参考にしていけるかの経験がないので、踏み出せないのだろう」と考えながら、育成施策を検討していくことになります。

③OJT課題に展開して探る

　人事評価は、毎年1～2回行われますが、その際に本人の課題をいろ

労務行政のロングセラー 教科書シリーズのご紹介

▶人件費・要員管理の教科書

環境変化への対応に悩むすべての実務家のために

日本能率協会コンサルティング　高原暢恭 著
A5判・304頁・本体　3,143円+税　2012.8刊

「最適な人件費・要員計画」を策定するために分かりやすい解説と使えるツール付きで登場!!

総額人件費管理を行いながら、経営計画の実現に向け、最適な要員計画を立てたい —— 総額人件費管理、適正要員計画策定の基礎から応用まで分かりやすく解説。

▶賃金・賞与制度の教科書

これからの賃金政策を創造するための羅針盤

日本能率協会コンサルティング　高原 暢恭 著
A5判・320頁・本体　2,685円+税　2014.8刊

企業の発展を支える賃金政策の羅針盤 登場!

わかりやすい解説と豊富な図表で、賃金・賞与の基礎知識と設計の考え方を指南。人材マネジメントの中核となる賃金制度の変遷と基本を学び、企業の発展を支えるこれからの賃金政策を検討するために!

教科書シリーズ
お申し込みは書店 または 弊社HPにて
お買い求めください。

株式会社 労務行政

〒106-0044　東京都港区東麻布1-4-2　朗生ビル
TEL:03-3584-1231　http://www.rosei.jp/

労務行政のロングセラー 教科書シリーズのご紹介

▶ 人事評価の教科書

悩みを抱えるすべての評価者のために
日本能率協会コンサルティング　高原 暢恭 著
A5判・288頁・本体　2,000円＋税　2008.10刊

「人事評価」を基本から学ぶ実務書の決定版

企業・部下の成長につなげるために、人事評価の概念や考え方にさかのぼって、基本から解説。単なるノウハウではなく、「評価の悩み」を自立的に解決する"知恵"をまとめた1冊！

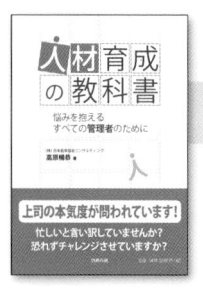

▶ 人材育成の教科書

悩みを抱えるすべての管理者のために
日本能率協会コンサルティング　高原 暢恭 著
A5判・256頁・本体　2,000円＋税　2010.7刊

マネジメントの柱、「人材育成」のツボをおさえる1冊！

企業経営における人材育成のあり方・考え方から、日常的な育成の進め方・技術までをまとめた基本書。限られた人材を伸ばすにはどうすればよいか、いかにして業績アップにつなげることができるかを軸に、ぶれないための人材育成について丁寧に解説！

▶ 等級制度の教科書

働く人と組織の価値観に柔軟に対応するために
三菱UFJリサーチ＆コンサルティング　堀田 達也 著
A5判・208頁・本体　2,000円＋税　2010.7刊

これまでなかった！等級制度の理論と実務の体系を学べる入門書！

初めて人事分野の実務を担当する人や等級制度を深く理解したい人のための基本書。等級制度の基本知識からその特徴、人事制度における等級制度の位置づけ、等級制度の変遷やこれからのあり方までを網羅して解説！

第3章 ● 日常業務をしっかりさせるための人材育成の考え方と方法

図表44　人事評価と人材育成との連動

```
         ┌─────────────────────────┐
         │       人事評価表          │
         └─────────────────────────┘
                    ↓
         ┌─────────────────────────┐
         │   個人別の業務課題        │
         │   （OJT課題）に展開       │
         └─────────────────────────┘
                    ↓
```

No.	氏名	OJT対象業務	指導者名	現状レベル	目標レベル	○○年度 4月	･･･	9月	到達レベル
1	佐藤								
2	田中								
3	中田								

いろ考えることになります。このとき、OJTやOff-JTを活用しない手はありません。評価の視点から個人別の業務課題（OJT課題）に展開して、図表40の指導計画に反映させる方法もぜひ励行するとよいと思います。この思考ロジックを図表にしたのが、図表44です。企業活動のさまざまな場面が人材育成課題を見つける材料になりますので、すべての場面を活用してください。

7　部下のタイプ別人材育成の考え方

　ここからは、日常業務を担当している部下のタイプと育成対応策について説明していきます。
　図表45に「部下のタイプ別の切り口（例）」を書き出しましたが、人のタイプは十人十色であるため定番というものではありませんし、ある育成策を講じると必ずこういう人材ができるというほど、科学的な法則が分かっているものでもありません。間違った育成の仕方であっても、受け止める人がそれを反面教師として教訓をつかめば、その人は成長します。また、正しい育成の仕方であっても、受け止める側がひねくれて受け止めれば、育成を口実にひどい仕打ちをされたというかもしれません。結局、どうやっても何かのリアクションが出てくるものであり、活躍している管理者は、聖人君子とはまずいわれないものです。そうであれば、私たちは、自分が正しいと思っている対応を、信念を持って行うだけです。
　みんなそれぞれ事情が違いますし、いろいろ話し合っても、その事情の意味がなかなか理解できないものです。それでも、若い人材を大物に育てるには、それぞれの思いを述べあって、腑に落ちたところで育成活動をしていくしかありません。
　図表45は、人材育成の考え方を6つの視点から書き出しました。私は、管理者への「人材育成研修」のワークショップでこれを使うことで、何か変だと突っ込みを入れてもらいながら、みんなで熱心に議論する機会をつくっています。そういう意味での議論素材として提供しますので、すべてについて是か非かを最初に表明して、自分の主張議論を展開してみてください。

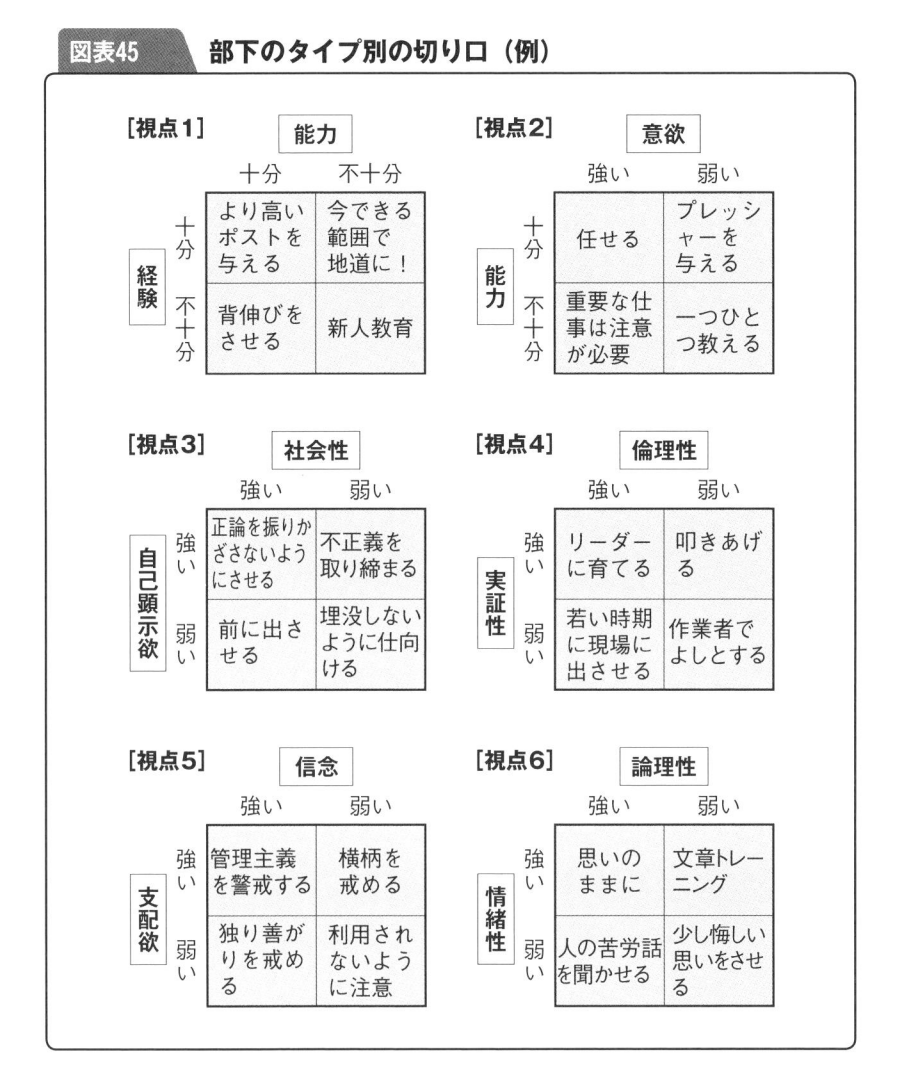

図表45　部下のタイプ別の切り口（例）

[視点1]　能力

	能力十分	能力不十分
経験 十分	より高いポストを与える	今できる範囲で地道に！
経験 不十分	背伸びをさせる	新人教育

[視点2]　意欲

	意欲強い	意欲弱い
能力 十分	任せる	プレッシャーを与える
能力 不十分	重要な仕事は注意が必要	一つひとつ教える

[視点3]　社会性

	社会性強い	社会性弱い
自己顕示欲 強い	正論を振りかざさないようにさせる	不正義を取り締まる
自己顕示欲 弱い	前に出させる	埋没しないように仕向ける

[視点4]　倫理性

	倫理性強い	倫理性弱い
実証性 強い	リーダーに育てる	叩きあげる
実証性 弱い	若い時期に現場に出させる	作業者でよしとする

[視点5]　信念

	信念強い	信念弱い
支配欲 強い	管理主義を警戒する	横柄を戒める
支配欲 弱い	独り善がりを戒める	利用されないように注意

[視点6]　論理性

	論理性強い	論理性弱い
情緒性 強い	思いのままに	文章トレーニング
情緒性 弱い	人の苦労話を聞かせる	少し悔しい思いをさせる

（1）視点1：経験と能力

　経験と能力がともに不十分な人材は、ともに一から指図をして教え込まなければいけません。自発性を期待しても、基本的にはうまくいかないので、多少独裁的になっても、しっかりとした指示を出しておかない

と、担当している定型的な日常業務もできなくなります。一つひとつしつけをする感じで、きちんと指示をして育てる人材が、この象限です。

経験は十分だが能力が不十分な人材は、今できている仕事に集中してもらい、少しずつできる範囲を広げてもらえればよいでしょう。なによりも大切にしてほしい価値観は「地道」に頑張ることだということを、折に触れて話してあげてください。成長するためには、一つ高い視点を持つようにしてもらうとよいでしょう。

経験が不十分だが能力が十分な人材は、将来有望と見て、できるだけ背伸びをさせます。無理なように多少思えても、思い切ってやらせてみてください。できないときの責任は管理者が取ってくれるという押さえが実感できれば、大化けをするかもしれません。将来楽しみな人材だと位置付けます。

経験も能力も十分な人材には、より高いポストを与えるようにします。「ポストが人をつくる」といいますが、こういうタイプの人は、より高いポストで責任ある仕事につけば、それに対応して成長していきます。より高いポストについたばかりのころは、経験・能力ともに不十分な状態に一時的になりますが、日常業務の中で活躍できている人は、必ず盛り返してきます。

(2) 視点２：能力と意欲

能力が不十分で意欲も弱い人材は、一つひとつ教えていく以外にはありません。管理者側から積極的にあいさつをしたり、食事を一緒にしたり、少しでもみんなと仲間意識を持つようにし、みんなから当てにされていると感じるように持っていきます。こうして意欲の向上に着目して、前向きになるような働きかけをすると、徐々にみんなのために頑張ろうという意欲が先行し、能力も付いてきます。

能力は十分だが意欲が弱い人材は、気弱に見えるかもしれません。しかし、思い切って仕事を任せてプレッシャーを与えてください。どちらかというと、参謀型として将来、企業革新のための企画を練ってくれる

人材に育つ可能性があります。

　能力が不十分だが意欲が強い人材は、話しぶりを聞いているとなんでもできそうな印象があったのに、後でがっかりするというようなことが多いので、重要な仕事を任せるときは、中間でのレビューをしっかり行うようにします。大言壮語型なために、思ったほど仕事ができないではないかという気持ちになりますが、あまりあせらないようにします。自分の大げさな発言につられて頑張って能力を付けていくこともあるので、大げさなことにも付き合っていきます。

　能力が十分で意欲も強い人材は、なにしろ任せることが大事です。ただ進捗（しんちょく）の報告はきちんとさせるようにします。能力もあるので、思い込みで前に行き過ぎて大失敗をする可能性もないとはいえないタイプですから、あまりおだてないようにします。少し冷淡に接しながら、成功したときには賞賛してバランスをとります。ただ、賞賛も冷静に行います。

(3) 視点3：自己顕示欲と社会性

　自己顕示欲も社会性も弱い人材は、ついつい埋没して何をしているのか忘れられてしまうので、よく状況を見て、目立つ場所に引き出します。朝礼などでのあいさつも積極的にさせるなど、人前で話をするように仕向け、たとえやりたがらなくても、会議でのプレゼンテーションを無理やりやってもらいます。

　自己顕示欲が強く社会性が弱い人材は、ともすると目立ちたがりで人を押しのけようとする傾向にあるので、ときどきじっくりと説教するとよいでしょう。この説教は、「少しみんなを引き立ててあげるようにしたほうがいいよ」というものでかまいません。こういうタイプの人は、不遇な状態に置かれるとコンプライアンスの問題を引き起こす場合もあるので、仕事の状況をよく見て把握するようにします。

　自己顕示欲は弱いが、社会性が強い人材は、できるだけ前に出してあげるようにしたらよいでしょう。本当はこういうタイプの人から有能な管理者が出る可能性があるので、その人の発言にはよく耳を傾け、積極

的に組み入れる努力をします。

　自己顕示欲も社会性も強い人材は、リーダーシップが強過ぎる状態になる可能性が高いので、あまり正論を振りかざさないように釘(くぎ)を刺します。元来はよい主張を持っているので、ついつい持ちあげたくもなりますが、少し控えめに動くようにと、諭しておいたほうがよいでしょう。それでも前に出てくるので、大丈夫です。どうせ彼がしゃべるだろうと周りの人が発言しなくなるようでは困るので、周りの人にも積極的に議論をさせるようにします。

(4) 視点4：実証性と倫理性

　実証性も倫理性も弱い人材は、今の作業を地道に進めることで着実に進んでもらうようにします。新しい仕事の見込みが悪い可能性もありますが、どれくらい担当できる仕事の幅を広げられるかが、この人材を活用するには大変重要です。

　実証性が強いが倫理性は弱い人材は、リアルにものを見て仕事ができるのに適当にさぼったりする傾向があるので、どうしても頑張らなければならない状況に置いて、叩(たた)きあげていくのがよいでしょう。いい加減なところに対しては叱責(しっせき)も必要ですが、なぜ叱(しか)られたかはよく分かるので、理解はし合えるタイプです。

　実証性が弱いが倫理性が強い人材は、口先ばかりで仕事が今一つできないタイプになる可能性があるので、できるだけ若い時期に現場の第一線に出して苦労させることが大事です。現場の実態が見えないと、これが正しいという筋論も影響力を持たないことを実感してもらいます。こういうタイプのままでは、口ではよいことを言っても頼りにならない管理者になるので、注意して指導しましょう。

　実証性も倫理性も強い人材は、リーダーとして育つようにチャレンジをさせます。常に難しいプレッシャーのかかる仕事を与えれば、能力開発も進んで、非常に大物になる可能性も大きい人材です。甘やかすことなく、チャレンジを仕向けていきます。

(5) 視点5：支配欲と信念

　支配欲も信念も弱い人材は、人に利用されて損をするタイプでもあるので、仕事の成果についてはよく見てあげましょう。特に信念を強化するためには、語り合いが必要になります。信念とは、何のために仕事をしているのか、お客様にどういう価値を提供すべきなのかについての確信です。そういう信念をなかなか形成できない人もいるので、地道に語り合うことが必要です。

　支配欲が強くて信念が弱い人は、ともすると仲間に対して横柄になり、職場の空気を悪くする傾向があるので、そういうときには戒めましょう。支配欲についてはそんなに意識して強化する必要はありませんので、できるだけおさえることが目標になります。信念については、お客様への提供価値に対してよく話し合うことからスタートします。

　支配欲は弱いが信念が強い人材は、どうしても独り善がりな面が出てくるので、常に仲間と一緒に頑張ろうという意識を刺激します。そのためには、後輩の面倒を見させたり、後輩と一緒に苦労させるようにしていくと、リーダーシップよりもフォロアーとしての味が出てくるはずです。

　支配欲も信念も強い人材は、正しいことに対してみんなの活動を管理しようという、悪い意味での管理主義に陥る傾向があるので、それを警戒しなければなりません。すべてについて意欲的なので大物になる素質はありますが、人の揚げ足を取るような管理主義だけは阻止するように話し合います。もっと大きなことで苦労するように、課題提起をする必要があるでしょう。

(6) 視点6：情緒性と論理性

　情緒性も論理性も弱い人材は、情緒面からアプローチをしたほうがよいでしょう。少し悔しい思いをすると言い訳をしたくなるので、まずは頭の中でいろいろと考えるようになります。これが論理性を強化するこ

とになります。

　情緒性が強く論理性が弱い人材は、できるだけ文章で報告を求めるようにします。日報などもできるだけ長い文章で書くよう仕向けていくと、論理性が磨かれます。業務日誌を書かせてもよいでしょう。すぐ感情的になる人も、論理性が身に付くと治まってきます。

　情緒性が弱く論理性が強い人材には、人の苦労話を聞かせることで、情緒性が人を成長させることを伝えます。小説を読むように薦めてもよいのですが、なにしろ仲間と語り合うことが一番の処方箋です。

　情緒性も論理性も強い人材には、思いのままに頑張ってもらいます。次第に年をとると情緒性が穏やかになり、論理性もしっかりしてくる傾向を示しますが、情緒性が頑張りの源泉になることが多いので、常に情緒性を意識して話し合います。

　この６つの切り口は、日常業務を担当している人々を意識したもので、こういう切り口で育成すれば、人間としての成長も起こり、日常業務の遂行レベルもしっかりとしたものになるでしょう。

　一人の部下をいろいろな角度から分析してみることは、どうしても必要です。「もうダメだと見捨てていた部分もあったが、多くの視点で見ると少し見方が変わってきた」ということもあります。なにしろ、よく話し合うことです。その中で何かの気付きがあればよいと思い、ここに示しました。

　独り善がりの育成理論にならないように、多くの人とディスカッションを行い、そういう中で自分流をつくっていく以外にはありません。

　間違いを起こしていない管理者は、何もしていない管理者です。間違いの一方で、たくさんの成功をしてきているのも確かです。我々は間違いばかりに気を取られてしまうのですが、萎縮するあまり育成活動をしないわけにはいきません。もししなければ、日常業務がそのうちに停滞します。それならば、試行錯誤をやりつづける以外にありません。こうして育成活動をつづけるのが、管理者としての姿だと思います。

8 新しい人材群の育成の考え方

　最近は、「ゆとり世代」が入社してきて、なかなか扱いが難しいとか、外国人社員も多くなって、今までの日本人向けの育成の考え方では対応できないというような課題意識が出ています。これらについて、少し考えを述べてみたいと思います。

(1) ゆとり世代の育成

　「ゆとり世代」というのは、いろいろと説はあるようですが、1985年生まれ以降であって、小学校に入学したのが1992年、中学校に上がるのが1998年という世代の人に対して、一般的にそう呼んでいます。この1992年が第2土曜日に学校が休みになった年で、1998年は学校週5日制が完全実施された年に当たります。「ゆとり教育」という文部科学省の方針に基づいて、いろいろな取り組みをしたのですが、企業にとっては必ずしも評判がよいとはいえないようです。

　マスコミは、こういうタイプのレッテルを張るのが得意ですので、この世代の特徴をいろいろと言いたてるものですから、企業の側もそんなものかと気を遣うようになってきたといえます。

　「ゆとり世代」の特徴として一般的にいわれていることは、①指示待ちである、②責任ある仕事は不安、③自分の個性を伸ばしたい、です。

　どちらかというと、「この会社は私を育ててくれるのでしょうね」という受け身の感じで仕事をしているのではないかとの心配を、企業側は持っているようです。特に、「仕事でこれだけは実現したい」「社会のためになりたい」といった「熱」があるというよりは、「自分が成長している実感を常に求めたい」という志向性が強いといわれているため、この忙しいときに「自分の成長の実感など、自分でなんとかしろ」と言い

たくもなるのでしょう。

　ただ、いつの時代にもこういう世代論はあり、当たっているようでも、当たっていないようでもあるので、あまり惑わされる必要はないと思います。

　いずれにしても、企業にとって必要な仕事を曖昧（あいまい）にせず、しっかりとやってもらうことに尽きます。"報連相"をしっかりさせ、やるべきことをしっかり指示し、できるまでやらせるのです。分からないことについては質問をしっかりさせ、自分の考えもしっかり言わせていくことの大事さは、「ゆとり世代」かどうかということとは関係ありません。なにしろ、仕事の基本をしっかりと叩き込んでいくことです。

　「指示待ち」体質が強いというのは大きな問題であるので、どんなことであっても人前で自分の意見を話す機会を多くつくってあげたらよいでしょう。話をしているうちに、いつの間にか先回りをして、次のやるべきことを考えて話をしはじめます。

(2) 外国人の育成

　グローバル化の波は、多くの企業を当然のごとく巻き込んでいきます。私が所属しているJMACでも、グローバルで見ると10カ国以上の外国人が働いているように、どの企業も、そのような状況が生まれているはずです。

　外国人を採用するのは、企業の業務がグローバルになってきたことに対応したものですが、育成をめぐっても日本人の感覚とはだいぶ違う面があり、行き違いが発生しているのも事実です。

　日本企業の場合、大学を卒業して入社してきたら、現場経験をしてもらうために製造現場や営業現場に配属することがよくあります。現場主義的な感覚を日本企業は大事にしますので、将来の幹部候補生にも現場から経験してほしいと当然のごとく考えています。しかし、外国人から見ると、この感覚が理解できないことが多いようです。なぜこんなに有名な大学まで出て、製造現場で仕事をしなければならないのか、バカに

しているのではないか、と怒ってしまう人が出てくるということもよく聞きます。

また、日本人は、管理職であっても、コピーなどこまごまとした身の回りの雑作業もいとわず行うのが普通ですが、外国人にとっては自分が軽く見られているような感じを持ったりします。

さらに、日本人管理職の仕事の指示の出し方があまり明確でないということも、よくいわれています。日本人からすれば、少し先のことは状況も変わるし、そのときに打ち合わせればよいと思っていますが、最初から最後までの全体像が示されていないことに不安を感じる外国人も多いようです。

もちろん外国人といっても、いろいろな人がいるわけで、一概にこうだとはいえないのですが、結局のところ、日常のコミュニケーションをしっかりとって仕事を進める以外にはないでしょう。日本人の仕事のやり方をよく考え、言葉を尽くして説明しようとすると、かえって今までの仕事のやり方のおかしさが見えてくることもありますし、お互いの異文化理解が進んで、よりよい仕事チームが形成されてくるのではないかと思います。

日本企業の本社採用になった外国人の処遇は、日本人となんら差がないという企業が多いのですが、そうであっても、「ガラスの天井」のようなものを感じている外国人は多くいます。昇格などでも、日本人と同じように苦労をし、努力をしても、外国人にはなにか閉ざされているかの印象を与えていることが往々にしてあります。その原因が、「仕事の指示が抽象的だ」「現場の仕事に回された」というような、日本人からするとそれほど気にならない点にある場合もあります。

この程度は分かるだろうと考えず、あらゆることに言葉を尽くして説明をする必要があります。育成のための面談なども、特に丁寧に言葉を尽くして、基本的な考え方を伝えるようにしないと、どこかで行き詰まることになりかねません。

(3) 転職者の育成

　ほかの企業を辞めて自分の会社に新しく入ってくる転職者の数は、どの企業も増える傾向にあると思います。日本の産業界にそれなりの労働市場が形成され、労働の流動化が起こっていることは、一般的に見れば大変有益なことです。

　中途採用者の募集には、自社に足りない人材の確保という意味があります。それには、労働力確保や不足している専門人材の確保のほか、即戦力の確保という意味もあります。いずれにせよ、転職してきた人材が育って活躍してもらうことは、企業の成長性に直接影響を与えるほど大事なことです。

　熱心に育成活動を行っている企業からみると、転職者の実力は玉石混交といったところで、素晴らしい人材がいる一方で、採用しなければよかったかもしれないと思える人材もいるでしょう。転職者は、以前勤めていた会社でも教育されてきたはずですが、これから勤める会社が求める能力をしっかりと身に付けているということはないので、地道に育てていく必要があります。同じ年代の新卒上がりの社員と比べて多くの点で見劣りがするように思えることもありますが、そういう面ではなく、自社にない素晴らしいところがどこにあるかという視点で、常に見ていく必要があります。

　転職者を育成するために最初にすることは、転職者から何を学ぶかと周りの人たちが貪欲になることです。前の会社では、どういうビジネスモデルで事業展開をし、どのようなマネジメントがされてきたのか、転職者自身が何を強みに生きてきたのかをできるだけうまく把握して、転職者の強みを際立たせるようにします。転職者が、自社での仕事の流儀やしきたりを知らないからといって問題視するようでは、転職者は萎縮して、実力を発揮できなくなります。

　転職者を受け入れるのは、以前勤めていた会社のよい点を導入できる可能性があることも一つの理由ですから、思い切って前の会社での経験

を持ちあげて際立たせ、学ぶようにしていきます。そのプロセスを通じて、転職者も自信が付いてきて、思い切って仕事に取り組むようになります。

　転職者側の心理としては、これから勤めることになる会社のやり方を一生懸命覚え込み、なじんでいかなければならないと決意を固めています。その面が前に出過ぎると控えめになり過ぎ、転職者と以前からの社員との相乗効果が出にくくなります。以前の会社でのやり方を聞き出しながら、そのよいところを積極的に取り入れようとすることは、転職者の育成の第一歩です。

　そういう時期を過ぎれば、転職者についても、後は普通の社員と何も変わるところはありません。本書で示す考え方や方法で、地道に育成活動を行っていくのがよいでしょう。

第4章

企業革新を進めるための人材育成の考え方と方法

　企業経営は、業績の確保と成長性の実現の2つの目的を持っています。つまり、今の業績を確保するために日常的な仕事をしっかり行うことと、企業革新を進めて競争優位な状況を生み出していくことです。人材育成についても、経営施策である以上、企業経営の目的と連動しています。

　第3章では、今の業績を確保するための日常的な仕事をしっかりと進める人材育成の考え方と方法をまとめましたが、第4章では、企業革新を進めるための人材育成の考え方と方法について説明します。

1 経営環境変化に備えるための人材育成とは

(1) 人材育成は常に「事知一体」で進めていく

　経営環境変化に備えるといっても、一体何が起こるかは、そう簡単に予測できるものではありません。したがって、経営の施策は次の2つの方向で準備をすることになります。

　第1は、未来は予測するのではなくて、切りひらくものであるという考え方のもとに戦略を打ち立て、企業革新を実行に移すことです。経営ビジョンを描き、事業戦略を描き、事業的な施策を実施していく形で行っていきます。第2は、そのように主体的に対応するにしても、さまざまな予測し得ないことが現実には起こるので、どんなことが起こってもなんとか未来を切りひらいていけるように準備することです。

　このような2つの方向に対応した人材育成の考え方と方法を、前者は次節「2　企業革新と一体となった人材育成の考え方と方法」で、後者は「3　将来のどのような事態にも備えられる人材育成」でまとめています。

　企業の人材育成は、企業で発生する仕事と常にセットで位置付けるべきものであって、仕事と離れて独立して行われることはあり得ません。第1章（54ページ）で説明したように、人材育成は常に「事知一体」で進めるべきものであり、企業は学校ではない以上、必ずそういうストーリーになるはずです。

　OJTにせよ、Off-JTにせよ、日常業務のように、現に行っている業務をしっかりさせるために人材育成をすることは、手触り感があるだけに分かりやすいものです。しかし、経営環境変化に備えるとなると、何が起こるか予測できないために、非常に分かりにくい面が出てきます。と

はいえ、もしそれが分かりやすいものであれば、どこの企業も気付いてやり始めているでしょうから、すでに競争の優位性はなくなっているはずです。つまり、分かりにくいものにチャレンジして何かを見付けた企業が、経営環境変化に備える手段を見付けることができ、勝ちあがっていくことができるのです。

(2) 不確実な将来に備えるには構想力が必要

①社内ノウハウの有無と不確実性の度合いで見る必要な力

　経営環境変化に備えるには、いつも不確実な事態の中で行動しなければならなくなります。それは、事業戦略を打ち立てて主体的にチャレンジしている場合でも同じで、予期せぬことが起きて初めて、戦略の見直しが必要となる場合も多いからです。そこで、「不確実な将来に備えるには構想力が必要」ということを、図表46で表してみました。

　社内にノウハウがあって不確実性が低ければ、社内から学ぶ能力が人材育成のキーになります。先輩の仕事ぶりを見て学び、上司からの指導

図表46　不確実な将来に備えるには構想力が必要

社内ノウハウ	不確実性 低い	不確実性 高い
ない	外部からの学習力	構想力
ある	社内からの学習力	試行錯誤力

を受けて学ぶ能力が大切になってきます。

　社内にノウハウがなくて不確実性も低いならば、外部からの学習力が大事になります。すでに書籍や雑誌にまとめられている可能性も高いですし、ホームページでも検索できるかもしれません。不確実性が低ければ、そういうもので学ぶ力が人材育成のキーになるわけです。

　社内にノウハウがあって不確実性が高いのであれば、内部的なノウハウを使って試行錯誤をしていく力が重要になってきます。「試行錯誤力」と表現しましたが、ともすると確実にやれることしかやろうとしない、ということが起きるため、試行錯誤力を鍛えることは、そんなに簡単ではありません。

　社内にノウハウがなく不確実性も高いならば、構想力が求められます。それは、どう考えて取り組めばよいのか分からないからです。しかし、歴史をさかのぼれば、人類はどうしてよいか分からない状態の中で、未来を何度も切りひらいてきました。その際に何に頼ったかといえば、「構想力」です。構想力とは、「考えを組み立てる能力」として、想像力と似たような意味合いだと説明されますが、経営論的には、「表層的には見えないものの裏側に何があるか、何が起こっているかを洞察し、ビジネスチャンスの鉱脈を発見し、それを獲得していくための道筋を思い描いていく能力」ということができます。また、グローバルな視点と長期的視点を持った能力であるともいえるでしょう。私は、そのような意味合いでこの構想力という言葉をとらえていますが、単なる予測能力だけではなく、想像力や空想力、感性といったものに裏付けられているといってよいと思います。

②一線を越えることで力が付く

　見えやすいものであるならばともかく、普通の人には見えない、考えられないことの中に何かを見付けるのですから、その背景として、広範囲の知識や高度な分析力、論理能力が獲得されていることが前提となります。そこに想像力や空想力、感性といったものを組み合わせながら苦

闘し、ある一線を越えたところで構想力が獲得されるのだと思います。まさに、第1章（56ページ）で説明した「オトト理論」です。飛び出した魚が、バタバタともがく状況にはまって初めて未来が見えるのです。

　この構想力は、常に新しい取り組みを行っている中で育成されてきます。それには、新事業開発の経験を何度もやってきた、事業構造改革のプロジェクトを何度もやってきた、といった経験が不可欠です。経営幹部候補者には、ぜひともこのような経験を多くさせるようにしてください。

③ターゲットを絞った育成を

　もう一つ重要なことは、このような構想力を持ち、実行に移すことができる人材は、企業の中でもコア人材といわれる経営幹部であり、これらは数百人あるいは1000人に1人の人材だということです。その候補者（育成対象となる人材）は、企業の中でも10％程度とかなり絞られた人材群となります。

　つまり、企業革新を進めるための人材育成を考える場合、その育成対象となる人材群の量的イメージは少なくみて全社員の10％程度、企業革新を直接実行する際のリーダーは数百人あるいは1000人に1人なのです。ただ、企業革新に巻き込まれる人材は、もっと多数になりますし、周りからの支持を得られないと成功するものもしなくなるので、事情が許されるならば、さまざまな育成施策の適用者を、もう少し広範囲の人材（全社員の20％程度）に広げていくことも考えに入れるべきでしょう。

　第4章で議論する「人材育成の対象となる人材群」とは、この範囲の人であることも念頭に置いてください。多くの日本企業は、全員が経営陣になる可能性があるという含みを持たせた人材マネジメントを考えているのかもしれませんが、その場合であってもターゲットを絞って育成策を講じるべきです。

2 企業革新と一体となった人材育成の考え方と方法

　ここでは企業革新を進めるための人材育成のうち、戦略を打ち立てて企業革新を実行に移そうとする場合の人材育成を検討していきます。

　企業革新は企業として主体的に進めるべきものですので、その革新が成功するか失敗するかは別として、行うべき業務が想定できることから、人材育成の内容もある程度決めてかかれます。もちろん手法の基礎となる考え方は、「事知一体」です。

(1) 経営環境変化の予測から見た主要業務と必要能力の変化予測

　企業革新を進めるための人材育成といえども、「どういう仕事ができる人材を育てるか」から出発するのが基本です。一般的な意味での人材育成は、本書のテーマではありません。そうなると、経営環境変化に対応するための企業革新には、どのような仕事が新たに発生するのかの分析と想定を行う必要があります。なんといってもここが大事な出発点で、ここが腑に落ちれば、人材育成の方法も理解しやすくなります。

　経営環境変化によってどのように主要業務が変化するかを予測する思考枠組みを、図表47にまとめました。この枠組みで、あっさりとすべてに答えが出るほど簡単ではないことは百も承知していますが、一種の強制発想法と考えて、無理やりになんらかの結論を書き出していくのがよいと考えています。

①経済環境の変化

　第1に、経済環境の変化をどう見るか、景気縮小状況がしばらくつづくのか、景気拡大状況になっていくのか、円高基調で進むのか、政府の景気対策がどういう業界に厚く行われるのか、法的規制に変更はあるの

図表47　主要業務変化予測

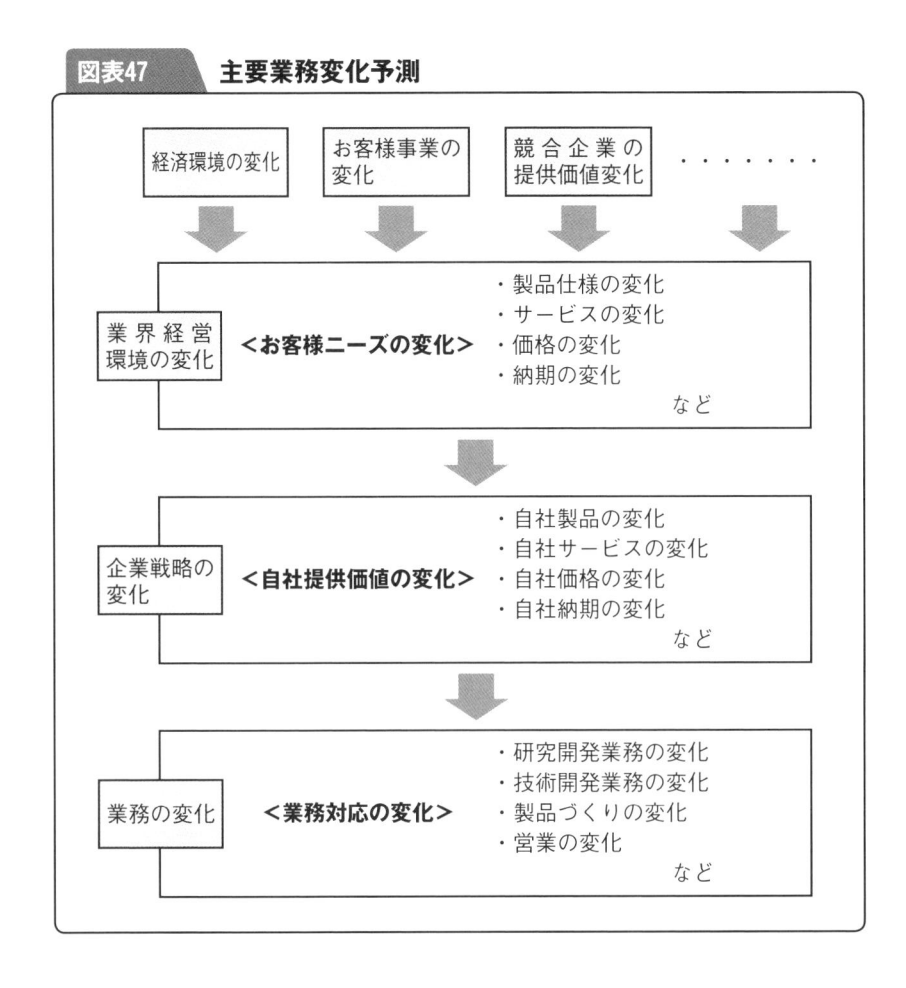

```
[経済環境の変化]  [お客様事業の変化]  [競合企業の提供価値変化]  ･･･････

           ↓              ↓              ↓              ↓
┌─────────────────────────────────────────────────┐
│ 業界経営     ＜お客様ニーズの変化＞   ・製品仕様の変化      │
│ 環境の変化                          ・サービスの変化      │
│                                    ・価格の変化          │
│                                    ・納期の変化          │
│                                                   など │
└─────────────────────────────────────────────────┘
                        ↓
┌─────────────────────────────────────────────────┐
│ 企業戦略の   ＜自社提供価値の変化＞   ・自社製品の変化     │
│ 変化                                ・自社サービスの変化  │
│                                    ・自社価格の変化     │
│                                    ・自社納期の変化     │
│                                                   など │
└─────────────────────────────────────────────────┘
                        ↓
┌─────────────────────────────────────────────────┐
│ 業務の変化   ＜業務対応の変化＞      ・研究開発業務の変化  │
│                                    ・技術開発業務の変化  │
│                                    ・製品づくりの変化    │
│                                    ・営業の変化         │
│                                                   など │
└─────────────────────────────────────────────────┘
```

か等々について考えてみます。当然、自社に関連する事項に重きを置きますが、あまり絞り過ぎると検討に穴ができてしまい、予測が外れてしまう可能性もあります。

②お客様事業の変化、競合企業の提供価値の変化

　第2に、自社のお客様の事業の変化を検討していきます。お客様がターゲットにしている市場は成長局面にあるのか、縮小局面にあるのか、その中で、より高付加価値路線をとろうとしているのか否かなど、なに

しろお客様事業の研究がないと自社の研究はできません。

それに対して、競合企業は、自らの商品（提供価値）を変化させようとしているのか等々の分析を行います。なかなか簡単ではないですが、事業戦略を立案するときには普通にやっていることですので、人材育成の企画に当たっても利用することになります。

③業界経営環境の変化

第3に、業界全体の変化がどのように進行しているかを考えてみます。これは、お客様から見たときに、自社に対してどのような変化を求めているのかを考える材料になります。もちろん、一様であるはずがありませんので、低価格商品で勝負しようというお客様がどのくらいで、高価格・高品質商品で勝負しようとしているお客様がどのくらいいるか、それが拡大してきているのか、縮小してきているのかを鳥瞰しようということです。

検討の視点としては、お客様の商品にどのような変化があるのか、お客様のサービスにどんな変化が見られるのか、価格にはどのような変化が見られるのか、納期にはどういう変化が見られるのか、になります。

④企業戦略の変化

こう考えてくると、従来の自社商品やビジネスモデルの有効性の範囲が拡大しているのか、縮小しているのかが見えてきます。

しかし、これが単に一時的な不景気のせいなのか、恒久的なことなのかという判断も必要になります。その判断のうえで、自社商品の変化を目指すのか、価格や納期の変化を目指すのかという戦略を取りまとめることになります。もちろん、あえて変えないことや、小規模な改善で対応しようということも考えられますが、ここでは大規模な革新が必要だということで話を進めます。

こうして企業戦略の変化を考えるのが、第4のステップです。

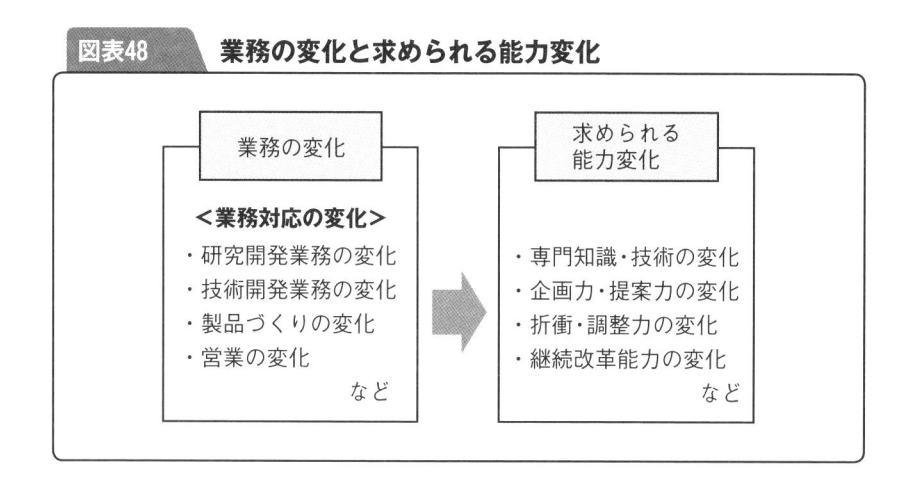

図表48　業務の変化と求められる能力変化

```
業務の変化
<業務対応の変化>
・研究開発業務の変化
・技術開発業務の変化
・製品づくりの変化
・営業の変化
　　　　　　　　　など

　　　⇒

求められる能力変化
・専門知識・技術の変化
・企画力・提案力の変化
・折衝・調整力の変化
・継続改革能力の変化
　　　　　　　　　など
```

⑤業務の変化

　第5は、企業戦略の変化に連動して、企業全体の業務の変化が構想されることになります。

　図表48に示しましたが、低価格化戦略に変化させるにしても、高付加価値戦略に変化させるにしても、研究開発や技術開発、製造、営業のすべての業務について変えなければならなくなります。業務の変化に連動して人材に求められる能力も変わってくるため、専門知識も違ったものになりますし、企画力や提案力の変化も求められます。営業面では、折衝・調整力も変わらなければならなくなります。

　以上の①〜⑤の流れで、人材に求められる能力の変化を見い出し、業務を変えることとセットで人材育成に取り組むことが、企業革新を進めるための人材育成の基本的な思考の枠組みです。基本的には、戦略に連動する人材育成を考えていくことになります。

　しかし、これでは思考の枠組みだけですので、次の項では、システム開発会社を例に、具体的にどのようなことをやるのかについて、手法的なことも含めて解説を行うこととします。

(2) コアプロセス分析から能力開発課題を把握

　業務の変化から、どのように能力開発課題を把握していくかについて、ここでは解説をします。実際にはかなり複雑なものになりますが、例を用いて少し単純化して説明しますので、あくまでも業務の変化から能力開発課題を見つけていくためのロジックと割り切っていただきたいと思います。

　業務の変化といっても、私たちコンサルタントは、現在の業務プロセスと将来必要となるであろう業務プロセスについて、コアプロセスを基軸に検討をしていきます。「コアプロセス」とは、その企業の成長力を決める最も大事な業務プロセスのことで、さまざまな経営環境変化から、そのコアプロセスを変える必要があるかどうかを考えます。

　図表49では、あるシステム開発会社のコアプロセスの変化、つまり企業の成長力を決める最も大事な業務プロセスの変化について、多少単純化して図解してみました。

　システム開発会社は、お客様のシステム開発プロセスのどこからかかわって自らの事業展開をするかで、基本的な戦略が違います。お客様は、自らの事業戦略を構築して、それを最も効果的に実現できる業務プロセスをデザインします（これをBPR（ビジネス・プロセス・リデザイン）と図表49では表記しています）。そして、個々の業務のシステム開発をどのようなものにするかの基本を設計し、それに基づいて詳細設計を行い、実際にシステムのプログラムをつくって導入・運用していきます。お客様がたどるこのプロセスは、基本的には現在も将来も同じだと見ています。

　——もともと、このシステム開発会社（A社と呼びます）の契約のほとんど（95％）が、お客様サイドで基本設計が終了した後に声をかけられるものであり、お客様のBPRのプロセスから提案をして受注をとるものはわずか5％しかありませんでした。

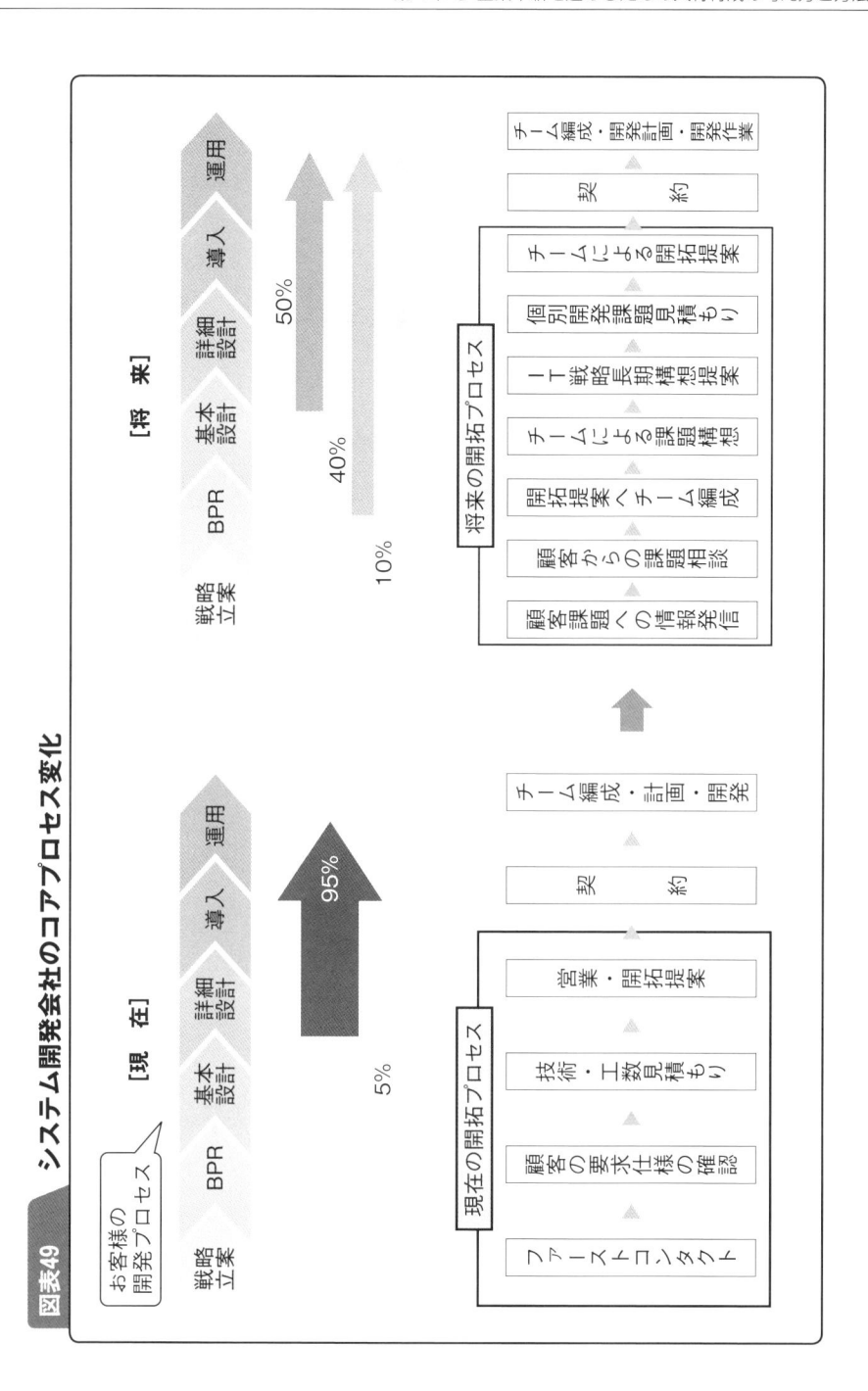

第4章 ● 企業革新を進めるための人材育成の考え方と方法

図表49 システム開発会社のコアプロセス変化

[現在]

お客様の開発プロセス：戦略立案 → BPR → 基本設計 → 詳細設計 → 導入 → 運用

95% / 5%

現在の開拓プロセス：ファーストコンタクト → 顧客の要求仕様の確認 → 技術・工数見積もり → 営業・開拓提案 → 契約 → チーム編成・計画・開発

[将来]

戦略立案 → BPR → 基本設計 → 詳細設計 → 導入 → 運用

10% / 40% / 50%

将来の開拓プロセス：顧客課題への情報発信 → 顧客からの課題相談 → 開拓提案・チーム編成 → チームによる課題構想 → IT戦略長期構想提案 → 個別開発課題見積もり → チームによる開拓提案 → 契約 → チーム編成・開発計画・開発作業

161

事業量の95％が詳細設計・導入を担当するだけですので、どうしても競合他社との間で価格競争となり、利益率が低い状態に陥ってしまいます。近年は、中国・フィリピン・インドの会社で、比較的安い人件費でシステム導入を請け負うところが出てきたため、価格競争に拍車がかかり、相当苦労するようになってきました。

　そこで、A社は戦略を見直すこととしました。一つは、今と同じように事業量の95％を詳細設計・導入にかかわるところだけで勝負するものです。この方法をとるならば、中国・フィリピン・インドのシステム開発会社と提携し、もっと安く対応できるように自らの業務プロセスを変えなければなりません。A社は、お客様のシステム開発の要望を明確にして、海外の提携会社に伝えるコミュニケーション・プロセスを担うことになりますが、そのプロセスを強化していけば、この低価格路線はなんとかなっていくと思われます。

　もう一つは、高付加価値路線を選択することです。詳細設計・導入は、どうしても価格競争になるので、そういう世界で苦労したくはないという考え方から、企業の事業戦略のあり方やBPRのあり方という、いわゆる上流サイドのコンサルティングからかかわっていくことになります。そうなれば、高付加価値なビジネスが展開できるし、詳細設計・導入についても大規模化していけるので、以前よりも大きな利益率を確保できるという考え方です。もちろんこの場合、背負い込む成果責任も広くなりますし、プロジェクトが巨大になるぶん、失敗リスクも大きくなるので、資本規模が大きくないと対応できません。しかし、その点は大丈夫だという前提で話を進めます。

　A社は検討の結果、この2つの戦略の両方を組み込むことに無理があるので、後者の高付加価値路線をとることにし、数年後には、図表49の右上のような事業量比率にしようという決断をしました。つまり、従来のような事業を50％ぐらいに留め、お客様の事業戦略そのもののコンサルティングからかかわるものを10％に、BPRコンサルティングからかかわるものを40％に高めるという決断です――

そうなると、いわゆるコアプロセスが変わってきます。戦略立案から仕事を取るという新しい戦略になれば、システム開発を行う際に、どういう戦略的な方向で業務を行うと競争力が付くかを導くコンサルティングの必要性を、お客様に訴えなければなりません。そうして興味を持ってもらって、お客様からの相談が来るようにならなければ、戦略立案から仕事を受注することは無理といえます。したがって、図表49の右下のとおり、「顧客課題への情報発信」→「顧客からの課題相談」からスタートしなければなりません。

　もちろん、こうしたことができる人材は現在のA社には若干名しかいないので、そこのところの人材育成が必要になります。こう考えると、業務の変化が人材育成課題に落ちてくる感じが、お分かりになると思います。もちろん、社外からの採用（調達）も積極的に進めなければならないことはいうまでもありません。

　「顧客課題への情報発信」から「顧客からの課題相談」に進むと、プロジェクトの提案をすることになりますが、大がかりなシステム開発提案になるために、1人でやるわけにはいきません。そこで、いろいろな専門家によるチームをつくって開拓提案をし、「開拓提案へチーム編成」をして受注に結び付けなければなりません。いったん、仕事がはじまると、「チームによる課題構想」の後、「IT戦略長期構想提案」を行います。そのうえで、「個別開発課題見積もり」（個別システム開発テーマの明確化と見積もり）をし、「チームによる開拓提案（システム開発の受注を取るための提案）」を行うことになります。何十億円もかかるような大型の開発プロジェクトになるのは、このようなプロセスの賜物であり、こうして次の契約を締結して大型開発プロジェクトを動かしはじめることになります。

　開拓プロセスにかかわる人材に求める能力がこうしてダイナミックに変わっても、コアプロセスの変化が図示でき、イメージの共有化ができるわけですから、新しいコアプロセスを検討することで、図表50のように新しく必要となった能力についてのイメージアップができ、企業革新

図表50　システム開発会社に新しく必要となった能力

[業務遂行能力]
(ⅰ) 顧客への戦略・課題提案力
(ⅱ) 内部の業務遂行体制の変革企画力
(ⅲ) 社会に対する情報発信力

[対人能力]
(ⅳ) 顧客の課題についてフランクに議論する能力
(ⅴ) 専門の違う人材と顧客成果のために協力し合う能力
(ⅵ) プロジェクトの質・進捗を評価し、必要な修正を迫る影響力

[資　質]
(ⅶ) 顧客のことを考え続ける意欲
(ⅷ) 実成果にこだわりつづける意欲（本質思考）
(ⅸ) 話を聞いてみたくなる人望

を進める人材育成を考える際のベースができます。

　この図表では、次の3つのジャンルに分けて新しく必要となる能力をまとめています。

①業務遂行能力

　(ⅰ)顧客への戦略・課題提案力は、お客様の事業戦略的な議論やそれに連動したIT戦略議論ができなければA社の戦略は実現できないので当然必要ですが、これまでの仕事のやり方では、通常は身に付かないタイプのものです。

　(ⅱ)内部の業務遂行体制の変革企画力は、何十億円という大がかりなプロジェクトを受注したときに多数メンバーの開拓プロジェクトも組織しないといけなくなるので、そういう内部のマネジメント体制をどのように変革し、運営していくかの企画力として求められます。

　(ⅲ)社会に対する情報発信力は、このタイプの仕事をA社が担えるということを、社会に対して発信するためのものです。ホームページやカタログなどの自社媒体だけではなく、一般の雑誌や書籍でその内容をアピールすることも大切になります。社会に対する発信力は、重要な能力といえます。

②対人能力

　⒤顧客の課題についてフランクに議論する能力は、お客様企業の事業戦略にしてもIT戦略にしても、お客様とのフランクな議論なくして構想できるわけがありません。A社の場合、これまでSEはコンピュータに向かって黙々と仕事をしていたので、お客様企業の幹部とこういう話をする能力が極端に不足しているということを示しています。

　⒱専門の違う人材と顧客成果のために協力し合う能力は、A社内部でのコミュニケーション能力の問題ですが、コンピュータを前にして黙々と仕事をする環境の中では、育ちにくかった能力といえます。

　⒲プロジェクトの質・進捗(しんちょく)を評価し、必要な修正を迫る影響力は、開発プロジェクトが大型なので、管理レベルを上げるためにも大勢の人に働きかけることができる能力が必要です。これまでのプロジェクト規模の経験だけでは、なかなか大型プロジェクトをコントロールできないでしょう。

③資質

　⒳顧客のことを考え続ける意欲、⒴実成果にこだわりつづける意欲（本質思考）は、戦略についてのコンサルティングになればなるほど結論の影響が大きいがゆえに心配になってきます。ここでの結論は常に仮説ですので、自信を持って提案をしていることは間違いないものの、常に考えつづけ、こだわりつづける姿勢が表に示されることによって初めて信用が得られます。お客様もギリギリの選択をして自らの存続をかけるわけですから、信用ある人と戦略議論をしたいと思うのが普通です。

　⒵話を聞いてみたくなる人望については、それなりの信用ある人物としか戦略議論をしたくはないということから出てきます。お客様から見て、話を聞いてみたくなる人望を身に付けることは、人生修養を積むというだけの問題ではなく、事業的な意味があるといえるでしょう。しかし、これも現在の事業展開の中からでは育ちにくいものです。

戦略から新しいコアプロセスをじっくり研究すると、図表50の能力を新たに獲得していかなければならないことが分かってきます。こういう形で能力開発課題の目安を付けることは、事業的にも非常に大切で、人員との問題に置き直してみて、A社にとって高付加価値戦略は本当に可能だろうかと再検討していきます。

　本格的にこういう能力の獲得に取り組む場合、図表50レベルの抽象的概念で育成活動を実際に行うことは難しいので、新しいコアプロセスそのものに直接依拠したやり方で、もう少し突っ込んでいくことになります。

(3) 個人別能力レベルの把握

①戦略の立案・決定の際に重要となる個人別能力レベルの把握

　企業の戦略に連動した人材育成を行う際には、戦略を具体化するコアプロセス（企業を成長させる業務プロセス）に着目して育成を行うということを述べてきました。

　その具体的手法を示しているのが、図表51です。この表の縦列は、図表49の右下の新しいコアプロセス図に連動しています。「顧客課題への情報発信」「顧客からの課題相談」「開拓提案へチーム編成」など、まさに新しいコアプロセスそのものが入っています。

　「コアプロセス」の右側の「現状・問題点」は、このコアプロセスを見たときに、自部署にどの程度の実力が今あるかを記述しています。ここが十分であれば、新しいコアプロセスは成功を収めるはずです。この図表では、担当している部署全体として見たときに、まだあまり経験がなく不十分であることが書き出されています。

　さらに右側の欄にいくと、担当している部署のメンバーのコアプロセスの習熟度に関する一覧表が出ています。担当部署全体のみならず、到達度については6段階で評価することにしていますので、個人別に見ても極めて習熟度が低い状態を示しています。

第4章 ● 企業革新を進めるための人材育成の考え方と方法

図表51　個人別能力レベルの把握

コアプロセス	現状・問題点	佐藤 5等級 勤続15年 到達度	田中 4等級 勤続9年 到達度	中田 3等級 勤続8年 到達度	伊藤 2等級 勤続4年 到達度	斉藤 2等級 勤続4年 到達度	藤原 1等級 勤続2年 到達度	備考
顧客課題への情報発信	ほとんど未経験	2	0	0	0	0	0	
顧客からの課題相談	企業IT戦略の相談若干経験	2	2	0	0	0	0	
開拓提案へチーム編成	過去にわずかに経験	2	2	0	0	0	0	
チームによる課題構想	IT戦略課題構想若干経験	2	2	0	0	0	0	
IT戦略長期構想提案	数社経験のみ	2	2	0	0	0	0	
個別開発課題見積もり	過去経験豊富。能力高い	5	4	3	3	1	1	
チームによる開拓提案	それなりにできる							
契約	得意							
チーム編成	得意							
開発計画	得意だが、納期管理に難							
開発作業	得意							

【到達度】
5：後輩を指導するレベル
4：スピード・品質ともに十分レベル
3：なんとか独力でできるレベル
2：ときどき迷うので、指導を受けながらできるレベル
1：簡単な作業手順を確認しながらできるレベル
0：未経験のレベル

　ここまで未経験者が多いと、この部署単独では新しいコアプロセスを実行できないのではないかと予測できますので、他部署から実力を持っている人を異動させたり、実力ある人を講師とする研修を行うなどの打ち手が必要なことが分かります。今まで「戦略は立てたけれど実行できなかった」という話を聞くこともあったでしょうが、推進する側の実力

がないにもかかわらず放置してきたことも多かったのではないかと思います。

　今回素材としてあげたシステム開発会社のケースは、高付加価値戦略にシフトしようとしたものでした。大きな企業革新が不可欠という号令の下、もともと経験がないという認識で取り組みをはじめたわけですから、その内実をよく共有化して、人材の採用政策と人材育成政策をうまく行わなければなりません。

　人材が重要な経営資源の一つと認めるならば、戦略を実行するに当たって、実行できる能力をその人材が確保しているのかどうかも、もっと真剣に考えたほうがよいと思います。そういう意味で、図表51は、戦略立案・決定の際の重要なデータとなります。

②戦略に連動したコアプロセスの実行を想定する

　本書でしばしば取り上げる「事知一体」とは、このようにコアプロセスの変革にかかわって人材育成を行うのが一番効果的だという意味です。そのためには、新しいコアプロセスを実行するための能力レベルを見ていく必要があります。

　次の節で「将来のどのような事態にも備えられる人材育成」を考えることになっていますが、どのような環境変化が起こるか分からない場合、ある特定のコアプロセスを想定することはできません。したがって、必要能力を定義していくところからはじめ、その必要能力を獲得するにはどうするかを考えていきます。何が起こるか分からない状況に対処しようとする場合よりも、戦略に連動したコアプロセスを実行していくことを想定したほうが、人材育成の取り組みはやさしいといえるでしょう。

(4) 個人別人材育成計画づくり

①担当業務に能力の強化をセット化する

　こうして、新しいコアプロセスを遂行する実力レベルを、部署としても部署メンバーとしても確認しましたが、今度は、部署メンバーに対してどのように育成活動を行うかについて説明します。

　図表52のシートをよく見ると、いわゆる目標管理のようなスタイルになっていることに気付くと思います。

　この育成計画づくりは「事知一体」で行うため、実際に戦略コンサルティングからIT戦略を打ち立てるチャンスを見付け、それにチャレンジすることを通じて人材育成を行います。なお、このシートは育成計画について作成したものですが、かわりに目標管理表そのままを活用しても、なんら問題ありません。

　この図表では、5等級の佐藤さんに対して2つの育成課題が設定されています。第1は、「顧客事業環境分析力の強化」です。これは、図表51において能力の現状レベルが2とされたコアプロセスの「顧客課題への情報発信」「顧客からの課題相談」「開拓提案へチーム編成」「チームによる課題構想」を進めていくための前提となる能力と位置付け、同じく現状レベルを2と設定しています。

　能力の強化とはいいながら、X顧客に対する実際の仕事を担当することとセットにしないと、この育成の方式は採用できません。「顧客事業環境分析力」を3（なんとか独力でできるレベル）に持っていくことを目標に、ここで掲げた3つの育成施策に取り組みます。独力といっても、仕事そのものはチームとして行いながら、自分の実力を付けていくことが目標となります。

　第2の課題は、「IT戦略構築能力の強化」です。これはコアプロセスの「IT戦略長期構想提案」にかかわるもので、現状の能力レベルは2ですが、これを3に引き上げることが今回の仕事での目標です。ここで

図表52　個人別人材育成計画づくり

No.	氏名	育成課題	現状レベル	育成施策	4月	5月	6月	7月	8月	9月	到達レベル
1	佐藤（5等級）	顧客事業環境分析力の強化	2	X顧客へフィージビリティ・スタディをしながら提案機会を得るという前提に、X顧客業界のマクロ分析を行う	←→	←→					3
				X顧客の主要なお客様の事業環境変化の分析を行う		←→					
				X顧客の競合分析を行う		←→					
		IT戦略構築能力の強化	2	X顧客への提案を機会に、X顧客のITについての現状評価を行う	←→	←→					3
				最低3つのシナリオに基づいてIT戦略を多数構築してみる			←→				
				X顧客とのディスカッションを行い、検証をし、足らないところを把握すると同時に、なぜ足らなかったかを総括する			←→				
				X顧客向けのIT戦略を提案し、個別システム構築に向けたマスタープランをつくり、概略予算提案を行う				←→			

は、帳票に掲げる4つの施策にチャレンジします。

②レベルアップ度を把握して「事知一体」に結び付ける

育成施策として掲げた7つの仕事は、X顧客に対する開拓活動です。この活動に、新しいコアプロセスが実行できる能力を開発していくという意味付けをして、特別なチャレンジを行います。もちろん、この開拓活動が成功して受注が取れたのであれば、間違いなく人材育成も成功したとみてよいと思いますが、仮に受注しなかったとしても、これらの取り組みの結果、コアプロセス実行のための能力がどの程度獲得できたかを独自に評価してみて、次へのチャレンジを行うことになります。

この取り組みは、新しいコアプロセスにかかわるものですから、熟達者が指導者になって指導するという単なるOJTとは違い、育成対象と決めた部署メンバーについて、実際の仕事をつくりながら行っていくことになります。このような取り組みを行う中で、外部からの知恵や情報を得たいときには、外部講師の招へいや外部セミナーへの参加、書籍の購入・読了というようなOff-JTにも積極的に取り組むとよいでしょう。

こういうさまざまな取り組みを繰り返し行い、半年、1年経過した段階で「個人別能力レベルの把握」(図表51)を再度行って、以前の評価内容と比較をしてみるとよいのです。そうすることで、新しいコアプロセスを実行する能力形成が進んでいるかどうかが分かるので、あとは必要なスピード感を持って前進していけば、まずは大丈夫でしょう。

この取り組み全体こそ、「事知一体」の人材育成です。まさに、部署の業績を上げるための取り組みと人材育成とがセットになっています。

(5) 部門業務計画との連動

今「事知一体」という表現を使ったのは、人材育成が部門の業務計画と連動しているからです。ものの考え方を理解してもらうために、図表53では、図表52の個人別人材育成計画を、部署別の業務計画に取りまとめています。

図表53　部門業務計画との連動

No.	重点課題	担当	実施施策	4月	5月	6月	7月	8月	9月	備考
						○○年度				
1	X顧客へのIT戦略構築提案を行い、受注につなげると同時に、上流サイドから一貫したシステム開発データを受注する方法を整備する	佐藤	X顧客業界のマクロ分析		↕					
			X顧客の主要なお客様の事業環境変化の分析		↕―↕					
			X顧客の競合分析		↕―↕					
			X顧客のITについてのITインフラの現状評価		↕					
			IT戦略を多数構築			↕―↕				
			X顧客とのディスカッションと妥当性の確認				↕―↕			
			思い切った大がかりなIT戦略・トータルな開発テーマ提案・見積もり提案					↕―↕		

つまり、新しいコアプロセスの構想が生まれたら、それを実際に実行に移すための重点課題を見つけ出します。この課題は、担当している部署全体としてのものです。それをだれにやってもらうかを考えて担当者を決め、その担当者と一緒に実施施策を検討していき、実施の手順をも具体化していくことで、図表53ができあがることになります。

　この考えは、普通の目標管理における目標展開のやり方と同じであり、その後、その目標を育成計画づくりにまとめ直したのが図表52です。

①永続的な取り組みを重視する

　図表53において、重点課題としての表現は、「X顧客へのIT戦略構築提案を行い、受注につなげると同時に、上流サイドから一貫したシステム開発テーマを受注する方法を整備する」です。これは、単にIT戦略構築の提案から一貫したシステム開発テーマを受注するだけではなく、B社にもC社にもD社にも応用できるやり方を検討し、その方法論を整備していくことも重点課題にしたものです。

　目標管理と成果主義評価とは、今ではワンセットで語られていますが、その弊害もいろいろと語られています。ただそれは、あまりにも結果サイドに関心が行き過ぎるからであり、今回の部門業務計画も、X顧客の受注を取ったかどうか、どれくらいの大きな受注になったのかどうかに関心が集まり過ぎると、この新しいコアプロセスの定着に向けた変革が加速していきません。X顧客の受注は一過性のものですが、コアプロセスの確立は永続的なものです。したがって、永続的な取り組みを重視していくことが、変革期の業務計画のつくり方です。人材育成という視点を持つことで、こういう発想の仕方ができ、より成果主義の弊害が少なくなるとは感じられませんでしょうか。

②コアプロセスの強化を課題に目標を設定する

　1件の受注を獲得することは非常に大切ですが、受注を取りつづける実力を形成していくことはもっと大切です。このことをあまり強調す

図表54　**人事評価（目標管理➡成果評価）と人材育成との連動**

コアプロセス分析によるコアプロセス強化課題の設定

⬇

コアプロセス強化課題を育成課題として設定する

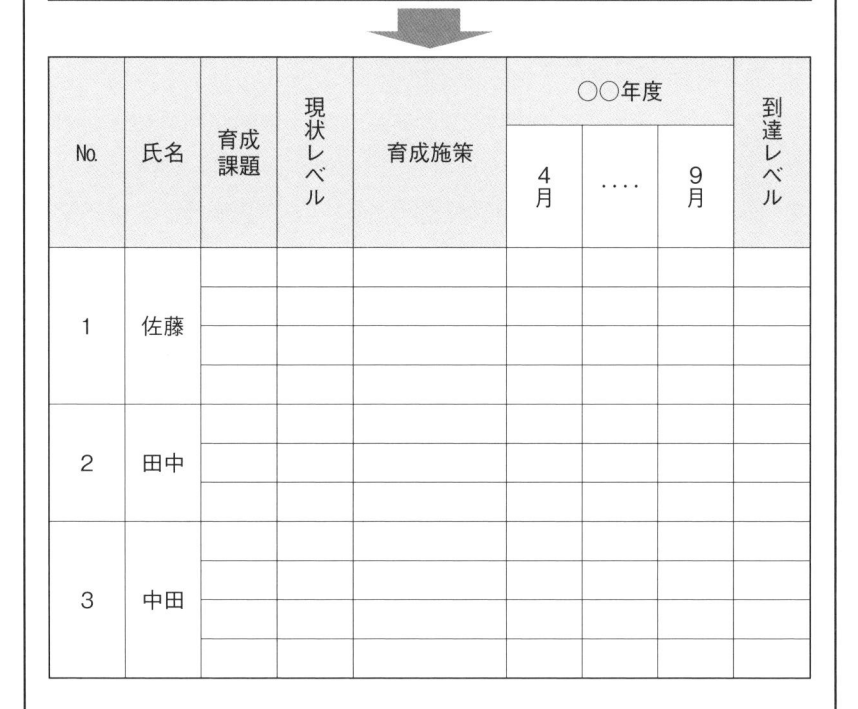

⬇

No.	氏名	育成課題	現状レベル	育成施策	○○年度			到達レベル
					4月	….	9月	
1	佐藤							
2	田中							
3	中田							

ぎると、無用な哲学論争を引き起こすかもしれませんが、変革期に新しいコアプロセスを確立することは非常に大切であり、そのためには、コアプロセスを中心にあらゆることを考えていくことが必要ではないかと思います。もちろん、人材育成においても同じことがいえます。

「忙しいから人材育成になかなか手が回わらない」という管理者の悩

みがありますが、今までの説明ストーリーと対比すれば、「業績を確保して成長性を実現するには、人材育成をしなければならない」ということになります。もう少し短く言うと「業績のための活動は、人材育成と同じ」となるのではないでしょうか。

今までのストーリーをまとめれば、企業革新を進めるための人材育成は、図表54のようになります。また、人事評価と連動させるとなると、この下段に掲げた表の現状レベルと到達レベルとの差を見て判断していけばよいことになります。成果評価との連動という意味では、部門業務計画（図表53）がどれくらい進展したかをベースに、成果評価と連動させればよいわけです。企業革新を進めるための人材育成とはいえ、本項で述べたものは、戦略に連動して主体的に未来を切りひらこうとするものであることから、おのずと人事評価の基準も主体的に定めることができます。

人材育成についても、コアプロセスが明確になればなるほど新しいコアプロセスを担える能力開発課題が具体的に見えてきて、何に取り組み、どういう能力が身に付いたかで評価していくことができるようになります。

3 将来のどのような事態にも備えられる人材育成

　しかし、企業革新を進める人材育成とは、これまで説明してきたような自ら主体的に打ち立てる戦略に基づいて行われるものだけではありません。何が起こるか分からないのが企業活動ですから、何が起こってもそれなりに対応していかなければならないため、前向きに次の一手を考え出して、前進する人材を育成しておく必要があります。そのような人材には、どのような能力が備わっているのでしょうか。また、どのような形でそういう人材を形成していったらよいのでしょうか。

　まずは、仮説であれなんであれ議論をはじめ、育成のための行動を取りはじめなければなりません。そうすれば、わずかであっても、こういう人材が多く生まれる土壌をつくることができるようになるものと思われます。

　「将来のどのような事態にも備えられる人材の育成焦点」として必要な能力を、図表55に書き出してみました。

　中心には、「使命感・情熱」があります。「将来のどのような事態にも備えられる人材」となると、混乱した状況の中で企業の生き残り策を打ち出していかなければなりませんので、その中核として、やはり本人の使命感と情熱が必要になります。なぜ自分がこのような困難な状況の前線に立つ者として選ばれているのかを理解し、何か特別な思い入れが生まれてくることが必要です。

　そういう使命感・情熱は、研ぎ澄まされた情報に対する感度を生み出します。そして、この感度は、それまでの長年にわたる企業革新経験によって鍛えられてきます。

　次に、「分析力」「論理能力」「コミュニケーション能力」の強さが求められます。これら3つの能力によって、事態を冷静に分析して、手順

図表55　将来のどのような事態にも備えられる人材の育成焦点

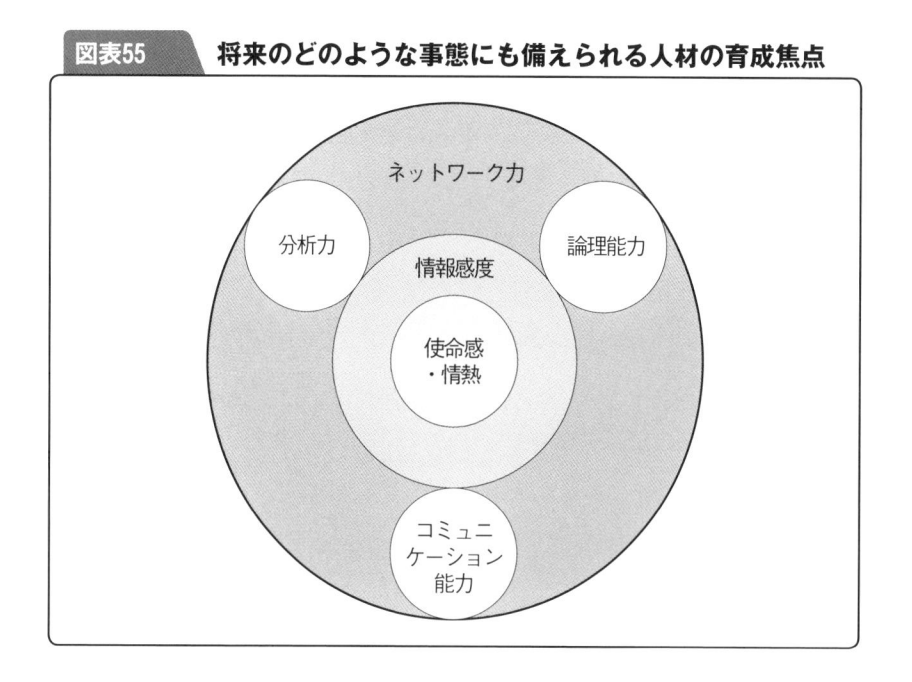

（図：同心円と周辺の円。中心から「使命感・情熱」→「情報感度」→「ネットワーク力」。周辺に「分析力」「論理能力」「コミュニケーション能力」）

を追って考え、その意味を多くの人に効果的に伝えることができるようになります。

　また、内外の叡智を結集して必要な協力や援助を求めたり、あるいは与えたりできる「ネットワーク力」が鍛えられていかないといけません。これらの能力を結集して、生き残りをかけた独創的な構想を生み出さなければならないのです。当然それには、単に独創的な構想を打ち出すだけではなく、それが周りの仲間やお客様、チャネルの人々に響かなければなりません。こういう人材を育成していけるかどうかが、ここでの焦点になります。

　サッカーなどオフェンスとディフェンスがあるスポーツでは、戦略を練って自分から仕掛けていくという要素が強いことからオフェンスのほうが秩序立っています。それに対してディフェンスは、相手がどう出てくるのか簡単には予測できないので、相手の動きに敏感に反応し、相手の意図を予知して動かなければなりません。本節で述べようとしている

ことは、ディフェンスに対応できる人材育成に近いかもしれませんので、それらを参考に、いろいろなアイデアを考え出す必要があるでしょう。しかし、コアプロセスのようなものが使えませんので、図表55であげた能力項目を手掛かりに検討していくことになります。

では、先ほどあげた能力項目を、もう少し詳しく見ていくことにしましょう。

(1)「使命感・情熱」の形成

「使命感・情熱」とは、もちろん企業の中核として頑張っていきたいという使命感・情熱のことです。そのような気持ちをどのように育成するかの方法論が確立されているとは思いませんが、なんらかの工夫をして試行錯誤してみる価値はあります。もともと使命感・情熱というのは、能力ではなく資質であり、この違いは、トレーニング余地が大きいか小さいかだといわれています。そういう意味では、トレーニングではそれほど大きな変化が期待できないタイプのものであるため、トレーニングの対象ではなく、選抜の材料として見られてきた歴史もあります。

みんなのために頑張ろうということが使命感・情熱の中核なので、一種の自己犠牲の精神に裏打ちされているといえます。つまり、「あなたは選ばれた人だ。こういう状況の中で活躍の場面が得られたのは、そういう運命であり、頑張ることが宿命付けられているのだ」というプライドに裏打ちされているといえるでしょう。これは「エリート意識」といわれるもので、日本では嫌悪の対象になっているものですが、このようなエリート意識を持った集団が中核を占めているほうが、困難対応力が高くなります。このような意識は、「あなたはみんなのために頑張る人だ」と子どものときから言い聞かされてはぐくまれるともいわれています。そうであるならば、これぞと思う人には困難な仕事を頼み、「あなただからこそ頼むのだ」と言いつづけるのも、重要な育成策だと思います。

使命感・情熱は、昔は儒教などの古典を読むことで培われました。幕

末の志士たちは吉田松陰から学びましたが、吉田松陰自身は陽明学から大きな影響を受けたとされ、幕末の志士たちの行動力もここからきていると言う人もいます。このような古典の勉強を行って人材を育てようとしている企業もあることを考えれば、使命感・情熱を鍛える方法もあるのではないでしょうか。これはトップダウン型の取り組みだと思いますが、思いを込めて、青臭い議論を多発させるような取り組みを行ってみてはどうでしょうか。

(2)「情報感度」の強化

情報感度がよいから使命感・情熱も出てくるという考え方もありますし、使命感・情熱が強いから情報感度が上がってくるという考え方もできます。ある使命感・情熱に基づいて改革の行動を取りはじめると、それに関連した情報がたくさん集まってきたり、見えてきたりするのは間違いありません。

戦争をするには、敵の兵力・装備・位置などの客観的な情報（明治時代、これに「報」という言葉をあてた）と、敵の士気や攻め込むところの住民の気持ちなどの情報（同様に「情」という言葉をあてた）の両方を集める必要がありますが、ビジネスの世界でも、日ごろからお客様の情報や競合の情報、自分の会社の情報、世界の経済の情報などに、強い関心を持つことが求められます。

いつも、このような情報を日常会話の中で交わすことで刺激し合い、情報に触れることでモチベーションが高くなっていくような、そういう風通しのよい組織をつくることが、なによりも必要でしょう。こうした組織は、上司と部下の日常会話の中で形成されることが可能です。

(3)「分析力」「論理能力」「コミュニケーション能力」の強化

これらの能力は、等級基準やコンピテンシーの中に登場しますが、能力ですので、トレーニングによって大幅に鍛えられるというのが定説です。

「分析力」は、基本的には「分けて、細かくする」ことです。複雑な問題を考えるときに複雑なまま考えると、方向性が見い出せないことが多いので、分けて考えることは世の鉄則です。どういう要素に分ければよいのかがミソですが、学問領域ごとにその分け方の定番ができていますので、それらを活用して細かく要素に分けて考え、その要素間の関連・法則を見付けていくことになります。

「論理能力」とは、手順を追って考えることです。分析をし、要素間の法則を見付けるにしても、全体を総合して俯瞰するにしても、論理能力に頼らないと何もできません。最近の脳科学によると、論理能力は年齢とともに衰えるタイプのものではないようですので、期待が持てます。

「コミュニケーション能力」とは、人と人の情報を交換し、モチベーションを刺激し合う能力です。企業全体に影響を与えるには多くの人とコミュニケーションをとる必要があるため、その能力が高ければ大変有利になることは間違いありません。

分析力にしても、論理能力にしても、コミュニケーション能力にしても、これらをトレーニングするプログラムや書籍は世の中にたくさんあります。どれを利用したらよいのか大変迷ってしまいますが、基本はやはり仕事です。その中で、分析をしたり報告したりする局面がたくさんありますので、少しでもレベルが上がるように厳しく指導していくとよいでしょう。今は、物分かりがよい管理者がもてはやされていますが、それでは「将来どのような事態にも備えられる人材」の育成には役立ちません。これはと思う人材には、厳しく指導をすべきでしょう。

(4) 「ネットワーク力」の強化

「ネットワーク力」とは、社内外のいろいろな人と人脈を形成し、お互いに連携をし合い、協力し合っていくことを可能とする関係構築能力のことです。

単に知り合いになっているだけでは、なかなか仕事上の協力関係には活用できません。また、いろいろな機会を捕まえて、多くの人と話をし、人脈をつくることは、たやすいことではありません。

　しかし、大きな環境変化にさらされて何かをしなければならなくなったときに、知恵をもらったり、力を貸してくれたり、お金を工面してくれる人脈を得ていることは極めて重要です。このネットワーク力を強化するには長い時間がかかりますが、地道に人に会い、語らい、酒を飲み、仕事を一緒にすることの繰り返しが必要なのです。

　したがって、全員にとはいいませんが、この人はと思う人については、社内外の会議や交流会、懇親会などには積極的に出るように勧めるべきでしょう。もちろん、仕事で一緒に苦労することが一番、人脈形成に効果を上げますが、仕事に関することにとどまらず、いろいろなところに出ていくように奨励するとよいでしょう。ネットワーク力は、いざとなってからでは形成できるようなものではありません。一見ムダと見えるものから生まれてきます。行くかどうか迷う程度の状況であれば必ず行くつもりで、どれくらい多くのムダという投資ができるかで、ネットワーク力を強化できるかに差が出てきます。

　これら6つの力を総合して、企業経営の独創的な施策の構想と実行につなげるようにしていくことになります。ただし、この構想と実行は、あくまでも結果です。結果が出やすくなるにはどのようにしていけばよいか、その目安となる人間の能力とはどのようなものかの仮説を立てることが重要であることから、その目安となるものをここでは提示しました。

　これらは、私たちがコンサルティングの現場で経験したり、管理者研修などであれこれと議論した賜物です。多くの人と議論した結果、この節で述べたことが十分、将来の努力方向として有効であると確信しています。

4　ビジネスリーダーの能力・資質のあり方

　さて、ここまでで、企業革新と一体となった人材育成（戦略から引き出されるコアプロセスの実行からの人材育成）と、将来のどのような事態にも備えられる人材育成について述べてきました。

　これら2つの人材育成は、実際問題としては同時進行するケースのほうが多いと思います。将来のどのような事態にも備えられる人材は、やはり企業革新に取り組む中から育ってくるということも事実でしょう。また、企業革新と一体となった人材育成ができる人材は、日ごろから将来のどのような事態にも備えられる人材のイメージを持ちながら努力をしているものと考えられます。そういう意味では、この2つは明らかに別のことを述べてはいるものの、現実的には、かなり同時進行的な努力になっていきます。

　バブル経済が崩壊して以降の産業界では、厳しい経済環境下でなんとか事態を切りひらく人材を「ビジネスリーダー」という概念で議論をはじめ、そういう人材の育成を目指してきました。このビジネスリーダーとは、なんとかして新しいビジネスを創造できる人材、なんとかして今の事業を改革して利益が出るような状態に持っていくことができる人材のことをいっています。このビジネスリーダーをいかにして育てるか、あるいは外部から調達するかは、非常に大きな経営課題になってきました。

　そこで、この節では、このビジネスリーダーとはどういうものかを述べ、次節では、ビジネスリーダーを育成する仕組みについて述べたいと思います。それは、今までは分けで議論をしてきた、企業革新と一体となった人材育成と、将来のどのような事態にも備えられる人材育成の同時進行についてのアプローチの話になります。

(1) マネジャーの役割

ビジネスリーダーについて議論をする前に、新しいマネジャー論というものが議論されはじめました。それは、「マネジャーからリーダーへ」というスローガンに象徴される意識転換の議論です。

それまでは、「管理者」を英語にすると「マネジャー」になるという程度で考えていたため、そこにリーダーという概念が入り、このマネジャーとリーダーとは違うのだという話になったときは、少し混乱が生じました。日本企業の職能資格制度の場合、いわゆる管理者相当階層をマネジャーと呼び、その下（つまり係長、主査階層）にリーダーという呼称を付けることも多く行われていましたので、それとの関係でも少し違和感を持った人が多かったようです。

この流れは、厳しい経済環境の中にあって、管理者が果たさなければならない役割が変化してきたという警鐘であったわけです（図表56）。管理者はマネジメントを行いますが、それは、いわゆる「現状の水準を維持・改善する」ところに主眼があるのではないか、というものです。

図表56　マネジャーからリーダーへ

マネジャーの役割	リーダーの役割
■現在の水準を維持・改善する ◇マネジメント＝機会損失の防止 ・ミスの未然防止 ・ミスの影響の拡大防止 ・標準に合わせる ・PDCAサイクルによって前進させる	■将来の姿を描き、実現する ◇ビジョンを描く ◇成功の道筋を描き示す （ビジョン実現のための戦略・目標・プロセスを描く） ◇不確実さの中で意思決定を行う ◇不確実さの中でメンバーを動機付ける（行動のための意欲） ◇不確実さの中でメンバーに達成感を感じさせる

このような言い方をすると少し抵抗があるかもしれませんが、マネジメントの本質は、「機会損失の防止」であるということは、よく言われていることだと思います。つまり、部下に任せておいたらミスが発生するかもしれないので「未然防止」が必要であり、もしミスが起こったら「ミスの影響の拡大防止」を行わなければなりません。

こういうことが管理者の役割の中でも大切だということは、だれも否定しないと思います。同時に、やるべきことをきちんとやるという意味で、「標準に合わせる」ということ、「PDCAサイクルによって前進させる」ことも管理者にとって大切な役割であり、基本でもあって、決してなくならないはずです。

しかし、これだけでは少し物足りないというのも、いわれてみれば確かなことです。

実際に多くの管理者は、お客様対応を含めた実務も担っています。プレイングマネジャーという概念を使って、管理者はプレイングマネジャーとして働かなければならないような議論も確かにありました。それをさらに前に進めたのが、「マネジャーからリーダーへ」というスローガンに象徴される議論です。

(2) リーダーの役割

図表56では、リーダーの役割を「将来の姿を描き、実現する」と定義しています。「ビジョンを描き」、ビジョン実現のための「成功の道筋を描き示し」、いろいろな困難の中で仕事を前進させるには、「不確実さの中で意思決定を行い」「不確実さの中でメンバーを動機付け」「不確実さの中でメンバーに達成感を感じさせ」なければなりません。管理者には、そういう役割を担ってほしいというのが、「マネジャーからリーダーへ」というスローガンの意味です。

「管理」という日本語には、「内向き」の強いにおいがしますが、「リーダーの役割」や「リーダーシップ」のような「外向き」に頑張っていこうというニュアンスが入ってくると、「確かにそうだ」という納得感

も出てくるので、まさに、厳しい経済環境の中では、どうしても必要な概念だと思います。

　また、管理者のマネジメントスタイルについても、いろいろな議論が出てきました。管理、つまりマネジメントの結果として、どうしても部下の問題をただしたり解決するというような、部下よりも高みに立って指図をする（「命令」する）ニュアンスになってしまいます。

　しかし、「これでは今どきダメだよね」ということで、もっと「民主的」に「自発性に任せる」ほうがよいという考え方も出てきます。ちょっと極端な言い方ですが、これを「放任型」と呼ぶとすると、「これからの管理者は、命令型ではなくて、放任型のほうが業績を上げられる」つまり、「部下の自発性を信頼して任せればよいのだ。管理者はそれを支援することに徹すればよいのだ」という考え方になります。「管理者は部下のサーバントだ」という意見も出てきているように、「『命令型』から『放任型』へ」というスローガンの下、管理者のマネジメントスタイルを転換する必要性が訴えられるようになってきました。

　「マネジャーからリーダーへ」という管理者の役割転換の考え方も、「『命令型』から『放任型』へ」という管理者のマネジメントスタイル転換の考え方も、非常に我々に有益な問題意識を生み出します。こういう問題意識を、有益に利用しない手はありません。

　そうはいっても、管理者には、「内向き」の「管理」（マネジメント）という仕事がなくなるわけでは決してありません。「外向き」で頑張らないと業績がよくならないことは事実ですが、いわゆる「管理」という仕事を軽視するわけにはいかず、日常業務に追われている職場に、将来を実現するためのリーダーの役割をそんなに強調されても、実情にあわないということが起こります。管理者が統括する組織の仕事によって、あり方はこのように異なります。

(3) 仕事の状況に合わせてマネジメントスタイルを変える

①一定の管理は常に必要

　最近、コンサルティングの現場でよく議論になるのは、「管理的・官僚的になってはダメだ」ということです。しかし、「管理」とは、絶対に必要な仕事ですので、管理者の育成を行う場合には、「管理」という言葉に悪いイメージを感じさせないようにしないといけません。部下がミスをしないようにチェックする、お客様に企画提案をする前に管理者がその内容をチェックして直させる、接待申請にムダがないかチェックして差し戻すといった仕事は絶対に必要です。

　管理者も人間ですから、情報不足があったり、実力に心配があったり、思い違いがあったりして、部下の仕事を阻害することもあるかもしれませんが、仮にそういうことが起こるおそれがあっても「管理」はしなければならないことは、念を押したいと思います。

②放任型か命令型かは状況による

　同様に、マネジメントスタイルについても、「『命令型』から『放任型』へ」という単純なスローガンだけでは、現実には対応できないのも事実です。もちろん、「部下を活性化し、部下の力を最大限に生かさなければならない」のは、そのとおりですが、これも状況によって、マネジメントスタイルをいろいろと変化させる必要があります。そこで、リーダーシップ論の中で語られているものではありますが、図表57にその内容を私流にまとめてみました。

　要するに、「命令型」が一律に悪いわけでも「放任型」が一律によいわけでもありません。仕事上の能力を持っていない新入社員に「放任型」をしようにも、どうにもなりません。また、ベテランであってもなんらかの事情で仕事の意欲がなくなってしまった人に、「放任型」でマネジメントをするわけにはいきません。

第4章 ● 企業革新を進めるための人材育成の考え方と方法

図表57　**マネジメントのスタイルはいろいろ**

放任型スタイルがよいか、命令型スタイルがよいかは、状況による

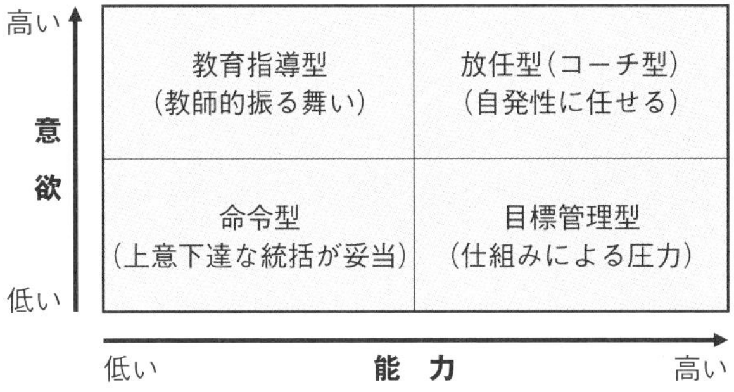

	能力 低い	能力 高い
意欲 高い	教育指導型 (教師的振る舞い)	放任型(コーチ型) (自発性に任せる)
意欲 低い	命令型 (上意下達な統括が妥当)	目標管理型 (仕組みによる圧力)

　図表57では、意欲と能力の2軸で分けて説明をしています。能力が低くて意欲もない人材には、「これをこのようにやれ！」と具体的に命令をしなければ仕事が進みません。「上意下達」でやらなければ仕方がないわけです。能力が低くても意欲の高い人であれば、自分でもいろいろと考えるでしょうから、教師的な振る舞い方、つまり命令というよりは「教育指導型」のスタイルがよいことになります。

　能力が高くて意欲も高い人材であれば、本人の自発性に任せて「放任型」（もう少し穏当な言い方をすれば「コーチ型」）にすべきでしょう。しかし、能力が高くても意欲に問題がある人材には、もう少しプレッシャーをかける必要があります。ただし、能力のある人だけに、あまり管理者の個人的な圧力をかけると、素直には受け止めてくれないことが起こりますので、ここで仕組みによる圧力が必要になります。いわゆる「目標管理型」のマネジメントスタイルが、よい例です。評価を意識してもらうことによって、本人がプレッシャーを感じ、意欲を出さなければという気持ちに持っていくタイプのマネジメントスタイルがよいでしょう。

　このように、管理者の役割もマネジメントスタイルも、いろいろあって一律ではありませんが、仕事の状況に合わせて対応することは、大変

重要です。大量の日常業務を担当しているところでは、「管理」を引け目なくやらなければなりませんが、新事業開発を担う部門では、やはりビジョンを描いて、成功の道筋を示すリーダーの役割を強化させなければなりません。だれをマネジメントするかで、そのスタイルを変えなければなりませんので、これも仕事の状況に合わせて対応することになります。

　これらは、企業革新を進める管理者の育成にとって大変重要な考え方であると理解してください。

(4) ビジネスリーダーの能力と資質のはかり方

　ビジネスリーダーとは、なんとかして新しいビジネスを創造していく、なんとかして今の事業を改革して利益が出るような状態に持っていくことができる人材ですので、図表56で説明したとおり、「マネジャー」ではなく「リーダー」にかかわる話になります。したがって、どのような能力や資質をビジネスリーダーは形成していくべきなのかを把握することが、こういう人材を育成していく前提になります。

　図表58にビジネスリーダーの能力の、図表59にはビジネスリーダーの資質の例をまとめています。こういうものを候補者に見せて、定期的に話し合うことも、結構大切です。

　ここでいう能力とはトレーニングによって伸びる「伸びしろ」が大きいもの、資質とはトレーニングによっての「伸びしろ」がそれほど大きくないものです。したがって、資質は選抜判断の材料に主に使い、能力開発の対象としては能力を使うことになります。しかし、意識することで資質も長い間には変化しますので、どういうものが要求されているかを、育成したい人には定期的に確認してもらう意義があります。

①能力

　図表58では、ビジネスリーダーの能力項目として8項目をあげています。

第4章 ● 企業革新を進めるための人材育成の考え方と方法

図表58　ビジネスリーダー能力定義例

求められる能力項目	能力定義
ビジョン構想力・改革企画力	社会の動きを洞察し、その中に隠れている有望な事業の鉱脈を発見し、多くの人に知らしめ、夢を与える能力。常に新しい経営改革の理念と構想を持ち、長期的・全社的視点から将来の会社の姿を描け、改革のシナリオが描け、具体的な課題設定ができる能力
ネットワーク力	社内外の多様な人材とオープンに交流し、その中から有益な人的・知的資産を見つけ、新しいビジネスにつなげていける能力
創造力	異質なものをつなぎ合わせて、そこから新しい価値を発見し、従来にない新しい機能・製品を構想し、事業化していける能力
コミュニケーション能力	関係者がどのような状況にあるかを素直に聞くことができ、本人の必要に応じた支援を行え、密接に連携していける能力。自分のやりたいことを実現するために、自分の考えを理解させることのできる能力
人材の評価・育成・活性化力	メンバーを正しく評価し、やる気を起こさせ、人材の育成を行うことのできる能力。メンバーが育っている実感を持てる環境をつくる能力
国際性	地球的視点からビジネスを考えることができる能力
決断力	先見性を持って、タイムリーに、かつ摩擦をおそれず、方針を決定する能力
行動力	率先垂範。状況を判断しながら、どんどん行動に移す能力

　このうち最も重要な能力が、「ビジョン構想力・改革企画力」です。これはビジネスリーダーにとっては、最も大事な能力だと思います。図表では、この能力を、極めて外向き発想で夢を与えるという視点、外との連動で内部改革を構想するという視点、成功の道筋を描くという視点の３つから説明しています。

　次に、「ネットワーク力」です。いろいろな人を知っていることと、そのための対応能力を前提に、「有益な人的・知的資産」と「新しいビジネス」との連結能力がここでのポイントとなります。ビジネスにおいて、連結能力についての認識がないネットワーク力は、大変非効率で

す。時間的な投資がなければ、この連結能力が生まれないからこそ、「社内外の多様な人材とオープンに交流」することを、ぜひ意識させるようにしてほしいと思います。

　第3に、「創造力」です。ビジネスリーダーという仕事は、基礎研究から何かを生み出すのではなく、すでにあるものからスタートするため、「異質なものをつなぎ合せて、そこから新しい価値を発見」するという表現が生まれています。なんといっても事業のリーダーですから、「事業化していける能力」を重視しています。

②**資質**

　図表59に、ビジネスリーダーの5つの資質をあげています。

　新事業の開発にしろ、現事業の改革にしろ相当に困難が予想される場では、「使命感・信念・情熱」が非常に大切だということに異論はないと思います。「目先の損得ではなく、長期的視点から本当に必要なことが何かを考え、行動に表していく指向性」とする図表の表現は、「使命感・信念・情熱」という言葉から受ける印象とは少し違うかもしれません。新事業の開発にしろ、現事業の改革にしろ、短期的な成果におびえ

図表59　ビジネスリーダー資質定義例

求められる資質項目	資質定義
使命感・信念・情熱	目先の損得ではなく、長期的視点から本当に必要なことが何かを考え、行動に表していく指向性
感性	何事にも関心を持ち、将来の動向を嗅ぎわけ、勝ち筋を見抜く感覚
ストレス耐性	修羅場の体験に対しても動じず、今行うべき最善の行動をとっていこうとする指向性。打たれ強さ
明るさ（オープン、前向き）	謙虚に周りの人から学び、常に笑顔を絶やさないで前向きに努力していこうという指向性
健康	ハードな仕事に耐え得る肉体的・精神的強さ

はじめると成功しないので、そういう意味で「目先の損得ではなく」という表現を入れています。また、「使命感・信念・情熱」といっても、「行動に表していく」ことをしないとうわべだけの話になりますので、そこも強調したいところです。

次に、「感性」です。図表では、「何事にも関心を持ち、将来の動向を嗅ぎわけ、勝ち筋を見抜く感覚」と表現しましたが、これは「嗅ぎわけ」「勝ち筋を見抜く」ところがポイントです。感性とは感じることですが、「感受性」というよりも、「どちらがより有利かを瞬間的に嗅ぎわける」ところに主張点があります。プロ棋士の瞬間的な読みのようなタイプです。

第3は、「ストレス耐性」です。図表の「修羅場」という表現に注目してください。「修羅場」とは、どうにもならない追い込まれた状態、「白兵戦」を余儀なくされたような状態をイメージしていますが、ビジネスの世界でも、ときにはそういう状況に陥ることもあります。そのときの行動指針としては、「どんなときでも、固まって動けなくなるのではなく、そのとき一番よいと思うことを行う」のが大事だということです。「修羅場」自体を計画的に体験させるプログラムのようなものは設計できないと思いますが、ビジネス上の「修羅場」のなんたるかを想像し、いざハマってしまったときの行動指針として、確認してください。

第4の「明るさ（オープン、前向き）」は、「笑顔」がすべてを好転させるポイントになります。

最後の「健康」については、いうまでもないでしょう。

こうした、ビジネスリーダーの能力・資質については、私がコンサルティングの現場で多くの人と議論をしながら積み重ねてきたものであり、大勢の人の経験と知恵が練り込まれています。こういうもので診断をしたり、イメージアップの議論をしたり、育成計画を構想してみたりして、いろいろと活用してみてください。

経験を積めばだれでもビジネスリーダーになれるかといえば、そうい

うものでもありません。経験を積むと同時に、どういう能力や資質がビジネスリーダーには求められているのかの基準を、研究してみてほしいと思います。そのうえで、自分の経験の中で、どの能力や資質が必要になっていたのかを突き合わせて考えてみてほしいと思います。その繰り返しが、人材を育てることになります。

図表60には、「ビジネスリーダー自己診断例」を見本として載せています。横軸にはビジネスリーダーの能力・資質の項目例を、縦軸には現状のレベルを診断できるように、5段階でランク付けしました。このようなもので、一つひとつの能力や資質について自己診断し、自分なりの課題をつかむようにしていくことも、役立つと思います。グラフで見ることで、よりイメージが湧いてくるはずです。

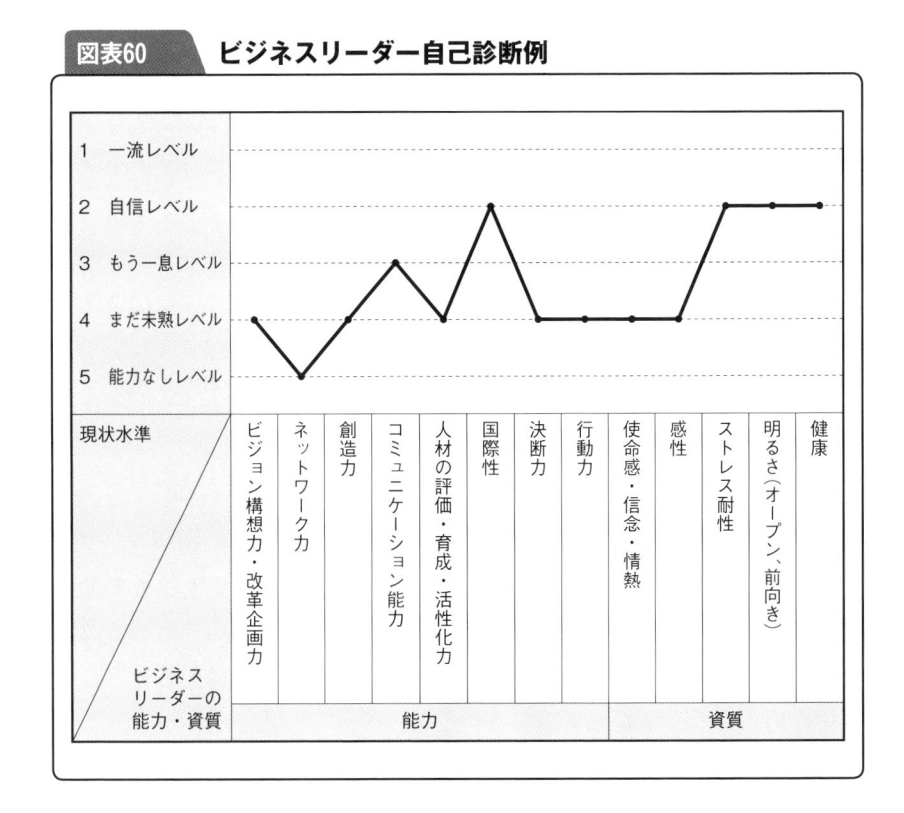

図表60　ビジネスリーダー自己診断例

現状水準	ビジネスリーダーの能力・資質
1　一流レベル	
2　自信レベル	
3　もう一息レベル	
4　まだ未熟レベル	
5　能力なしレベル	

能力: ビジョン構想力・改革企画力／ネットワーク力／創造力／コミュニケーション能力／人材の評価・育成・活性化力／国際性／決断力／行動力

資質: 使命感・信念・情熱／感性／ストレス耐性／明るさ(オープン、前向き)／健康

5 ビジネスリーダーを育てる仕組み

(1) 新事業大会による育成

　前節であげたような能力をどのように育成するかが、この節での課題です。先ほども述べたように、企業革新と一体となった取り組み、新事業開発や現事業革新を通じた取り組みによってビジネスリーダーを育てていくことが基本となります。つまり、新しいコアプロセスの導入や現コアプロセスの革新の多発化が前提です。

　ここは、いわゆる「事知一体」の人材育成の最も大切なところであり、そのような新しい取り組みが活発化しないと、ビジネスリーダーは育てられないと基本的に考えています。

　したがって、一番のポイントは、いかに新事業や事業革新を起こすか、いかに多発させるかになります。経営者がアイデアマンで、次々と新しい商品企画が生まれ、次々に新事業開発が行われるのであれば、それはビジネスリーダーの育成という視点から見ても、極めてよい環境にあるといえます。ビジネスリーダーを育成する仕組みを考えることは、新事業開発や事業革新を多発化させる仕組みをつくっていくことと等しくなります。

　こうしたアプローチについて、私自身がコンサルティングで取り組み、日本の有名企業でも取り組んだ実績のあるものを、モデル化して説明します。

①ビジネスリーダーを育てる「新事業大会」

　ビジネスリーダーを育てる仕組みとして図表61に表したのは、「新事業大会」方式といわれるものです。会社の事業の性質によっても変わっ

図表61　ビジネスリーダーを育てる仕組み

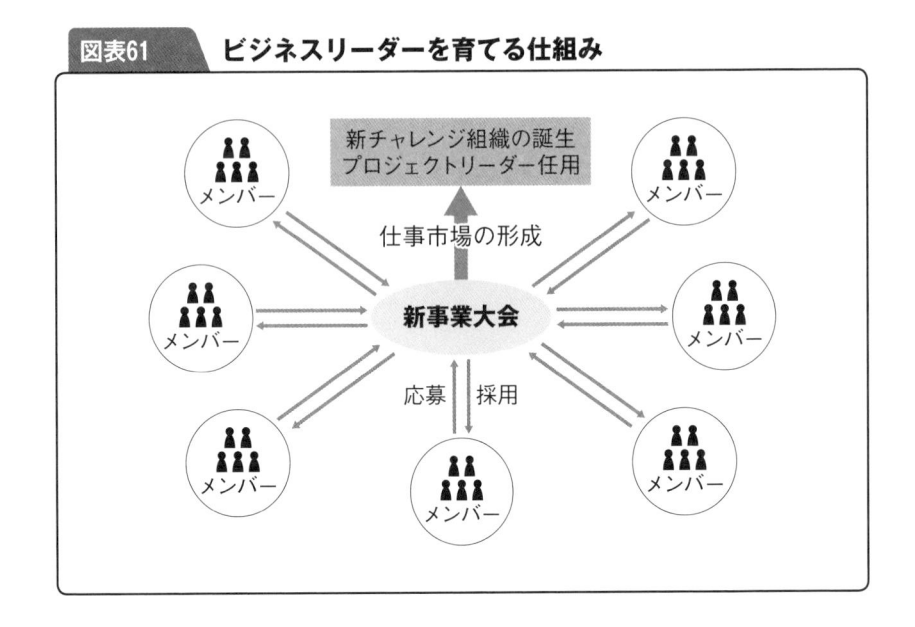

（図：中央に「新事業大会」、上部に「新チャレンジ組織の誕生　プロジェクトリーダー任用」、周囲に7つの「メンバー」グループが配置され、「仕事市場の形成」「応募」「採用」の矢印で結ばれている）

てきますが、開催頻度は、年1〜3回くらいになります。本業を進めながら、その革新や周辺の事業開発のネタを徐々に温めていき、成熟した段階で、全社に向けて発信を行うやり方です。その発信の方法が企業の主だった幹部を前にしてプレゼンテーションを行う発表会というスタイルなので、新事業大会という名前が付いています。

　そこで、もし素晴らしいアイデアがあると認められたら、プロジェクトをスタートさせることとなります。プロジェクトスタートの公募を行い、メンバーを募り、提案者がリーダーとなってスタートする方法です。

　もちろん、トップの経営方針で取り組むプロジェクトにこのような手順は必要ないので、新事業大会は経営方針以外のテーマで行われることになることから、比較的大きくないタイプのテーマが選択される傾向があります。したがって、企業としては、そういう中小規模のテーマが出てきやすい事業環境にあるかどうかを判断して、実施の有無を決めることになります。しかし、今までの経験からすると、いろいろな企業で活

用できると思います。

　新事業大会には、一人ひとりが温めた新事業や現事業革新の施策について、こういう取り組みを行うと事業が伸びるに違いないという確信が持てた段階で、個人でエントリーします。そうして、経営陣をはじめとした主だった幹部を前に、プレゼンテーションを行います。

②新しいプロジェクトのスタートが社内を活発化させる

　内容がよくて採用されたらプロジェクトはスタートしますが、最低でも1回はこうしたプロジェクト経験がないと管理者になれない仕組みにすれば、相当にプレッシャーもかかり、発表にも力が入ります。ある期間は、必ず新事業大会に参加しなければならないので、非常に事業開発感度が育ってくるようになります。

　プロジェクトの発足が決まれば、それにつれてふさわしい人が選任されることとなるので、社内の人事異動政策も活発化し、一種の仕事市場が形成される感じがしてきます。ある部署に長い間くすぶっているというのではなく、新しく提案したプロジェクトのリーダーになったり、あるいは、ほかのだれかの提案したプロジェクトのメンバーとして編成されたりすれば、人事異動は活発化しますし、社内も活性化する傾向が出てきます。

(2) CDPプロポーザルシステムによる育成

　このように、事業チャレンジを活発化させながらビジネスリーダーの育成を行うのが、このアプローチです。年間単位（年1～3回ベース）で繰り返しますが、何の準備もなく参入するわけにもいかないので、図表62にまとめたような長期育成計画の枠組みをつくります。これも、先ほどの新事業大会と同じような考え方で進めますが、ここでは少し長期的な育成視点を持って運営されることになります。

　ビジネスリーダーが育つには、本人が最もやる気の出る仕事で、ある一定期間チャレンジする必要があります。自分の意に沿わない形で短期

図表62　プロポーザルによる長期育成計画

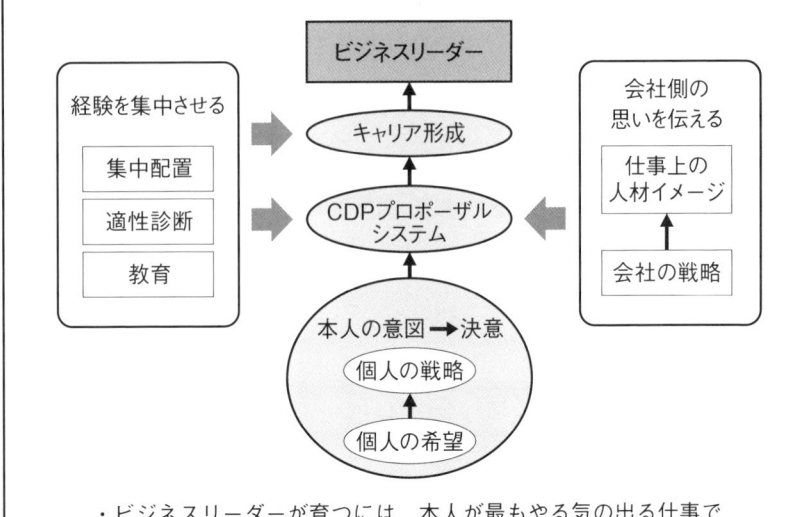

```
                    ビジネスリーダー
                         ↑
  経験を集中させる    キャリア形成      会社側の
                         ↑           思いを伝える
    集中配置                            仕事上の
              → CDPプロポーザル ←      人材イメージ
    適性診断        システム              ↑
                                      会社の戦略
    教育
                         ↑
                   本人の意図 → 決意
                     個人の戦略
                     個人の希望
```

・ビジネスリーダーが育つには、本人が最もやる気の出る仕事で一定期間チャレンジさせる必要がある。
・本人はプロポーザルによって自己の活躍場所をアピールし、会社はそれを尊重してCDPを描く。

に異動していると、大きなロスが発生します。「こういう仕事をこのようにやっていきたい」と自分を売り込む提案書（プロポーザル）の形で経営陣に提案するようにさせ、その内容に沿って、見込みのある人に業務上の経験や教育機会を集中し、業績を上げながら実力を蓄えていくようにしていきます。

　もちろん、会社としては、社員それぞれがあまりにも事業から離れ過ぎても困るので、会社の戦略やこれからの事業イメージや、こんな人材を求めているということを十分発信して会社の思いを伝え、社員にいろいろな気付きの機会を与えるように努力します。そうして企業は、このプロポーザルの内容を吟味し、見どころのある人材には、特別なCDP（キャリア・デベロップメント・プログラム）をつくりあげ、育てていくことになります。これを「CDPプロポーザルシステム」と呼んでい

ます。

　このCDPプロポーザルシステムと、先ほどの新事業大会の組み合わせにより、ビジネスリーダーを育成していきます。ただし、多くの人を巻き込むことが、このやり方の重要な点ですが、結果としては、選抜人材を絞り込み、その人を中心にチャレンジしてもらい、育てていくことになります。選抜のプロセスが非常にオープンになるので、どうして自分は選ばれたのか、選ばれなかったのかというのが一目瞭然となり、いつの間にかエリートが選抜されているという密室感もなくなります。そのかわり、運営する人も参加する人も厳しいものになるので、そのつもりでやったほうがよいでしょう。

(3) 目標管理の活性化を通じた育成

　新事業大会やCDPプロポーザルシステムなどは、比較的小回りの利くタイプの企業に向いていると思いますが、事業的に見て困難な企業は、次のような目標管理の活発化を通じた取り組みが有効です。これも、ビジネスリーダーの育成プログラムの一つといえるでしょう。

①長期ジリ貧状態から脱出するには

　図表63は、長期ジリ貧状態から脱出したい企業の業績の推移を示しています。思い切った新事業開発など逆転ホームランが打てる見通しがなかなか立たないので、部門長層の革新力（革新のリーダーシップ）に期待して、局面を打開する方向性を探っていくしかない状態であるとすると、焦点は部門長層にあります。部門長層の活躍でジリ貧を脱して、図表にある右肩上がりのラインのような成長をする企業にしていきたいのです。

　この企業は、目標管理制度を導入し、事業計画づくりやそれと連動した予算編成などと一体で運営しているとします。現に運営されている目標管理制度を軸とした企業革新のプロセスを踏めばよいのですが、このところのジリ貧状態からみれば、この目標管理制度を軸とした企業革新

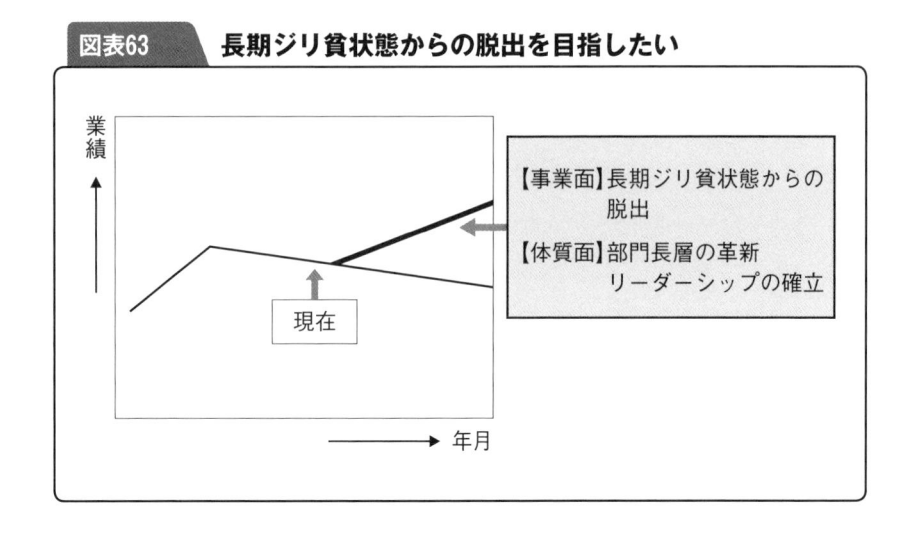

図表63　**長期ジリ貧状態からの脱出を目指したい**

業績 ↑

【事業面】長期ジリ貧状態からの
　　　　　脱出
【体質面】部門長層の革新
　　　　　リーダーシップの確立

現在

→ 年月

プロセスも今一つ活発化していないことになります。

　そこで、目標管理制度を活発化させる方式を考え、新しいスタイルで全体に刺激を与えることとしました。目標管理制度が活発に運営されるようになれば、それに取り組むプロセスで人が育つという考え方です。

　現在の目標管理のプロセスを調べてみると、全社レベルの事業計画や予算案ができた後、それぞれの部署の売上や利益の計画、経費計画を立てて、メンバーの目標管理シートにそれぞれの目標が設定されるというスタイルで進められていました。

②プロセスの全体像を構想してみる

　そこで、毎年の繰り返しの中でかわりばえのしない似たような目標を設定していた状態から抜け出すべく、図表64によって新しい目標設定のプロセスはどのようなものにすべきかの全体像を構想してみようということになりました。つまり、事業戦略を構築して目標管理のプロセスに落とし込み、人事評価につなげて、信賞必罰型の処遇への反映にまでつなげていくプロセス全体の再設計を行うものです。

　この図表を見てもらえれば分かるように、役員の「経営情報の把握」

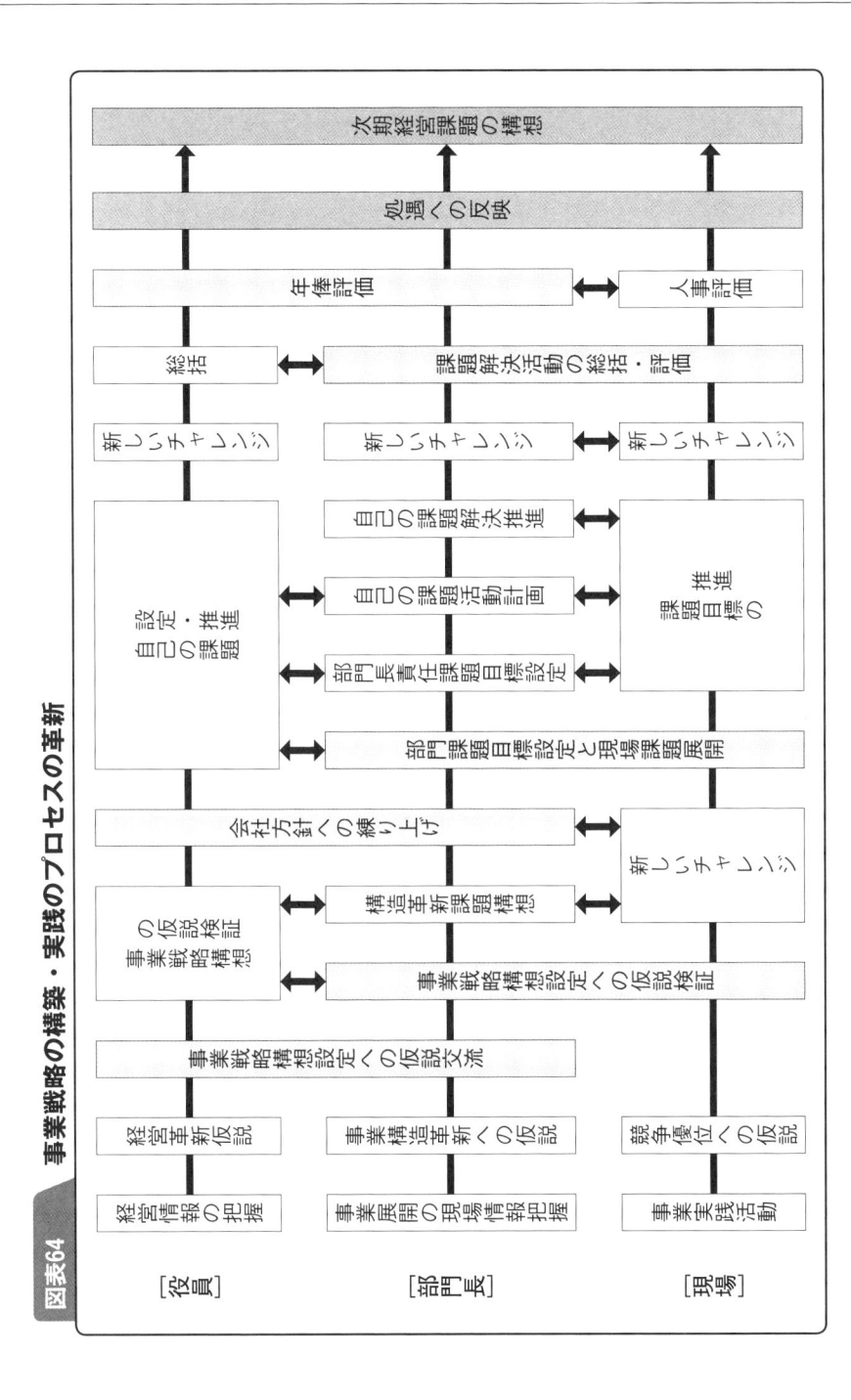

第4章 ● 企業革新を進めるための人材育成の考え方と方法

図表64 事業戦略の構築・実践のプロセスの革新

```
                        次期経営課題の構想
                              ↑
                         処遇への反映
                              ↑
        年俸評価  ←→  人事評価

  総括 ←→ 課題解決活動の総括・評価

  新しいチャレンジ   新しいチャレンジ   新しいチャレンジ

                  自己の課題解決推進
                        ↑↓
  自己の課題    自己の課題活動計画    課題目標の
  設定・推進  ←→                  ←→  推進
                        ↑↓
                部門長責任課題目標設定
                        ↑↓
              部門課題目標設定と現場課題展開

            会社方針の練り上げ
                                      新しいチャレンジ
  事業戦略構想  ←→  構造革新課題構想
  の仮説検証
              ←→  事業戦略構想設定への仮説検証

         事業戦略構想設定への仮説交流

  経営革新    事業構造革新    競争優位
  の仮説      の仮説         の仮説

  経営情報    事業展開の現場    事業実践
  の把握     情報把握         活動

  [役員]      [部門長]        [現場]
```

図表65　事業戦略立案プロセスの弱体化が問題

商品開発プロセス	1：弱い	2：もう少し	3：適用レベル	4：優位レベル	5：独創レベル
[役員]					
経営情報の把握	現状		目標		
経営革新仮説	現状	目標			
[部門長]					
現場情報把握	現状		目標		
事業構造革新仮説		現状		目標	
[現場]					
事業実践活動	現状		目標		
競争優位への仮説		現状	目標		
事業戦略仮説交流	現状		目標		
事業戦略仮説検証	現状		目標		
構造革新課題構想		現状		目標	
会社方針への練り上げ	現状			目標	
部門課題目標展開			現状	目標	
部門長自己課題推進	現状		目標		
役員自己課題推進	現状		目標		
現場課題推進			現状	目標	
部門長年俸評価	現状		目標		
現場評価			現状	目標	
処遇への反映	現状		目標		
次期経営課題の構想	現状		目標		

凡例：現状水準／目標水準

や部門長の「事業展開の現場情報把握」などからスタートし、「経営革新仮説」「事業構造革新への仮説」と進み、役員・部門長が行う「事業戦略構想設定への仮説交流」というステップに移ります。これまでは、このようなプロセスをしっかり踏んでいる状態ではなかったのですが、こうして全体像を設計すれば、明らかにこのプロセスにしたがってきちんと活動を行い、今までは曖昧にされたことでもアウトプットを確認しながら先に進んでいくようになり、次の目標管理のプロセスにも入っていくようになります。

③プロセスの水準を評価してみる

　図表65は、JMACが「知力マップ」と呼んでいるものですが、図表64で設定した事業戦略構築プロセスから目標管理プロセス、信賞必罰プロセスに至る全体のプロセスを縦軸において、どれくらいの遂行レベルであるかを診断したものです。濃い色が現状水準の評価で、薄い色が、これからの努力でレベルを上げていきたい目標水準です。この水準評価は、経営陣の評価集計結果でも、管理者全員の評価集計結果でもかまいません。多くの人がこの評価に参加していると、課題認識が共有化されてきて、新しいチャレンジをしなければならない気分になっていきます。

　これで見ると、事業戦略立案のプロセスが弱いことが見て取れます。また、「部門長年俸評価」「処遇への反映」のプロセスが弱いということは、信賞必罰プロセスも弱いことになります。この信賞必罰プロセスは、別途、部門長年俸制度の革新という形で進めなければなりませんが、課題意識は非常にはっきりとしてきます。

　図表65により、企業の業績を上げるために一番効きそうなのは事業戦略立案プロセスの強化だという共通認識がここでできれば、そのための特別の取り組みを行うことになります。それが、役員の「経営情報の把握」「経営革新仮説」のプロセスや、部門長の「現場情報把握」「事業構造革新仮説」プロセスであり、役員・部門長が一緒に行う「事業戦略仮

説交流」プロセスとなります。ここをしっかり進めることができれば、成長性を確保できる方向に動くでしょう。

　もし、ここについての実力が役員・部門長層に育っていないのならば、外部講師を迎えて研修をするのもよいと思います。そういうことをやりながら、部門長に刺激を与え、事業戦略立案プロセスを強化しつつ、部門長をビジネスリーダーとして育成していくことになります。

　この作戦も、かなり重要なビジネスリーダーを育成する仕組みです。

(4) 疑似プロジェクト（チーム）の活用による育成

　「新事業大会」による本物の事業開発プロジェクトもなかなか難しく、「CDPプロポーザルシステム」も大げさであり、「目標管理」もあまり本格的に変革するというわけにはいかない場合も、会社の状況によってはあると思います。

　そうなると、ビジネスリーダーの育成に向けた取り組みがどうしても弱くなるため、何か次善の仕組みはないのか、と聞かれることがあります。

　ビジネスリーダーも事知一体の人材育成の仕組みの中で育成するのが基本ですが、次善の策として取り組むとしたら、疑似的ではありますがプロジェクト（チーム）の活用があります。

　新しい事業開発のプロジェクトであれば、それは新事業大会によって発足される事業開発プロジェクトと同じですので、ここでは、それが組織できない場合の疑似的なプロジェクト（チーム）ということです。新事業開発プロジェクトの場合は、企画・計画・投資・事業活動実施・損益管理などの一連のPDCAがすべて入っており、そこがビジネスリーダー育成の重要ポイントになります。

　疑似的なプロジェクト（チーム）とは、たとえば本来はプロジェクトではない普通の組織に対して、損益管理責任を課して企画から実行まで一通りの判断を独自に進めるようにしていくものです。

　普通の日常業務を遂行する組織である資材課を例にとると、この課を

あたかも一つの事業体であるかのように損益責任を与えます。資材課の使命は、購入資材コストの低減と品質の向上になりますので、昨年の購入価格実績で今年も購入したと仮定した場合のコスト総額と今年実際に購入した実績価格での購入総額との差額を、資材課の損益と考えることができます。購入資材が不良品であれば、それに伴う損失コストも計算に入れます。そういう方式で、必ず昨年より価格を下げて、不良品を出さずに利益を創出することを目指してもらいます。もちろん、資材購入先の入れ替えや購入価格決定、購入先への指導についての権限を大幅に与えることになります。

　これは、普通の日常業務を担当する資材課という組織ですが、このことによって、一つの事業体のような雰囲気になり、さまざまな改善・工夫を思い切って進めようという雰囲気がつくられます。これを、「疑似プロジェクト（チーム）」といっています。

　通常の研究所であっても、新製品売上高と研究所コストとの差額を研究所損益とみて、目標の損益を必ず確保するという考え方でさまざまな取り組みを行うようにしていきます。そうすると、これも疑似プロジェクト（チーム）のような感じになって、常に採算意識を持って、コストの管理をするようになります。もちろん、研究所のコストは一種の投資とみることもできますが、常に自らのコスト（投資額）の原資が新製品売上高から生まれているという見方が明確になり、上市（新製品を市場に出すこと）とコスト（投資額）との関係にこだわりを持つようになっていきます。

　これらのやり方は、普通の組織を疑似的にプロジェクト（チーム）に近付けることで、ビジネスリーダーとしての判断力を付けさせようとする考え方です。この考え方でつくりあげられたのが、アメーバと呼ばれるすべてのチームの活動を採算表によって損益管理をして、さまざまな改善策を多発化させようとするいわゆる「アメーバ経営」ですが、それなども、この流れに入る取り組みといえます。

この章では、「新事業大会」「CDPプロポーザルシステム」「事業戦略の構築・実践のプロセス革新」「疑似プロジェクト（チーム）の活用による育成」の話を、ビジネスリーダーを育てる仕組みとしてクローズアップして説明しました。
　すべて、「事知一体」の取り組みとして考えられたものですので、そういう考え方を土台に、さまざまな方面から工夫をして、自社に合ったやり方をつくりあげてください。

第5章
人材育成能力形成のための研修（トレーニング）の活かし方

　人材育成というものをどう考え、どう進めていくかについては、第3章、第4章において特に「事知一体」という概念を中心に解説を加えてきました。
　第5章では、実際の業務とは離れて行われる研修、つまり管理者自身の人材育成能力形成のための研修に焦点を当てて、解説を加えることとします。

1 管理者は人材育成能力をどのような場面で磨くか

(1) 人材育成能力習得場面のいろいろ

　この章では、研修ベースでの説明をしますが、その前に人材育成能力の習得場面を整理すると、図表66のように、①上司からの育成・指導の場、②部下育成・指導の場、③マネジメント研修の場の３つが最も重要になります。

①上司からの育成・指導の場

　上司からの育成・指導の場とは、管理者である自分に対して、(i)上司が自分を指導する場面と、(ii)自分が部下に対して指導を行うことに対して上司が指導する場面の２つがあります。
　(i)は、直接的には自分の業務の進め方などに対する上司からの指導になりますが、ここでとらえてほしいのは、その上司の指導の仕方をしっ

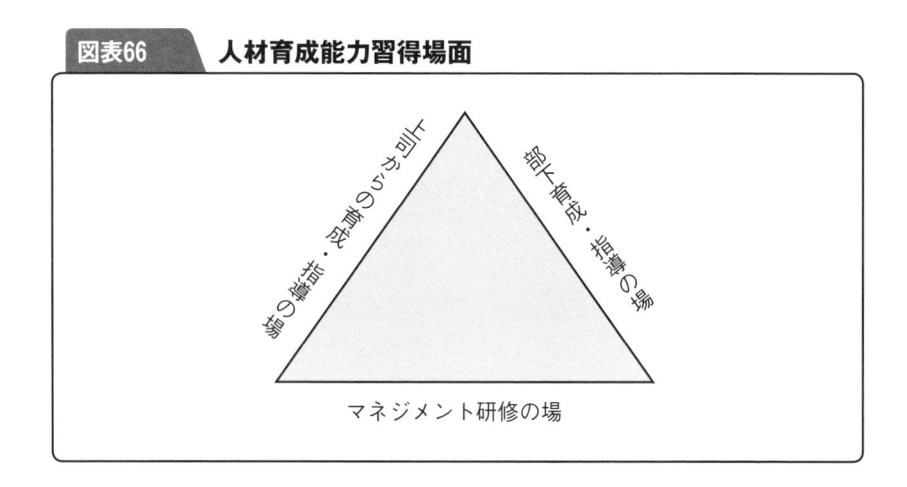

図表66　人材育成能力習得場面

（三角形の図：左辺「上司からの育成・指導の場」、右辺「部下育成・指導の場」、底辺「マネジメント研修の場」）

かりと学ぶチャンスだということです。管理者になる前には、上司である管理者からいろいろな指導を受けてきたと思います。そういう指導は、自分が管理者になれば、だいぶ少なくなりますが、役員会への提出資料に対する上司から自分への要望や、重要なお客様への企画提案に対する上司からの修正指示なども、その趣旨をよく整理していけば、部下に対して自分がどのように指導するかのアイデアがたくさん出てきます。もちろん、反面教師的な部分もあるとは思いますが、そういうことも含めて、すべてを自分のものにしていく覚悟が必要です。

(ii)は、自分の部下指導のあり方について上司がコメントを入れて指導する場面です。この場合、日ごろの上司としての情報収集能力がどの程度かによって、指導内容の善し悪しの振れが大きくなります。上司が自分の部下のことで口をはさんでくるのは、それなりに心配があるわけですから、何が問題なのかをよく聞くようにしてください。互いに誤解がないように話し合うことは、上司と部下の間にコミュニケーションの太いパイプをつくるために非常に大切なポイントです。そういう意味からも、軽視せずに取り組むべきです。

②部下育成・指導の場

次に、自らの人材育成能力を形成する場として、部下に直接指導を行っている場面があります。これはまさに、実践の中から学ぶことになります。基本的に自分の話が通じにくいという前提で注意深く部下の反応を見ながら、あらゆる育成活動を進めてください。

私のやっているコンサルティング業務というものは、仕事が非常に忙しいときと暇なときとの落差が激しいところがあります。あるとき、仕事が途絶えて非常に暇になってしまった後輩がいたので、「まあそういうときもあるよ。私も若いころには仕事がなくなって心配になったけれど、地道に頑張っていたら、また大変忙しくなったよ。努力というのは必ず報われるさ」と慰めると同時に今後の努力を促したところ、その後輩は、「あの先輩の仕事がなくなるなんて、やはりこの職業は厳しいの

だな。私にやれるだろうか」と悩みはじめたというのです。こういう話は、部下から直接出てくることはありません。彼はコンサルタントをやっていけるかどうか悩んでいるらしいと、だいぶたってから人づてに聞いて初めて、私が話した趣旨と違うことで悩んでいることにがっかりするのです。

このように、コミュニケーションのズレというのは必ず起こってきます。しかし、だからといって、自分の力量を悲観することはありません。気が付いた段階で、また話せばよいのです。なにしろ何度でも話すようにしてください。それに比例して、人材育成能力が付いてくるものと思います。

③マネジメント研修の場

3つ目が「マネジメント研修の場」であり、本章でメインに解説を加えたいテーマです。もちろん、マネジメント研修という名前ではなく、人材育成研修でも同じことですが、管理者は、全体のマネジメントの一環として人材育成も行いますので、ここではマネジメント研修という言い方をします。

マネジメント研修はOff-JTですから、統括部署の仕事とは一応切り離されています。直接的な職制のかたまりというよりも、営業部署も技術開発部署も工場部署も含めて、いろいろな仕事をしている管理者が研修参加者の中にいることが普通です。こういう場面では、マネジメントの原理原則や人材育成の原理原則からじっくりと学び、議論する機会が与えられます。

研修を利用して能力形成を行う際には、育成についての原理原則と自分の悩みを突き合わせて、なんらかの解を出そうと努力することが、どうしても必要です。原理原則だけをただ学ぼうとしていては、本当に研修で習った知識の定着率は大きくありません。それでも全くやらないよりも前進していることは、10年以上継続して同じ会社のマネジメント研修の講師をやってみて、実感としてよく分かります。それは、研修で勉

強したことが、重要なキーワードとして会社の共通言語になっていたからです。間違いなく、組織として蓄積されていたのです。

(2) マネジメント研修の場での育成能力の習得方法

　育成能力を習得するためにはどのような研修を行えばよいかについて、話を移します。部下の育成は、管理者の行う仕事であるマネジメントと一体で行われることになります。「忙しくて育成活動ができない」と管理者は悩みますが、本書でもたびたび強調してきたように、視点を変えれば、通常の仕事のマネジメントも育成活動になるのは真実です。マネジメントの仕事に育成活動が加わると、２倍の仕事量になるということでは決してなく、仕事の中で、一言二言口数が多くなる程度の話だと考えてほしいと思います。

　そうなると、マネジメントそのもののあり方と育成のあり方がセットになるわけですから、研修についても両方を扱うタイプのものにしていくのが、筋の通った企画になります。

　研修でマネジメント能力の習得を目指すときにも、大きく分けて「育成知識の教育」「育成スキルの教育」「育成意欲（意識）向上のための教育」の３つのジャンルがあります（図表67）。具体的なプログラムは217ページ以下で触れるとして、その前に、ジャンルごとの教育の考え方と管理者がそれに取り組む姿勢について説明します。

①育成知識の教育

　育成知識とは、さまざまな教育の考え方や、手段・手法の知識です。何も知らなければスタートできませんので、本書で述べてきたようなものを基本知識として、まずは理解することが必要になります。管理者としてのマネジメントの一つに育成活動があるということ、育成活動が普通のマネジメントと別の業務として行われるものではないこと、つまり、「忙しいので育成活動ができない」というのはマネジメントをやっていないのと等しい考え方であること、なんといっても育成は「事知一

図表67　**研修で育成能力をどう鍛えるか**

	内　容
①育成知識の教育	・育成知識とは、さまざまな教育の考え方や教育手段・手法の知識のこと。OJTをどのように進めるか、階層別教育や課題教育、職能教育や通信教育をどのように進めると効果が上がるものなのかを知ることは、非常に大切。 ・本書でまとめた内容などについて、知っているのと知らないのとでは大きな違いが出てくる。また、教育学者や心理学者の理論についてもそれなりに勉強すべきである。
②育成スキルの教育	・育成スキルとは、実際に育成行動ができる能力のこと。育成の対象者に対して、効果的な働きかけができて、成長させられる実力のこと。これは一定条件を整えて繰り返すことでしかトレーニングできない。 ・育成スキルは、やさしい条件のものから複雑な条件のものに議論を移しながら、展開をしていく。研修の場では、できるだけ研修参加者の部下を例にして、具体的に行うのが効果的。
③育成意欲(意識)向上のための教育	・育成意欲とは、管理者が育成をしたくなる気持ちのこと。部下との関係においては、本音では育成したくなくなったりするもので、それをどのようにして前向きにさせるかが、育成意欲教育である。 ・育成意欲の向上については、育成意欲がなくなる部下のパターンをみんなで出し合い、放置すべきか、それでも育成をすべきかを議論してもらうのが近道。やはり、みんな似たような悩みを持ちつつ頑張っているのだという実感を持ってもらうことがポイント。

体」であること、というような考え方も、管理者間で共通認識にしておかないといけません。

　また、OJTの進め方やノウハウ、階層別研修の利用の仕方、通信教育の利用の仕方等々についても一般的な考え方を知ると同時に、自社が準備しているものもしっかりと知る必要があります。

　育成知識という意味で管理者が知っておいてほしいことは本書に一通りまとめてありますので、よく利用してください。

②育成スキルの教育

　育成スキルとは、実際に行動して、育成の実を上げることができる能力です。知識を知っていることと実際にできることとの間には、大きな溝があります。スポーツを例に考えればよく分かりますが、野球でもゴルフでも、たくさんの書物を読んで知識を得たからといって、上手にボールを打てるようにはなりません。知らなければどうしようもありませんが、知識があるからといってできるようにはならないものの典型だろうと思います。

　育成スキルについても、独自に育成活動を行って、いろいろと工夫してみることがどうしても不可欠です。

　研修の場で育成スキルをトレーニングするといっても、２～３日では確かに難しい面があります。スポーツの合宿で２～３日特訓をしても急には上手になりませんが、それがもとで飛躍することがあるのも事実です。育成スキルのための研修も、そのような内容にしなければなりません。

　育成スキルの教育についても、スポーツと同じように、できるだけやさしいものから徐々に複雑なものに進めていき、また繰り返すことが大事です。最初は、定型的な業務を部下に指導する状況を設定（演習事例設定）し、どのように指導するかをチームで話し合って結論を出し、全体でも発表し合ってチームごとのニュアンスの違いを確認しながら教訓を得ていくスタイルをとればよいでしょう。その後、企画書を作成指導する状況での育成活動の検討、企業革新を一緒に取り組む状況での育成活動の検討、本当に自信ややる気を失っている人との面談場面での育成活動のあり方の検討などへ進んでいきながら、チームでよく議論することが大事です。

　ここでは、管理者に対する育成スキルの習得を目指したマネジメント研修場面を想定していますが、管理者の仕事をそれなりにやってきて、育成活動にもそれなりに取り組んできた人ですから、今までの自分の考

え方ややり方をだれしも持っているはずです。それを率直にみんなの前で話し、意見をもらい、考えて次の行動を整理してみることは、育成スキル形成にとって非常によいことです。研修場面ですから、実際の部下との仕事局面を具体的に共有化して検討するわけにはいきませんが、それでもできるだけ、自分の部下の実際の行動を話しながら進めていくことは大変有益です。その際に、研修で説明される育成スキルについての考え方と現実との突き合わせを行い、自分なりに今後の育成活動の方針を書き出してみることが、育成スキルを形成する近道になります。

③育成意欲（意識）向上のための教育

　育成意欲（意識）とは、管理者が頑張って育成をしなければならない気持ちになることです。育成活動を行いたいという前向きの意欲が出てくることが目標になりますが、育成活動を行わなければならないという義務感が強くなるだけでも、育成意欲（意識）の形成という意味では成功とみます。

　日常的に忙し過ぎてヘトヘトであったり、部下が折に触れて反発するのでいやになったりと、管理者としての育成意欲がそがれることも多く出てくるでしょう。しかし、多くの管理者が通ってきた道であるそういう問題をどのように受け止め、気持ちを切り替えるかを、いくつかの状況設定をしながら研修参加者とチームでディスカッションをしていくと、効果が上がるのではないでしょうか。

　研修の講師をしていると、「こんなにふて腐れて態度が悪いのに、育成しなければいけないのですか」という質問を受けることがあります。本書でも書いているように、「育成活動についても投資効果の考え方がある。育たない人は育てないということは、結論としてはあり得る」と研修で話していますから、なおさらでしょうが、育成意欲研修という意味では、こういう質問が出ると大変有益な議論ができるようになります。この場合、質問者には、本当に育成活動をやめるようなタイプの話かどうか、具体的な事実をもう少し話してもらいます。それに対して、

研修参加者から感想をもらい、「あなたならば、こういう場合、どう考えますか」と質問していくと、本当に真剣な議論になっていきます。部下のだれのことを話しているのかが分かると問題が生じる場合があるので一定の配慮は必要ですが、研修としてはできるだけリアルなほうが効果が上がります。

その質問者に共鳴する人や、「そういう人は、育成などしなくてもよいのではないか。もう、やめさせてもよいくらいだ」と強硬な主張をする人も出てきます。一方で、「管理者には解雇の権限があるわけでもないのだから、やはり戦力化することを目指して頑張って育成活動をすべきだと思うよ」といった、まっとうな意見も出てきます。このバランスが大事なのですが、特に、一見育成活動に対して後ろ向きな意見が出てくると、「自分と同じ考えの人がいるな」と質問者を大変励ますことになり、気分がすっきりし、育成活動に前向きな意欲が出てくることが起こります。こういう世論があることだけでも確認し合えれば、非常に勇気付けられます。

「投資対効果の関係を考え、育成活動をやめることがある」というのは原則的な考え方であり、そこに至るまでには、ギリギリの判断が必要になります。ギリギリまで考えたのかをいつも自分に問わなければならないため、管理者は責任が大き過ぎて苦しんでいるのも事実です。それゆえ、自分の悩みを人にも分かってもらえるだけで、ギリギリまで考える気持ちになれるものです。

もちろん、育成活動における成功パターンを知ることも、育成意欲向上には大事です。しかし、成功のパターンというのはまじめに話しても嘘くさく感じられるものなので、「自分は上司にこのように言われたとき、一気に先が見えて成長した感じがした」という研修参加者の体験談を話してもらうとよいでしょう。このような体験談も、育成意欲教育には非常に有益です。

(3) 人材育成に興味が持てない人への働きかけ方

①スペシャリストなりのマネジメントを理解させる

　そもそも、人材育成に興味が持てない人もいます。しかし、人に対していろいろと指図をしたり、相手の意に沿わないことでも勧めたりするのが性に合っていないと考えていても、自分の専門領域のことにかけては人一倍頑張っていこうという意欲を持っている人もいます。いわゆるスペシャリスト向きな人です。こういう人材をどのように処遇するのかは、人事管理の問題としては結構ポピュラーなものと考えられてきました。

　人事管理制度の中に、「コース別人事管理」というものがあります。管理職に相当する等級階層を2つのコースに分け、育成を含めたマネジメントに向いた人を「マネジャーコース」として処遇し、マネジメントには興味があまりないが専門領域で頑張っていきたいと考える人を「スペシャリストコース」として処遇するものです。先ほどのようなタイプの人には、スペシャリストコースに入って頑張ってもらって、管理者と同等の年収を得ていればよいではないかという考え方が、このコース別人事管理なのですが、育成を含めたマネジメントに興味がないからといって、それを公認するような人事管理のありようが許されるのかは、いつも悩むところです。スペシャリストはスペシャリストなりのマネジメントと人材育成が要求されるのが普通ですから、興味がないからといって、それでよいというわけにはいきません。

　スペシャリストといえども、今どき一人で仕事をしていることは少ないだろうと思います。そこをよく考えてもらうことが、「育成に興味が持てない人への働きかけ方」のポイントです。つまり、自分の仕事を進めるに当たり、どのような人とどのようにかかわっているのかをフローチャートに書いて、丁寧に考えてもらいます。

　スペシャリストとなると、自分の仕事のテーマは自分で提案するのか

もしれませんが、そうであっても、上司に対して、そのテーマが非常に大切であることを説明し、理解をもらわなければなりません。となると、上司が理解できないテーマをやりたいといっても認めてもらえないのが普通ですから、日ごろから上司に対して問題意識を話したりしながら、上司の認識を高める「育成活動」をしておく必要があります。

②担当している仕事そのものに即して考える

　さて、上司への提案が通り、テーマが決まったとしても、仮に２名のメンバーの協力を得ながらやるとしたら、このメンバーに仕事を理解させ、目的に向かって協業できるように方向性を定める必要が出てきます。これらは、好むと好まざるとにかかわらず、マネジメントの業務であり、同時に育成活動にもなります。仕事のマネジメントと育成活動は同時進行するのですから、当然です。

　その後、仕事の報告を上司に行うとなると、必然的に２人のプレゼンテーション・スキルに対してもなんらかの対処をしておく必要が出てきます。

　本当にその仕事にこだわって成功させたいと思うのならば、おのずとこのような流れになっていきます。いわゆるマネジメントや育成に興味がないというのは、必然的に自分の仕事を成功させることにこだわりがないと言わざるを得なくなります。

　人材育成に興味が持てない人には、自分の仕事における他者や部下、後輩などとの接点を探り、その中で仕事を成功させるためのマネジメント活動や育成活動の必要性をじっくりと考えてもらいます。そのうえで、もう一度「本当に人材育成に興味がないのか」を問うべきでしょう。

　人には得手不得手がありますが、人材育成が不得手だというのであれば、それはトレーニングをすればよいのであって、特に大きな問題ではありません。マネジメント研修などに参加したり、本書のような本を読んでみたりして、努力をしていけばよいわけです。しかし、そこまで問

われても「私は本当に人材育成に興味がないし、やりたくない」というのであれば、単独では仕事を任せられないことになりますから、重要な仕事を与えることはできないと宣言する必要があります。

　「人材育成に対して興味がない」人にどう考えてもらうかも、マネジメント研修の重要なテーマになってきます。育成活動も積極的に行い、その悩みを前向きに解決しようと考えているその他の多くの人と問題意識に開きがあり過ぎるため、お互いに刺激し合う感じにはなっていかない場合は、人材育成に対して興味がない人だけをまとめて一つの研修プログラムに仕立てて研修をしないと、なかなかうまくいきません。こういうタイプの人だけを選んで研修を行うというのも、抵抗があるかもしれませんが、どうしてもほかの人と一緒に研修をやるのであれば、それが研修の盛りあがらない原因になることも飲み込んだうえで企画を立てないといけないでしょう。

　もちろん、基礎研究者などの中には、本当に1人きりで業務を行う場合もあるかもしれません。そのとき、そういう仕事を10年つづけていくのだという決意を本人も会社も共に持っているならば、マネジメントや人材育成などについて特に強く要求する必要はないといえるでしょう。

　「人材育成に対して興味がない」人にどう働きかければよいかをつかむには、担当している仕事そのものに即して考えることが実は必要だと、ここでも強調したいと思います。

2 マネジメント研修の例と研修の取り組み方

　ここでは、人材育成能力を身に付けるための研修内容を紹介するとともに、管理者としてどのような姿勢で取り組むべきかを説明していきます。

(1) マネジメント研修プログラムの例

　マネジメント研修プログラムの例として、図表68と図表69の２つをあげてみました。いずれも３日間合宿コースのじっくりと議論するタイプのもので、まずは管理者全員に参加をしてもらい、その後は新任管理者研修として継続させるという、多くの企業でとっているプログラムです。

　これら２つのマネジメント研修は、管理者としての基本的役割の共通認識を改めて行おうとしている点と、人材育成についての基礎知識の習得と自己の育成能力の向上のための自己の育成計画を明確にするという２つの点で同じ内容になっています。

　この育成計画とは、今後の自己育成のための行動計画のことであり、研修終了後から実行するための計画書になります。この自己の育成計画づくりのところを、部下の育成計画づくりに変更しても、研修は十分行えます。

　２つのマネジメント研修の違いは、管理者の基本的役割の共通認識を行うに当たって、①自社の業績分析から自部署の改革課題設定に至るまでにおいて、管理者としての思考能力のレベルアップを図る研修を入れるかどうか（図表68）、②「自社で必要とされる管理者像」をもっと自由に膨らませることで、管理者の役割意識について発想転換を行おうとするかどうか（図表69）です。

図表68

マネジメント研修プログラム例①

[業績分析から改革課題設定まで入れて、管理者としての思考能力レベルアップを狙うタイプ]

狙い	(1) 管理者としての基本的役割（業績向上要因を把握し、業績動向をつかみ、部署の革新課題を設定して、関係者を巻き込み、育成を行い、確実に業績を上げていく役割）についての目揃いと基礎的トレーニングを行う。 (2) 管理者としての役割からみたときに、自己の人材育成能力開発上の課題を自己認識し、育成計画を立案する。

	1日目	2日目	3日目
9：00	1. 管理者のイメージ 2. 管理（マネジメント）とは 3. 管理者の役割 4. 管理者の能力・資質	10. 実習（つづき）	16. 実習のつづき 　（個人ワーク➡チームワーク）
12：00		11. 発表・質疑・コメント 12. 管理者の必要スキルチェック	
13：00	5. 会社業績に関心を持とう ・連続決算書の分析 ・競合他社との比較分析　など 6. 実習 ・会社業績の特徴整理 7. 発表・質疑・コメント 8. 会社の業績向上要因分析と課題設定とリーダーシップ課題	13. 人材育成の基本 ・育成の大原則「事知一体」 ・OJTの進め方 ・Off-JTの企画の仕方 ・コアプロセス革新と人材育成 14. 自己の育成計画 ・キャリアデザインの必要性 ・自己の育成能力課題のつかみ方	17. 発表・質疑・コメント 18. 研修のまとめ
18：00			
19：00	9. 実習 ・全社の業績向上要因分析 ・全社課題（対策）分析 ・自部署課題設定とリーダーシップ課題	15. 実習 　（個人ワーク➡チームワーク） ・管理者として強化したい能力 ・人材育成能力向上のための課題 ・自己の中期育成計画	
21：00			

218

図表69　マネジメント研修プログラム例②

【これからの管理者のあり方について発想を膨らませるディスカッションを重視したタイプ】

狙い	(1) 管理者としての基本的役割を学ぶと同時に、研修参加者の議論を通じて、これからの自社を背負って立つ新しい管理者の役割イメージを膨らませていく。 (2) 管理者としての役割からみたときに、自己の人材育成能力開発上の課題を自己認識し、育成計画を立案する。

	1日目	2日目	3日目
9：00	1. 管理者のイメージ 2. 管理（マネジメント）とは 3. 管理者の役割	9. 発表・質疑・コメント ・管理者像（KJ図解）発表 ・原因結果の系列分析発表 ・1分間スピーチ（自分の夢）	13. 実習のつづき （個人ワーク➡チームワーク）
12：00	4. 目標達成活動と目標設定		
13：00	5. 管理者の能力・資質 6. 実習：KJ法的検討 　自社で必要とされる管理者像 7. 実習：原因結果の系列課題分析 　自社の重点革新課題 　リーダーシップ課題	10. 人材育成の基本 ・育成の大原則「事知一体」 ・OJTの進め方 ・Off-JTの企画の仕方 ・コアプロセス革新と人材育成 11. 自己の育成計画 ・キャリアデザインの必要性 ・自己の育成能力課題のつかみ方	14. 発表・質疑・コメント 15. 研修のまとめ
18：00			
19：00	8. 1分間スピーチ準備 ・自分の夢 「私はこんな管理者になりたい」	12. 実習 （個人ワーク➡チームワーク） ・管理者として強化したい能力 ・人材育成能力向上のための課題 ・自己の中期育成計画	
21：00			

いずれにしても、仕事のマネジメントと人材育成がセットになるという考え方から、この2つの研修プログラムが構成されている点を確認してください。

①管理者としての思考能力レベルをアップさせる研修

まず、図表68を見てください。1日目の午前中に、「1. 管理者のイメージ」「2. 管理（マネジメント）とは」「3. 管理者の役割」「4. 管理者の能力・資質」として、まずは、管理者としての基本的な役割についての講義を行います。その際には、図表56（183ページ）や図表57（187ページ）の話もします。

1日目の午後になると、自社の連続決算書の分析を行います。この場合は宿題として、10年前からの決算書データをもとにグラフ化して分析するなど、自社の業績上の課題を検討しておいてもらいます。同時に、競合企業を1社決めて、同様の10年間の決算書データも分析します。研修の場では、各チーム別に宿題として研究してきたことをもとに交流し、自社にどういう課題があるかを分析して、全体でも発表して交流します。こうして、自分たちの企業がどのような状況に置かれているかについての問題意識を大まかに共有します。管理職であれば、これらに関してはいろいろな会議である程度頭に入っているものと思いますが、10年間の決算書を自社と競合企業とで比較する経験はなかなか持てないのが実情だと思いますので、結構新しい気付きを参加者は得ることができるでしょう。

1日目の夜は、業績向上要因の分析をします。10年間の決算書の分析で見えてきた課題の中から重要なテーマを一つ選び出して詳細に分析し、全社の課題設定から自部署の課題設定まで行っていきます。加えて、自部署の課題解決を行うに当たって、管理者がどういうリーダーシップを発揮しなければならないかをまとめてもらい、2日目の午前中の発表に向けた準備を行います。

こういう業績向上のための課題を研究することは、当然、自部署の革

新のあり方を考えることになるため、部下たちの仕事の進め方の革新課題や能力開発課題などがはっきり見えるようになるはずです。もちろんそれと同時に、管理者自らの能力開発課題も見えてくるはずです（図表68のプログラムでは「12.管理者の必要スキルチェック」のところで整理）。

しかし実際は、管理者はこのような思考プロセスにはなっていないことが多いのではないでしょうか。人材育成の問題を考えてもらうには、このような全社業績や競合企業との競争の仕方についての考え方を共通認識してもらう必要があるのではないかということから、図表68の研修プログラムがつくられているのです。

2日目の午後になると、本書で説明したような「人材育成の基本」の話をし、「自己の育成能力課題のつかみ方」の話もしたうえで、自らの管理者としての能力開発課題と人材育成課題の双方を整理し、自己の中期育成計画を立てていきます。これはじっくりと取り組んでいただいて、3日目の午後に発表・コメントとなります。研修のアウトプットについては、研修終了後に、もう一度個々人で時間を取って整理したうえで、改めて提出させます。

結構ハードな合宿研修になりますが、こういう研修をしながら人材育成のあり方を考えてもらいます。

②管理者の役割意識の発想転換を図る研修

これに対して、図表69の研修プログラムは、主に1日目の午後の内容が組み替えられています。10年間の決算書の分析をさせる図表68のプログラムが結構大変ということもあり、データでの分析ではなく、研修参加者の頭の中にあるこれからの管理者像を表に出して、いろいろな角度から議論するやり方をしようとしています。これからの管理者は、どういう場面でどういうことができなければならないかをできるだけ具体的にラベルに書き出してもらうKJ法的な検討をしていきます。1人10枚くらい書いてもらい、それをもとに、チーム単位で議論をし、これから

はどのような管理者が求められているかを取りまとめて、管理者像のイメージを広げていきます。

ほかには、あらかじめ自社の重点革新課題を提示して分析をしてもらい、その解決のためには管理者にどのようなリーダーシップ上の課題があるかをチームで研究してもらいます。

こうした一連の研究の結果、「管理者というものは、これからは、こうあらねばならない」というイメージを各人が形成してきますので、それを「自分の夢」として「私はこんな管理者になりたい」とまとめてもらい、2日目の午前中に1日目の作業全体の発表・質疑・コメントを行って、管理者の役割の深化についてイメージを膨らませていきます。午後は、そのイメージに基づいて、育成能力形成のための研修へと入っていきます。その後の考え方と進め方は、図表68と同じです。

いずれのプログラムでも、自社の業績向上課題との関係から管理者の役割を明確にしていくと、必然的に自部署の部下たちの能力開発課題が見えてきます。部下たちの能力開発を真剣にやろうと思ったら、自分の育成能力の未熟さも見えてくるので、その未熟さを克服することで、自分の育成能力も身に付くようになります。

「自己の中期育成計画」とは、部下の育成をどうするかの計画をつくり、実行していくことも含めたものになりますが、ここでも部下の育成という業務を通じて管理者自身の育成能力を形成していく一体型の進め方になっています。人材育成能力開発の研修でも、「事知一体」の考え方は貫くべきだと思います。

(2) マネジメント研修への取り組み姿勢

マネジメント研修に参加する側の姿勢として、確認しておかなければならないことがあります。それは、自分の知らないことを知ろうという探究心を持つことです。

研修に参加することは、多くの人にとって気が重いものかもしれませ

ん。しかし、企業がお金をかけて教育してくれていることの意味をよく考えてみてください。変化する経営環境の中で、新しい道を切りひらいていく人材をなんとしても育てたいと考えているからこそ、企業研修を企画しているのです。

マネジメント研修とは、管理者のマネジメント能力の向上を目指して企画されます。管理者のマネジメント能力の高さが、その企業の業績に大きな影響を与えることには疑いありませんが、忙しい時期に２〜３日間も日程を空けるといろいろと無理が出てくるので、参加する側はできれば遠慮したいと考えてしまいます。しかし、研修前後の業務負荷が著しく大きくなるからこそ、研修参加者としては、研修そのものに真剣に取り組んでほしいのです。

①問題意識を持って参加すること

研修終了時に、今後の研修企画の参考に「この研修がためになったか」「研修講師の話は分かりやすかったか」といったアンケートをとることがあります。こういうときに、もし、研修が自分のためにならなかったと感じたら、なぜそうだったのかを考えてみてください。「テキストがよくなかった」「講師がよくなかった」ということも考えられますが、一番問題なのは、自分が学ぼうとしていなかったのではないかということです。つまり、自分なりの問題意識を持って参加していたのかどうか、もし自分なりの問題意識があれば、なんらかの指針が得られたのかどうかです。得られたのであれば、その研修はためになったといえますが、そもそもなんら問題意識も持たないで参加をした人には、ためになったかどうかを答える立場にないことも、よく考えておくべきでしょう。

もし、マネジメント研修を受ける立場であるにもかかわらず、そのような姿勢で研修に取り組もうとしているのであれば、それは真剣に反省を加える必要があるでしょう。

私も研修講師をやることがありますが、「質問はありませんか」と聞

いても何の質問もないので先に進んだところ、後のアンケートで「研修の内容が分かりにくかった」と回答されて、がっかりしたことがあります。研修の場での質疑応答は理解促進のための重要な場と位置付けているのであって、それを利用しないで分かりにくいというのは無責任です。マネジメント研修は管理者が参加する研修ですので、それくらいの覚悟を持って臨んでください。

②マネジメント研修参加の心構え

　マネジメント研修に参加する人は、次の点をよく考えて参加してください。
(i)マネジメントや人材育成について、事前に自分なりの経験を見直し、問題意識を持って参加しようとしてきたか。
(ii)マネジメント研修の企画の趣旨が、自分なりに理解できたか。
(iii)マネジメント研修の内容について、理解できたか。
(iv)理解できなかったことを質問したか。
(v)質問に対する講師の話は理解できたか。
(vi)マネジメントや人材育成の行動について、これは実践してみようと思ったことが一つでもあったか。
(vii)今まで、知らなかったこと、気付かなかったことがこの研修に一つでもあったか。
(viii)この研修のよいところを説明しろと言われたら説明できるか。
(ix)もし講師の話が分かりやすいと思ったら、その研修は自分には合っていなかったと思わなければならないのではないか。

　特に(vi)(vii)(viii)(ix)は重要な意味を持ちます。研修の結果は、新しい行動がはじまることで確認されることからすると、マネジメント研修では、人材育成の新しい取り組みが一つでも多く生まれることが成果となります。したがって、何か一つでも新しい実践を起こそうという気になったか、また何か一つでも知らないことに気付き、なるほどそうしたほうがよいなと思ったことがあったかに、いつも気を遣っていなければなりま

せん。

　講師の話が分かりにくいのは、自分の知らないことを話しているからです。自分の知らない話をされて、それを理解できていないのが、分かりにくいと思っている状態です。したがって、そのときが認識を広げるチャンスであり、そういうときこそ質問をすべきなのです。

　部下が何かの研修に参加してきて、もし研修内容が分かりにくかったと話をしはじめたら、質問をして確認をしなかったのかと問い詰めてほしいですし、その研修で何か実践しようと思ったことはあったのか、新しい気付きはどこにあったのかと聞いていってください。それも人材育成の一つだと考え、部下と同じ目線に立って「研修というのは面白くないものだよな」「まあ、これでしばらくは研修がないのでよかったな」という話をしないようにしてください。

　研修内容を忘れていくのは無理もないことですが、マネジメント研修の結果、自分の行動指針をしっかりつかんだ場合は、なかなか忘れないものです。常に「この研修の結果はこれだ」ということをまとめてメモをつくっておけば、案外忘れません。

3 マネジメント研修の マネジメント実務への活かし方

　ここでは、マネジメント研修の活かし方について説明します。いろいろな勉強をしたとしても、それをマネジメント実務に活かさなければ研修の効果があったとはいえません。どのような形で研修の結果を活かすように持っていくかを、周りの環境を整えることも含めて考えていかないと、なかなか研修の効果は持続しません。

　そこで、自分自身の行動革新という視点（「学んだことの実践宣言」）と「継続のための工夫と風土づくり」の視点の2つから、マネジメント研修の活かし方について説明していきたいと思います。

(1) 学んだことの実践宣言

①しっかり学ぶ姿勢を部下にみせることも重要

　1日でも2日でも管理者がマネジメント研修に参加することは、部下側から見ても大きな関心事です。うるさい上司がいなくなるので、ほっとする部下もいるでしょうが、その上司に強い信頼感を持っている部下も、そうではない部下も、「しっかりと勉強して来いよ」と普通は思っているものです。

　ここで大事なポイントは、上司は見栄を張らないといけないということです。人材育成を行うために、企業は研修を企画して実施しているのですから、管理者はその方針を前向きに受け止めて頑張っている姿を部下に見せ付けることが必要です。もし、「こんなもの面倒くさいな」という発言をしたら、それは経営方針に対して不信感を語っていることになり、部署の業績目標についても、そういう姿勢でよいのだと部下に示していることになってしまいます。したがって、見栄を張ることも部下

の人材育成にとって重要なことなのです。

　マネジメント研修に参加することが決まったら、「1カ月後の3日間、マネジメント研修に参加してくる」とはっきりと部下に伝え、「人材育成の仕方について新しい取り組みをしなければならないと思っていたので、しっかり勉強してくるつもりだ」と宣言してほしいと思います（図表70の左枠「①研修前向き宣言」）。いってみれば、これはエチケットです。部下にとっては、上司がしっかりしているほうがいいに決まっていますから、その気持ちに応える必要があります。こういうことの繰り返しが、上司と部下の信頼関係を築くことになります。

　そのうえで、図表70に示した「②自己の問題意識」を整理して「③事前学習」を行うプロセスを必ず入れて、研修に参加してください。

　マネジメント研修では、「①育成の意義」を自分としてどのように考えるか、「②（育成の意義を）どうやって分からせるかのアプローチ方法」に対する今の問題意識を整理するとよいでしょう。事前学習での問題意識に対して研修後に何か付け加えることがあったならば、それが研修成果ということになります。「①育成の意義」については、「企業は人なり」なので必要だという抽象的なものではなく、自分の部署のレベル

図表70　マネジメント研修の実務への活かし方

マネジメント研修前	マネジメント研修中	マネジメント研修後【3カ月後、6カ月後に公式実施】
①研修前向き宣言 ②自己の問題意識 ③事前学習 【問題意識整理】 ①育成の意義 ②どうやって分からせるかのアプローチ方法	【大切なマネジメント行動】 ①大切なマネジメント行動 ②大切な育成行動 【学んだことの実践宣言】 ①自己の行動変革目標 ②自己の育成計画	360度診断アンケート　自己診断 ↓ 取りまとめ→自己チェック ↓ 上司との面談による課題設定

をどのように上げていきたいかの具体的なマネジメント課題を見据えて考えるようにすることがポイントです。

②行動変革を常に意識しておく

さて、研修前の準備が完了し、マネジメント研修の場になったら、常に、「①大切なマネジメント行動」とは何か、「②大切な育成行動」とは何かに着目して理解するようにします。そうして、自分の今までの行動の何をどのように変えるべきかを考えて、結論を出すようにしてください。

研修が面白かったとか、講師の話が理解しやすかったという話は、自分の行動変革の結論がしっかり出たうえでのものです。研修の効果をどう考えるかということと、研修の面白さ・理解しやすさとは全く違う筋の話です。

自分のマネジメント行動や育成行動の何をどう変えるのかについて、自分なりに腑に落ちるまで議論してください。講師に対しても、ほかの研修参加者に対しても、腑に落ちるまでいろいろな角度から質問・議論してほしいと思います。研修で突き付けられた行動変革の内容について、その場ではどうしても反対したくなるケースも出てきますが、それはもう少し時間をかけて考えてみようと決意を固めてもらえれば結構です。

③「変わった」と部下から見えることが重要

研修後は、図表70の中央にあるように、部下を集めて「学んだことの実践宣言」をします。「今回のマネジメント研修で、こういうことを勉強してきました。これを活かして、○○のようなことに努めます」というように、「①自己の行動変革目標」「②自己の育成計画」を宣言します。こういうと、非常に堅苦しい感じを受けるかもしれませんが、「②自己の育成計画」は部下の育成活動とセットですから、結果として、部下の育成活動を宣言することと同じものになるのです。

ここまでが、マネジメント研修の場だと考えるべきです。2～3日の研修で終了ではなく、「学んだことの実践宣言」までが、マネジメント

研修の場となります。

　マネジメント研修後、管理者の行動が変わったと部下から見えることは、非常に大切です。時間とコストをかけて研修に参加したのになんの変化も確認できないというのは、管理者としては情けないことです。演出してでも、何かを表現しなければならないと考えてください。

　ある企業で、コーチングをメインにしたマネジメント研修をやったとき、「研修から帰ってきてから、妙に人の話を聞くそぶりをするようになり、なんとなく気持ちが悪い」と部下から言われたことがあると話す管理者がいました。しかし、研修から学んだことを真剣に実践しているわけですから、「ぎこちなく見られて何が悪いか」というくらい割り切らないと、マネジメント研修の結果を実務に活かすことにはなりません。元の指示命令型のマネジメントスタイルに単純に戻ることがないように、自分のスタイルを確立していってほしいです。

(2) 継続のための工夫と風土づくり

　こうして、マネジメント研修の結果を受けた「実践宣言」をして、学んだことをマネジメント実務に活かすスタートを切りました。しかし、放っておくと、どうしても元に戻ったり忘れたりするので、新しくやりはじめたマネジメント行動や育成行動を継続させる工夫をしていく必要があります。これらは、管理者個人の取り組みというよりは、一連の職制（部長・課長のライン全体）で取り組んだほうがよいものです。

①360度診断アンケートを取り入れる

　図表70の右枠に、「マネジメント研修後」にやるとよいと思われることの代表例を出しています。マネジメント研修で求めた行動変革について、それが実践されたかどうかの360度評価（360度診断アンケート）を実施して集計し、それと「自己診断」結果を突き合わせながら、その管理者の上司に当たる人と話し合い、新しい課題を設定していく体制をとるのが、継続のための工夫の代表的な例です。

もう少しソフトなものとしては、マネジメント研修の最後に自分宛の手紙を書いておき、3カ月後、半年後にそれを読むことでそのときの気持ちをもう一度思い出させるように持っていく工夫もあります。
　「360度診断アンケート」については、研修事務局が立案すれば、当然漏れなくマネジメント研修全体で訴えた行動変革の内容を診断設問項目に入れることになります。そのため、設問数が多くなり、集計などの負荷も大きくなってしまうことから、研修を企画した事務局の都合でやるだけであって管理者自身の手触り感がなくなるという懸念が、いつも指摘されます。それでもやる価値はあると思いますが、どうしても大がかりになり、予算もかかってしまうために、挫折するということもよく聞くところです。
　管理者は、マネジメント研修の内容すべてについて腑に落ちたわけでもないのですから、こういう網羅的に診断する考え方は、必ずしも取らなくてもよいと思います。腑に落ちていない内容で診断されて、あまり行動が変わっていないといわれても納得はしませんので、「学んだことの実践宣言」とのかかわりで360度診断アンケート項目を個別に設定していく方法で十分だろうと思います。つまり、自分でやると決めたことが、どの程度できているか、行動が浸透しているかを診断するということです。そうなると、360度診断アンケートは、研修参加者である管理者自身が自分で作成することになります。
　アンケート設問を考えるとなると、とても面倒に思ってしまうかもしれませんが、そう難しく考える必要はありません。
　360度診断アンケートをつくるのであれば、以下のような程度の診断で十分です。
①上司から、日々の仕事の指導をこまめに受けましたか。
②日々の仕事上の質問を上司にしたときに、面倒くさがらずに対応してくれましたか。
③日々の仕事のレベルアップのために、新しい視点・知識について上司から話がありましたか。

④上司は、日々の指導について以前よりも熱心になったと思いますか。
⑤あなたは、担当している仕事について実力が向上したと思いますか。

　このように、せいぜい5項目程度の設問をつくって実施してみるとよいと思います。研修プロセスの最後で、「学んだことの実践宣言」をつくり、そのついでに効果測定の「360度診断アンケート」を自分でつくって、その得点をも意識して実践し、「360度診断アンケート」の結果を見て、今後の課題を上司と話し合うようにしていくわけです。そこで課題と認識されたことについては、研修終了3カ月後、6カ月後と2回ほどやれば、十分マネジメント研修のフォローができると思います。

②管理者の成長に向けた議論環境をつくり出す

　「360度診断アンケート」が、人気度調査や支持率調査という気持ちにどうしてもなってしまうことは間違いありません。あくまでも、管理者が「実践宣言」をしたことが進んでいるかどうかを見るためのものだと割り切るように、意思統一をすることが必要です。

　人気度調査や支持率調査になると、設問に対する答えというよりは、この管理者は部下からよく思われていないのではないか、きちんと仕切れていないのではないか、という印象でアンケート結果を見てしまう間違いをおかします。一見、管理者というのは強い立場のようにも見えるのですが、自分の上司にも気を遣い、自分の部下にも気を遣うという、なかなかストレスのかかる立場にあります。人気を気にして必要なリーダーシップが講じられなくなることが時折あるのも事実ですから、図表70の右枠で書いている「上司との面談による課題設定」を行う際には、その点をよくわきまえて、管理者本人の成長に向けた議論に徹するようにすべきでしょう。

　日ごろから、管理者は十分なネットワークを同僚管理者や上司と形成し、人となりを十分理解し合うようにしておかなければなりません。それは、管理者自身を育成するための議論環境をつくるためにも、大変重要なことです。

4 部下が研修に参加する場合のフォローの仕方

ここでは、部下が研修に参加する場合、どのようにフォローしていけばよいかについて述べていきます。

部下の研修をどのように有効に活用するかは、管理者の育成行動において非常に重要なことです。

部下も階層別研修に参加することはありますし、営業スキル研修などの職能研修に参加することもありますが、それを日ごろのマネジメントの一環として利用しようという気持ちになることが、まず大切です。

本来は自分がOJTなどを通じてやらなければならないことを研修という形でかわりにやってもらえると考えれば、利用の仕方はいろいろ見えてきます。部下が研修に行くときに、「この忙しいときに困ったな」と後ろ向きに考えるのではなく、どうせ研修に行くのだからと前向きにとらえるべきです。

図表71に「部下が研修に参加する場合のフォロー」についてまとめています。前節で、管理者自身のマネジメント研修の活かし方について述べたときと同様、研修前からフォローはスタートします。研修前、研修後（直後）、その後の定期的チェックという3つのステージでフォローを行います。

①研修前のフォロー

まずは、研修前のフォローとして、「①研修の目的確認」「②部下の課題確認」を行ってください。人材開発部門から、部下に研修参加の要請がきたとき、管理者としては、これらの確認を行ってほしいのですが、日々の仕事の中で結構曖昧にしてしまっているのではないでしょうか。

たとえば、部下が受けることになった「職場リーダーとしてのリーダ

図表71　部下が研修に参加する場合のフォロー

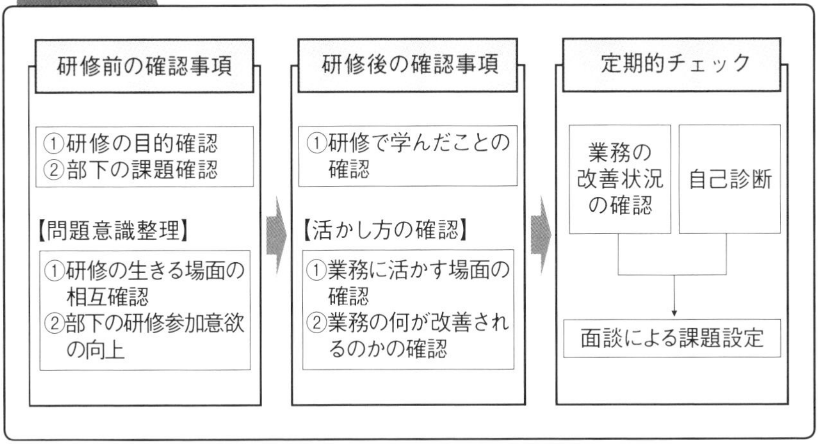

研修前の確認事項
①研修の目的確認
②部下の課題確認
【問題意識整理】
①研修の生きる場面の相互確認
②部下の研修参加意欲の向上

研修後の確認事項
①研修で学んだことの確認
【活かし方の確認】
①業務に活かす場面の確認
②業務の何が改善されるのかの確認

定期的チェック
業務の改善状況の確認
自己診断
↓
面談による課題設定

ーシップ」研修の目的が、「日常業務のリーダーとして、職場の規律性を維持し、かつ、例外処理判断も適切に行えるようにリーダーシップを発揮するための基本を学ぶ」であるとします。まずは、これを確認したうえで（「①研修の目的確認」）、参加する部下の日常業務遂行上のリーダーシップのレベルを考えます（「②部下の課題確認」）。こうすれば、「彼はどうも職場メンバーと群れている感じで、リーダーとしての自覚が足りないな」と考えることになり、この研修に派遣する意義が確認できたことになりますから、「この忙しいときに困ったな」と思ったとしても、前向きに気持ちを切り替えることができるようになります。

次に、職場リーダーとして、彼にはどういう状態をつくってほしいのかを管理者として具体的に整理します。

「職場メンバーは、少し難しい問題が発生したら、彼に相談することなく私のところに判断を求めにくる。彼でも十分任せられるレベルにあるのだから、この状態を改善したい」

「職場メンバーが迷っていても、彼は自分のほうからは話しかけない。もっと自分から声をかけて、解決してあげるようにしてほしい」

「そうすれば、問題が発生したら、職場メンバーは彼をあてにして、

まず判断を求めるようになるだろう。そうなると、職場の効率性はぐっと上がるはずだ」

こうして、「②部下の課題確認」を行って面談をし、相互に「問題意識整理」をしてください。もちろん、まだ研修を受けていないので、その具体的な内容がどのようなものかは分からないかもしれませんが、それでも職場リーダーとして、この研修をどのように活かしてほしいかは十分参加者に話せますし、研修で学ぶポイントが整理されます。

「リーダーシップというのは、①仕事の成功の道筋を示すこと、②メンバーの満足感を与えることの２つが大事なので、これらを念頭に研修講師の話をよく聞いたらよいと思うよ。職場のみんなから信頼され、あてにされて仕事をするというのは、自分にとっても非常にやりがいを感じるものだから、そうなるための知恵を研修で学んできてほしい」と話をすれば、部下の研修参加意欲もあがってくるというものです。30～40分くらいの面談時間があれば十分ですので、それくらいの「研修前の事前確認」をしても損にはならないでしょう。

②研修後のフォロー

次に、部下が研修から帰ってきてから、どのようにフォローするかという「研修後の確認事項」の話になります（図表71の中央）。

まずは、テキストを見せてもらって、本人から説明を聞くというスタイルで「①研修で学んだことの確認」を行ってください。企業によっては、研修報告書というものを提出させたりすることがありますが、それはこの説明をフォローするためです。何を学んだかの説明を聞くだけでも、研修で学んだことの記憶が本人の中で定着しやすくなります。ぜひ、「活かし方の確認」とともに行ってください。

この「活かし方の確認」とは、「①業務に活かす場面の確認」と「②業務の何が改善されるのかの確認」になります。この部下の場合、前ページにあるとおり、日常業務指導の場面で職場メンバーから頼りにされ、少し難しい程度の判断事項であれば管理者ではなくて彼が判断する

ことでスピーディに仕事を進め、日常業務の効率化を図る、ということでした。したがって、職場での研修の活かし方については研修前から明確でしたので、この研修の何がどう役に立つかをもう一度確認し合って、面談を終了すればよいでしょう。

③定期的チェック

第3段階として、彼のリーダーシップ発揮状況についての「定期的チェック」を行います。何を見て研修での学びを確認するかは、事前面談と事後面談で確認されていますので、そのことを素直に見ていけばよいわけです。ここでも研修の効果測定について、360度評価を行うなどの方式が考えられますが、何を改善したいかの焦点が定まっていれば、手法にこだわる必要はありません。

つまり、管理者が自分の目で観察をして、「業務の改善状況の確認」をしていくわけです。どれくらい職場のメンバーから業務上の相談が彼にいくようになってきたか、その中で少し難しめの判断事項が彼を起点に処理されるようになってきたかを見ていきます。その結果をもとに、本人との面談で、研修参加者本人として、自分の変化をどう見ているのかの「自己診断」を話してもらい、上司の見立てと突き合わせて、本人の変化の認識をすり合わせます。そうして、今後の課題を整理して、次にチャレンジすることを申し合わせます。

④部下をフォローすることで、自らの育成能力も付いてくる

このような取り組みは、研修のつど、地道に行うとよいのです。そのことを通じて、管理者自らもいろいろ勉強をし、成長していく、つまり、育成能力が付いてきます。日ごろの問題意識形成のレベルによりますが、作業時間的にはそれほど大きなものではないため、このような事前・事後の面談を行うことは、それほど難しいことではないと思っています。日常の仕事のマネジメントとセットで進める人材育成を本書はたびたび強調してきていますが、まさにこれを研修フォローという場面で

も活用し、進めていく方法を説明したつもりです。

　この章では、「人材育成能力形成のための研修（トレーニング）の活かし方」を解説してきましたが、自分の人材育成能力形成のための研修の活かし方だけではなく、部下の研修をも活かして、自分の育成能力形成に活用してください。そうすれば、日々の仕事のマネジメントを成功させ、業績向上にもつながると理解できるのではないでしょうか。

第6章

ぶれないための人材育成の考え方

　今まで述べてきたように、「事知一体」の人材育成、つまり事業開発や仕事のマネジメントと一体となった人材育成を進めるのであれば、景気の善し悪しは無関係ということになります。

　しかし、一般には、人材育成の効果はすぐに現れないので、業績が悪くなったり、緊急なことが起これば、人材育成は後回しにせざるを得ないと考えている人が多いのではないでしょうか。その考え方は、ぜひ改めてほしいと思います。

　この章では、人材育成意欲を低下させてしまう考え方がいろいろある中で、ぶれないで人材育成を進めていくには、どういう考え方をとるべきかについて話を進めていきます。

1 環境変化の短サイクル化にいかに対応するか

(1) 人材育成は「それなりに」でよいのか

　「人材育成は、事業戦略に連動しなければならない」と、一般によくいわれています。しかし、人材が育つのに10年くらいかかると考えると、事業戦略に連動させようにも、10年かけて事業戦略を実行するようなことはないのではないかという疑問を持つようになります。

　事業戦略とは、経営環境の変化に合わせて、いろいろと変化していくものであり、思っている以上に短期に変化する可能性が高くなります。そうなると、人材育成のテンポに合わないのではないか、内部人材を育成して事業戦略に対応しようと思っても無理ではないか、となります。むしろ、外部から事業戦略を担う人を採用（調達）したほうがよいという考え方になり、人材育成の意欲を弱めることになってしまいます。

　事業戦略のサイクルと人材育成のサイクルが必ずしも合わないことについては、私もそのとおりだと思います。電力会社とスーパーマーケットの事業戦略では、当然違う時間スケールで見なければならないでしょうし、同じ業界であっても、事業の内容によって検討する時間スケールも変わってきます。

　経営環境が激変の時代にある中で人材育成をいろいろやってもムダが多過ぎるのではないか、せっかく教育をしても、すぐに辞められてしまってはどうにもならないとなれば、人材育成というのは、そんなに気合を入れてやる必要はなく、「それなりに」やっていけばよいのではないかということになってきます。「それなりに」というのが面白いのですが、人材育成を否定するわけではなく、やる必要はあるが、ほどほどにしておかないと、あまりにもムダな気がしてしまう、ということです。

確かにそういう気持ちも分からないではないのですが、やはり「それなりに」ではなく、人材育成の思想を厳密に考えて実行すべきです。

(2) やりつづけてこそ人材を育成できる

この点については第4章でも触れていますが、図表72によって、さらに明確にしたいと思います。ここでは、上下に2つの流れを描いています。まず上の流れは、「ゆったりとした経営環境変化」の場合です。この場合の「事業戦略」は3年〜5年くらいかけて実現していこうという、比較的中期のスパンで考えることになります。これならば「戦略連動の必要人材像」が見えてきて、それを目指して「事知一体」で人材育成に取り組むことが可能になります。

しかし、この図表の下段の流れになると、それは難しくなっていきます。「急激な経営環境変化」の場合、事業戦略の見直しが非常に頻繁に短期に起こってくると考えられるので、「戦略連動の必要人材像」を明確にし、それを目指して人材育成をすることには無理が生じます。そうなると目先の戦略の変動にデジタルに対応するのではなく、どういうタイプの戦略の見直しが繰り返されるのかを考え、「変化対応力のある人

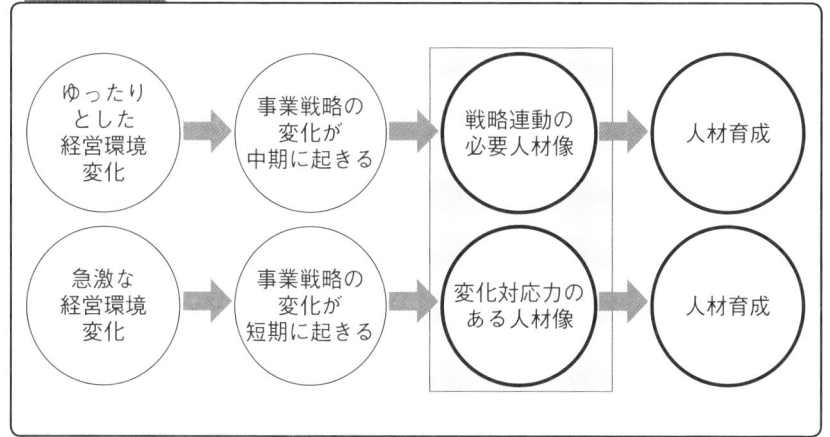

図表72　戦略を受けての人材育成とならない時代？

ゆったりとした経営環境変化 → 事業戦略の変化が中期に起きる → 戦略連動の必要人材像 → 人材育成

急激な経営環境変化 → 事業戦略の変化が短期に起きる → 変化対応力のある人材像 → 人材育成

材像」を考えて人材育成をしていくことになります。

　戦略連動で人材育成ができる場合は、それを行い、そのスパンで間に合わなければ、そうでないやり方を講ずるほかありません。いずれにせよ、人材育成は、やりつづけることとなります。

　ある戦略に対応する能力を持った人材を外部から採用（調達）しても、戦略に変更があったならば、その人材は不要になるかもしれません。しかし、そうはいっても解雇するわけにもいかないので、そういう人でも、戦略変更に対応して自らを成長させながら対応してもらわないと困ることになります。戦略の変化に合わせて人材を採用（調達）する考え方は、さらなる変化に対するリスクを負うことになるということも理解してください。

　どんな場合にも、まず社内の人材育成をすることが大事であり、変化スピードが速いか遅いかという問題とは関係ありません。必要ならば外部から必要な人材を調達して活躍してもらうことも、事業展開スピードを高めるために必要ですが、迎え入れた人に対しても人材育成策を講じ、次の変化にも対応できるように準備してもらわなければなりません。それは、社員が環境変化に合わせていろいろな努力をすることと基本的には変わりません。

　「急激な経営環境変化」に対応する「変化対応力のある人材像」とは、やはり感度がよく、基礎能力が高く、前向きで粘り強い人材ということになります。そういう人材は、地道な努力でつくりあげるしかないのではないでしょうか。したがって、事業戦略がどんな短期に変化しようが、それに影響を受けない教育を企画していかなければなりません。

　事業戦略推進部門と人材開発部門とは、一般的にはそれほど連携がよくないとされています。事業戦略に連動した人材育成という意味では、強く連携しなければならないのですが、事業戦略の変動スパンがあまりにも短い場合、少し距離をおいたほうが、バランスがよくなります。

　いずれにせよ、環境変化が急激に起こるからといって、育成活動の必要性に疑問が出てくることはないのです。

2 変化しない人材育成課題をしっかりと把握する

(1) ゼネラリストとスペシャリスト

　短期スパンで事業戦略が変わる場合にも対応できる人材を求めて「変化対応力のある人材」を育成するとなると、一般によくいわれている「ゼネラリスト」の育成になります。

　本書では、ゼネラリストやスペシャリストという言葉をあまり使わないで解説をしてきましたが、ここで、これらについて少し説明します。結論としていうならば、スペシャリストについても短期スパンで変化する「変化対応力のある人材」を育成していかなければならないし、それは可能です。

　一般によくいわれるのは、ゼネラリストにはさまざまな職場を経験させて、機能横断的なものの見方を育成し、全社的な視点を形成して、事業戦略の変化に柔軟に対応していけるような発想ができる人材群に育ってほしいということです。一方、スペシャリストには、高度な専門性を確立してもらわないといけません。そのためには、研究所や技術開発部門で、10年20年とコツコツ頑張りつづけていくことになります。このように、ゼネラリストとスペシャリストは、対極にある人材といえます。

　この2つの人材を比べれば、事業的な変化対応という面では、ゼネラリストのほうが対応能力が付き、スペシャリストのほうが弱くなる傾向にあります。経営環境の変化に伴い、事業のありようを変える必要に迫られると、今までは大切であった専門知識やスキルが必要なくなるということも起こります。いわゆる専門知識やスキルの陳腐化の問題ですが、そのようなことが起こる可能性は、やはりスペシャリストのほうが高いでしょう。

これが、スペシャリスト不要論という極端な考え方が出てくる背景でもあります。いつ陳腐化するかもしれないスペシャリストは、正社員として抱えるよりも外部から「購入」すればよいではないかという、いわゆる人材調達主義の代表です。

私は、ゼネラリストであれ、スペシャリストであれ、事業戦略に応じて変化する部分もあれば、変化しない部分もあると考えています。したがって、いわゆる陳腐化の問題はゼネラリストにもあると同時に、短期的な事業戦略の変化に合わせて柔軟に対応していけるスペシャリストを育成する方法もあると思います。

(2) 変化しない人材育成課題

図表73には「変化しない人材育成課題」として、一般的な概念を説明しています。専門知識は事業の変化に対応して必要とされるものの、変化が大きいためにブレも大きいですが、ビジネスマナーや、信念・情熱、感性、ストレス耐性、明るさなどの資質は、事業変化があろうとも比較的同じようなものが要求されてきます。ブレの大きい順番は、①専門知識、②専門技術・スキル、③改革企画力、ネットワーク力、創造

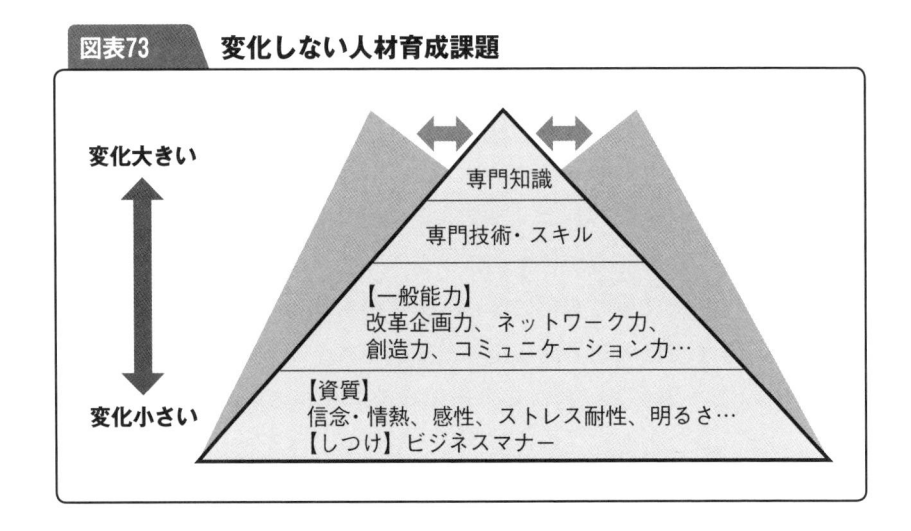

図表73　変化しない人材育成課題

- 変化大きい ↑
- 変化小さい ↓

ピラミッド（上から下へ）：
- 専門知識
- 専門技術・スキル
- 【一般能力】改革企画力、ネットワーク力、創造力、コミュニケーション力…
- 【資質】信念・情熱、感性、ストレス耐性、明るさ…
- 【しつけ】ビジネスマナー

力、コミュニケーション力などの一般能力、④ビジネスマナーやいわゆる資質、となります。

　そうであれば、専門知識や専門技術・スキルの幅を広げていけば、事業変化への対応力が上がることになるというのが、ゼネラリストの概念です。一方、スペシャリストの専門知識が高度になればなるほど、図表73の三角形の頂点が大きく左右に振れているように、事業変化に応じて変化が大きくなります。

　しかし、専門知識は書物によって習得できますし、学会で情報を仕入れたり、大学と共同研究をすることでも吸収できます。また、専門技術やスキルとなると、図表73の3つの三角形の重なりが専門知識よりもだいぶ大きくなっていることで分かるとおり、今まで培ったものを別の領域にも活用できる部分があることから、今までのものを手掛かりに新しいものをもっと素早く身に付けることができるようになります。

　ゼネラリストについては、職種間の異動も含めたキャリアパスを考えることで変化対応力を形成していくという一つのスタイルがありますが、スペシャリストの変化対応力をどのように身に付けるかについては、スタイルが定まっている状況にありません。スペシャリストには変化対応力が必要だと思いながらも、どちらかというと放置してしまっている現実があります。その一方で、「どうも最近、研究所から商品が生まれてこない。『象牙の塔』になっているのではないか。もっとお客様のところに行かせて、議論させなければならない」という嘆きが出てくることになります。

　お客様のところに行かせると、自分の技術をお客様がどのようなところで活かそうとしているのかを知ることができます。いわゆるユーザーサイドから客観的に見ることで、視点の違いを明確に心に刻ませようというものです。この視点の違いが分かれば、事業が変わっても変化しにくい部分が育成されます。ただし、なんとなく経験的に必要だと思っていることについては、それなりの有効性があるのですが、お客様のところに行くだけで新しい技術開発が生まれ、新しい商品が生まれることに

は当然なりません。やはり象牙の塔といわれようが、じっくりと実験を重ね、データを積みあげ、整理して、検証をしていく必要があります。

　スペシャリストについては、なんとなく聖域のような感じで遠巻きに見がちになります。しかし、本当に優れた一流のスペシャリストは、ビジネスマンとしてもかなりしっかりしています。ある専門の中で一流の知識を持ち、一流の活躍をしている人は、図表73にある一般能力にしても、ビジネスマナーや資質についても高いものがあるのです。もちろん、社会・経済についての見識についても同様です。

　スペシャリストは少し愛想が悪くてもよいとか、「専門バカ」でもよいではないかということでは決してありません。企業の異動政策は、ゼネラリストに比べればずっと範囲を狭くせざるを得ませんが、やはり広い視野をつくることが「変化しない人材育成課題」なのです。したがって、「信念・情熱、感性、ストレス耐性、明るさ」にせよ、「ビジネスマナー」にせよ、「改革企画力、ネットワーク力、創造力、コミュニケーション力」にせよ、自分の人材育成課題として自覚させ、基礎的なトレーニングを課して、地道に努力させていく必要があるでしょう。

　スペシャリストといえども、企業革新に向けた全社の取り組みをよく研究し、自社の今までの事業の変遷や商品開発の歴史などもよく研究してもらい、これからの事業変化の方向性について、いろいろな角度から議論をしていくことを、OJTやOff-JTで行っていくことが必要です。

3 不況下でも教育を継続する思想をつくる

　不況下であっても、人材育成の継続を否定することはあまりないと思いますが、教育、つまり各種研修や通信教育などを控えようという動きは必ず出てきます。しかし、耐えられないほどの赤字になっている場合はともかく、想定の範囲のことであれば、教育予算は確保して実行させるべきです。教育予算とは、単なるコストではなく、投資だからです。

　企業が継続的に成長していくためには、新しい設備を導入したり、新しい営業拠点をつくったり等々、いろいろな投資が必要になります。しかし、不況になれば、当然そういうものも縮小しますから、それに連動して教育投資も縮小していくこと自体、それほど不思議ではありません。教育も、そういうタイプのものだと理解してください。

　最近は、不況期でも教育を継続すべきだという考え方がだいぶ定着してきているように、企業経営の常識の範囲で、教育投資の問題も考えるべきです。

　研修や通信教育など外部費用が発生するタイプのものをすべてやめたとしても、人材育成活動を継続することは十分可能です。その場合に一番の主役となるのが、管理者です。管理者が行うOJTなどはその典型ですし、事業的な転換を目指したコアプロセス改革に向けた内部の研究活動なども、管理者がリードしていけば、直接的な外部費用を発生させなくても十分できるのです。

　しかし、管理者の育成意欲は、不況になると低下する傾向になってくるのも事実です。

　そう考えたうえで、もう少し一般的に、不況下でも教育を継続していく思想を考えてみたいと思います。

(1) 教育を継続する3つの思想

図表74に「教育を継続する思想」を3つ取りあげました。

1つ目が、「人の土台づくりは継続こそ力」です。これは、教育を継続しないと、人間には慣れが出てしまい、お客様へのサービスレベルが低下してしまうという反省から出たものです。確かに、お客様に素晴らしいサービスを提供するには、知識面やスキル面も必要になりますが、意欲の面も無視はできません。長年の慣れから気が付かないうちに横柄な振る舞いになっていて、お客様から不興を買うようなことがありますが、やはり大切なことは、基本を継続することであり、そのための気持ちや意欲を切らさないことです。スーパーや百貨店で、開店前に「いらっしゃいませ」「ありがとうございます」とみんなで声を出すのは、気持ち・意欲を継続させるところにポイントがあります。

図表74　教育を継続する思想

思想キーワード	内　容
人の土台づくりは継続こそ力	お客様への素晴らしいサービスは、継続的なトレーニングが土台になる。接客マナーでも、気を抜くと慣れが出てお客様から不興を買う。大切なことは教えつづけ、かつ注意しつづけないといけないという思想。「慣れ」こそ最大の敵である。
10年で一人前	人の育成には時間がかかるという見方を共有化する必要がある。正社員の仕事は深みがあり、上を目指せば「きり」がない。その「きり」を目指して10年努力する姿勢も求めつづけるべきであるという思想。
不況期こそ、教育投資！	不況期に教育投資をして努力すれば、競争優位を実現できるという思想。教育費用は、単なるコストではなく投資と心得て、不況になれば予算削減をしたくなるが、いろいろな工夫をしてでも、なんらかの教育投資を継続すべきであるということを、競争優位を実現するという視点から訴えようとしたもの。もちろん、競合他社が不況期で教育投資をあきらめるだろうということを見越してのことである。

こういう取り組みは、特に外部費用を発生させることもありません。純粋に、「継続が大事なのだ」という思想に基づいています。

　2つ目の「10年で一人前」とは、人が育って一人前に見えるようになるのに10年はかかるという思想です。そんなに長くかかってはこのご時世ダメだという人も出てくるでしょうが、熟練スキルが要求される企業では、「10年で一人前」という思想は、それなりに定着しています。それは、人の成長には時間がかかるから長い目で見ようという考え方でもあります。

　そもそも、管理職の立場から新人を見れば、なんでこんなに成長しないのか、何度同じことを言えばよいのか、とイライラしてしまうことが多いのではないかと思います。ただ、そういうことで管理者の育成意欲が切れてしまっても困るので、地道にやってほしいという気持ちがこの思想にはあります。

　3つ目の「不況期こそ、教育投資！」は、不況のときこそ教育投資をしていけば、競争優位をつくる絶好のチャンスになるという思想です。不況になって、多くの企業で教育投資をあきらめるようなときこそ、教育投資をすれば、人材力に大きな格差を生み出すだろうということです。不況下であっても人材競争力を強くしておけば、次の成長局面では、より大きな成長性を確保できるはずですので、いろいろな費用削減に厳しく取り組み、なんとか教育投資分を捻出して教育をしていこうという流れになります。

　もちろんこれは、外部費用が発生してでも教育を行おうという考え方ですので、人材を強化しつづける必要のある事業を行っていることが前提です。手順を覚えれば一人前に仕事ができる単純作業や、ボタンを押せばすべて設備がやってくれるような場合には、教育を継続するための思想を考える必要はなくなります。ただし、モチベーションを高い状態で維持するための教育については考える必要があるでしょう。

　もし、それでも教育をつづけることができないというのであれば、事業の成功をしばらくあきらめなければなりません。

(2) 管理者自らの工夫で教育を継続させよう

　管理者の方には、担当部署の事業をよく分析して、いかに教育が不可欠であるかを突き詰めて考えてみてほしいと思います。

　人材開発部門は、こういうことを一般の管理者に考えさせても、よい答えが出てこないだろうとみくびって、全社的に「なにしろ教育をやれ」「当面は、教育予算を凍結」と言ってくるのが実情です。しかしこれでは、何かさみしいものがありませんか。予算が必要な教育ばかりではないので、管理者自らの工夫により、担当している部署の特性や部下の将来の活躍場所をよく考え、管理者独自の考え方で教育を継続していく意気込みを発揮してほしいと思います。

　不況期に教育を継続するかどうかは、その企業が自分の事業をどのように見ているかの価値観を如実に表します。今のように日本企業が高付加価値型の事業をやらざるを得ない状況では、教育を継続しないと先行きが苦しくなるのではないでしょうか。そうなると、いかに教育予算を工面するかにかかってきます。「米百俵」の故事（厳しい窮乏の中で救援の米百俵が届いたが、これを食べてしまえばすぐなくなってしまうので、耐え忍びながら、この米俵を売って学校をつくる資金にして、人材を育成したという話）を思いながら、一人ひとりの管理者によく考えていただきたいと思います。

4 人格教育の必要性

(1) 忘れてはならない人格教育

　人格教育というのは、76ページの図表23に示す、意識教育のジャンルに入ります。その中でも、たとえば課長の役割意識教育というものではなく、特に道徳的な部分、つまり人間修養的な部分を指しています。ただ、学校教育でもあまり扱わなくなってきたこともあり、企業の中で人格教育は一層扱われなくなってきました。

　教育の中心が知識・スキルとなり、意識教育も役割意識教育や活性化教育が中心となっていることから、すっかり人格教育については忘れ去られてきたようにみえます。ビジネスにおいて人格面が問われないことはありませんが、それ以上に、その人が機能的にみて役立つかや、成果をきちんと上げているかに重きが置かれるようになったことは否めないだろうと思います。成果主義の弊害が盛んに指摘をされたときに、以下のような問題が指摘されました。

(ⅰ)自分も目標達成に関心がいくあまり、クレームが発生しても後輩に押し付けてかかわらないようにした。

(ⅱ)短期の評価を気にするあまり、骨太の商品開発にチャレンジすることが少なくなった。

(ⅲ)目標達成をどうするかに関心が向くのではなく、いかに自分が困難な目標に向かって頑張ったかの理由を探すほうに関心が向いた。

(ⅳ)いつも人より目立ちたくなってきた。自分が頑張っていることをいつも示したくなった。

(ⅴ)仕事の失敗の責任を、後輩に押し付けようとした。

　こうした話を聞いたとき、これは成果主義の弊害ではなくて、もとも

とあった社員の人格的な問題が表に出てきただけだろうと私は確信を持ちました。要するに、成果主義がどうというのではなく、もとからの問題だと思ったのです。

新任管理者研修の中でよく話題になる「悪い管理者」のイメージに、「自分の手柄を横取りした」「失敗の責任を押し付けられた」といったものがあります。「たまに、そんなことがあったのですか」と聞くと、「結構たくさんあるのです」という返事でした。しかし、この企業は特に成果主義など入れていません。となると、成果主義の弊害というよりは、もともとそういう問題があったのだろうと思ったわけです。ただ、企業として、どのように人格教育をすればよいのかがよく見えていないだけなのです。

(2) 人格教育の必要性を見直そう

人格教育とは、①人に対して思いやる心、②苦労に耐える忍の心、③公私をわきまえて公を優先する心、④人に迷惑をかけない心、⑤礼儀正しさ、などの教育を指しています。こういうものがあるからこそ、お客様の信頼を得ることができますし、仕事仲間からも信頼を得て、より仕事ができるようになります（図表75）。人格教育とは少し違いがありますが、立ち振る舞いや身だしなみを教育する新入社員や若手社員向けのビジネスマナーなどの教育は、それに近いものと考えることもできるでしょう。

しかし、こういう人格教育の大切さについては否定されないものの、教育したからといって急に変化がある感じもしないことから、なかなか手が回らなくなっています。

成果主義の中で管理者を任用する際、業績を上げた人を優先していたら非常にギスギスした感じになってしまい、チームワークが弱くなってしまったという話も聞きます。そこで、どのように測定するかは非常に難しいものの、管理者を任用する際には、業績評価だけではなく、人格面も加味しないといけないのではないかという議論にもなりました。部

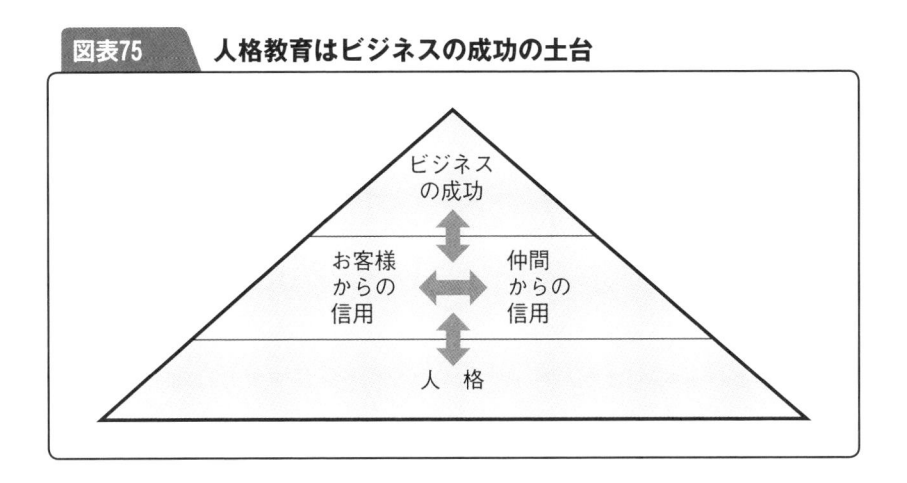

図表75 　**人格教育はビジネスの成功の土台**

```
        ビジネス
        の成功
         ↕
 お客様       仲間
 からの   ⇄   からの
 信用         信用
         ↕
        人　格
```

長などの中核となる管理者の選抜方法がしっかりとしているところは企業業績もよいことから、やはり能力や人格という要素に重きを置くべきだということも分かってきましたし、そのような考え方をする企業経営者も多くなってきたように思います。

　人格面をどう教育するのかは非常に難しいですが、人に責任を押し付けたり、短期評価を気にしてチャレンジしないことなどを見付けたら、上司がきちんと「そういうことでは部長になれないぞ」「少々自分が責任をかぶっても、チャレンジするくらいの気持ちがないと、大事な仕事を任せられない」という程度は指摘してあげてください。これが人格教育になります。研修などで座禅を組んで法話を聞いてもなかなか理解し難い面がありますので、仕事の中で問題を見付けて指摘する形で進めるほうがよいでしょう。

　人格とは信用の前提であり、信用とはビジネスの前提です。これは、仲間内に対しても、お客様に対しても、非常に重要なテーマです。ビジネスでは信用が大事だという言葉も最近はあまり聞かなくなったように思いますが、この点は、昔のほうが普通にやっていたのではないでしょうか。なんとなく道徳的なニュアンスが入ってしまって教育のテーマとしては扱いにくいのですが、しっかりと教育してほしいと思います。

5 エリート教育の必要性

　最後に、日本企業にとっては弱点ともいえるエリート教育についての説明をして、この本の締めくくりにしたいと思います。

　「エリート」という言葉は、日本人にとって、いつの間にか非常に悪い響きの言葉になってしまったようです。エリートという言葉を企業の場面に置き換えれば、「リーダー」や「幹部候補生」になるのだろうと思います。しかしどちらも、エリートの持つ言葉の大事な部分が消えてしまう感じがします。

　第1章（45ページ）でも述べましたが、エリートには、みんなのために苦労をする、自分が犠牲になってみんなを助けるというような自己犠牲の精神が含まれてきます。集団の中心として苦労をいとわず、みんなのために頑張れる人であれば、当然有能な人であり、企業としてはどうしても欠かせない人ですので、育成の必要性を認識してもらえると思い

図表76　エリート意識とは自己犠牲の精神から

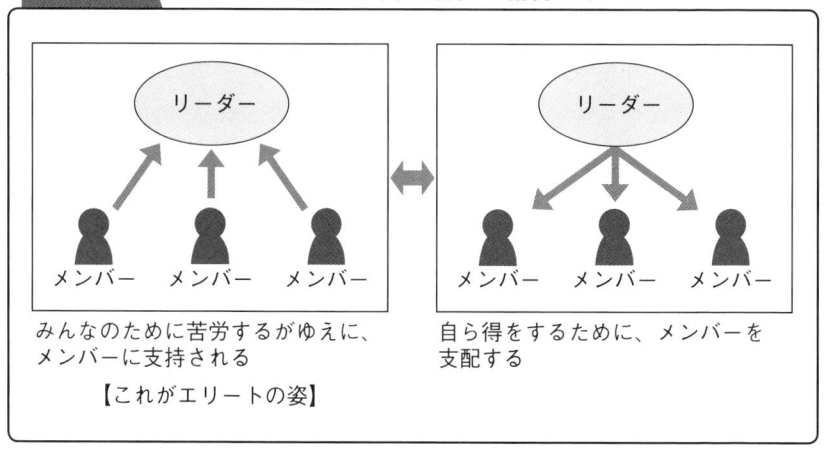

みんなのために苦労するがゆえに、メンバーに支持される
【これがエリートの姿】

自ら得をするために、メンバーを支配する

ます。図表76にもまとめましたが、みんなのために苦労するがゆえにみんなに支持されるのがエリートであり、自らが得をするためにメンバーを支配するのは本来の意味のエリートではありません。

しかし、現実には、上級幹部の実力を付けるための経験を十分積ませたり、若くして部長や役員にしていくことができなくなってきています。45ページに示したとおり、多くの人が平等に幹部への道がひらかれていると思わせる人事管理のやり方が、優秀な社員に対して上級幹部の養成に最もふさわしい経験を集中させることをできなくさせている可能性があるのです。もちろん、人事管理というのは、よくできたもので、結局、甘いも酸いもわきまえた老練な人事部長が裏でしっかりと見ていて、コントロールしているということはあると思います。ただ、それならよいのですが、最近は、人事部長の権限も弱くなる傾向がありますので、そういう「技」もやりにくくなっているのではないでしょうか。

エリート集団を形成するのは、できるだけ早く経営幹部としての実力を付けるために、必要な経験を集中して積んでもらいたいためです。経営幹部や経営者の年齢が若くなければならないということは必ずしもないのですが、連続的な革新が求められる時代では、アグレッシブな気持ちと体力、柔軟な発想力や創造力が求められるため、ある程度年齢的な若さも重要な要素になります。それゆえ、実力のある若い経営幹部や経営者が生まれてくることを目指しているのです。

しかし、若くても実力がないとダメですし、自分を捨ててもみんなのために頑張るという気持ちがゆるぎないものでなければなりません。若くして幹部に抜擢されたがゆえに、その地位を守りたいと保身に走り、少しずつ横柄になっていくパターンにはまったら、日本人が持っているエリートの悪いイメージそのものになっていきます。

エリートを養成するためには、若くして課長や部長に抜擢して、最も苦しい仕事をやらせ、社長から厳しい視線が浴びせられる状態にしておくことが大事です。保身意識も人へ責任転嫁しようという意識も持てないほどに、厳しい仕事をさせるようなポジションに置くことです。自分

がしてきた仕事で、ほかのだれかが成功してくれればそれで十分満足だというくらいの気持ちになれるまで、苦労をさせるのです。自分は一番の出世頭だという心の余裕を与えないことです（もちろん、健康への配慮は当然としても）。そうであって初めて、エリート集団が形成できます。人材育成に熱心な日本企業は多いですが、最も意図的に行われていないのが、このエリート教育だろうと私は思います。経営幹部や経営者に必要な経験を若いうちから集中して積ませて苦労させ、自己犠牲の精神を身に付けて献身させることを、それなりの選抜された集団の中で行う必要が出てきています。

その流れにおいては当然、今は選抜集団に入っていなくても優れた活躍をしてくれる人材を発掘していく努力は、常にしていかなければなりません。そういう努力とセットの選抜教育が必要です。

人材育成は、製品を組み立てるのとは違って、やり方が決まっているわけではありません。多様な進め方があり得ると思います。いろいろな工夫をしながら、創造的に人材育成の方法を開発していくべきでしょう。その基本を、本書ではできるだけ企業実務の観点から取りまとめて説明してきました。

人材育成の方法は、社員一人ひとりに固有のプロセスがあるのだと思います。そして、管理者一人ひとりが真剣に考え、そのプロセスを見付けて取り組んでいかなければならないのです。これからの日本企業の活躍は、人材の育成にかかっています。多くのチャレンジが、本書によってスタートすることを期待します。

■著者紹介

高原暢恭（たかはら のぶやす）

株式会社日本能率協会コンサルティング（JMAC）
常務取締役　シニア・コンサルタント
1955年生まれ。早稲田大学大学院（博士課程前期：労働法専修）修了。
HRM分野を専門とするコンサルタント。HRM分野にあっても、現地現物を自分の目で見て考えるという現場主義を貫くことを信条としている。
著作に、『人事評価の教科書』、『賃金・賞与制度の教科書』、『人件費・要員管理の教科書』（以上、労務行政）、『人事革新方法論序説』（JMAC）、『全社・部門別適正社員数決定マニュアル』（アーバンプロデュース）他。また、「労政時報」にも賃金関係を中心に多数執筆。

［連絡先］
株式会社 日本能率協会コンサルティング

〒105-8534　東京都港区虎ノ門3-22-1　秀和第2芝公園3丁目ビル 4階
TEL：(03)3434-7331（代）
E-mail：HRMinfo_Consult@jmac.co.jp

人材育成の教科書
悩みを抱えるすべての管理者のために

2010年7月29日　初版発行
2014年9月26日　初版5刷発行

著　者　株式会社 日本能率協会コンサルティング
　　　　高原暢恭
　　　　©2010 JMA Consultants Inc. Printed in Japan

発行所　株式会社 **労務行政**
　　　　〒106-0044　東京都港区東麻布1-4-2　朗生ビル
　　　　TEL：03(3584)1231
　　　　FAX：03(3584)0126
　　　　振替：00180-9-122551
　　　　http://www.rosei.jp/

ISBN978-4-8452-0314-7
定価はカバーに表示してあります。
本書内容の無断複写・転載を禁じます。